Yoshi

365

zen
tenzen

Meta-Meditationen
für ein Jahr
ohne Streß

Eichborn.

Für I. und E., die – wie immer – an allem schuld sind.
Für L. und G., die da unschuldig reingeraten sind.
Und Harvey – diesen unsichtbaren Hasen und alten
Freund auf der Suche nach dem Refugium.
(De Haan / Selva)

Umschlaggestaltung: Christina Hucke
nach einer Idee von Oliver Iserloh.
Gesamtproduktion: Fuldaer Verlagsanstalt GmbH, Fulda.
ISBN 3-8218-3430-7

Verlagsverzeichnis schickt gern:
Eichborn Verlag, Kaiserstraße 66, D-60329 Frankfurt am Main.

Das Pendel des Geistes schwingt
zwischen Sinn und Unsinn,
nicht zwischen richtig und falsch.

– *C. G. Jung*

YOU HAVE NOTHING TO LOSE BUT YOUR PROBLEMS.

(amerikanisches Sprichwort)

Lachen räumt auf. Heimlich, still und leise verwandelt es Ego in Energie. Nehmen wir dazu noch eine kleine Aufgabe mit auf den Weg, könnte dieser Tag, dieser Weg tatsächlich ein Ziel haben. Statt der unsäglichen Seichtigkeit des Scheins, eine kleine meditative Insel am Morgen, Mittag oder Abend. Das innere Lächeln als Wegweiser. Ruhe und Mut als eigener ZEN-Meister: Meta-Meditationen sind die 5-Minuten-Terrine für die Seele.

Dieses Buch ist in tiefer Rührung den 7 Halb-Weisen gewidmet, den Müttern und Vätern des schrägen Humors:

Hugo Ball (Da, da, da)
Hans Bötticher*
Freddie Frinton (31.12. in memoriam)
Hans-Dieter Hüsch
Groucho Marx
Ernst Jandl (Das Röcheln der Mona Lisa)
Harald Schmidt (Kultkomplex)

Und nicht vergessen: **»Lachen ist nicht lustig, es sei denn, man betreibt es ernsthaft und lächelnd«**. Das könnte, wenn nicht alles, so doch vieles erklären.

* Geburtsname von Joachim Ringelnatz

Januar

DAS LACHEN
MACHT DEN MENSCHEN AUS.

Rabelais

GOTT, DER UNSERE SONNENUHREN AUFZIEHT.

Georg Christoph Lichtenberg

Tragen Sie Ihre Uhr auch nachts? Aus Angst, daß Ihr letztes Stündlein schlägt? Sie werden nichts daran ändern können. Denn Ihre Uhr ist in letzter Minute nicht mehr aufzuziehen. Das ist der Unterschied zu Gottes Sonnenuhren. Denken Sie daran, wenn heute das Nachdenken neu beginnt. In 364 Tagen wissen wir alle mehr – oder weniger. Dann ist die Zeit über uns hinweggegangen oder stehengeblieben.

Nachdenklich blickt der Meister auf seine Uhr: Es wird Zeit!

ZENario:

Beginnen Sie das neue Jahr, ohne auf die Zeit zu achten. Erleben Sie einen Tag, vielleicht sogar eine Woche zeitloser Ruhe. Wenn Sie Zeit benötigen, fragen Sie Ihre Zeitgenossen. Kaum einer wird Zeit für Sie haben, aber alle haben die genaue Uhrzeit. Und genau darauf kommt es Ihnen ab heute nicht mehr an.

DIE GROSSE MODE IST PESSIMISTISCHER OPTIMISMUS:
ES IST ZWAR ALLES HEILBAR, ABER NICHTS HEIL.

Ludwig Marcuse

Das Dunkel in einigen von uns muß erleuchtet werden. Im Rotationsverfahren gehen wir zu einer Gefühlstauschbörse (Tanz der einsamen Schmerzen, Flohmarkt für Heiratsanzeigen wie Hai sucht Flosse usw.). Fündig geworden tauschen wir dann schlechtes Karma aus. Gutes Geld gegen gute Stimmung: Hossa, Hossa! Auch all jene mit einem ausgeprägten Übergewicht an Gefühlen können hier einen prima Tag erleben.

Danach, sagt der Meister, ist es wie nach jeder Liebesnacht. Man glaubt zu schweben, bis man von den Gewichten des Lebens wieder gnadenlos auf den Boden gezerrt wird. Der eine von seiner prallen Brieftasche, der andere vom Übergewicht und der nächste von schweren Gefühlen. . .

ZENario:
Begegnen Sie heute allen Menschen ungewöhnlich freundlich. So wie Amerikaner schon beim morgendlichen Joggen atemlos ihr »How are you« röcheln. Grüßen Sie heute jeden, auch den, den Sie nicht kennen, mit einem freundlichen Hi! Sollte Ihnen ein passionierter Hochseeangler mit einem unwirschen »Wo?« antworten – macht nix.

MAN MUSS DAS LEBEN FILMEN, WIE UND WO IMMER MAN ES GENIESST.

Federico Fellini

Ganz gleich, ob in einer »Stadt mit Frauen« oder an einem Tag mit »8 1/2 Stunden«, das Genießen, egal in welcher Form, ist immer auch die Ruhe selbst. Beobachten Sie mal Japaner auf ihrem Trip ›Europa in 24 Stunden‹. Trotz scheinbarer Hektik strahlen ihre Gesichter innere Ruhe aus. So ist es im Land der aufgehenden Sonne. Mann und Frau lassen ein Ereignis nach dem anderen hinter sich. Eine schöne Idee und letztendlich der Beweis dafür, daß vieles von vermeintlicher Bedeutung eigentlich mehr als unwichtig ist. Gesehen – geschehen und schon vorüber. Nur innere Flug- und Filmtage und innere Fotoalben kann uns keiner nehmen. Das, was bleibt, sind unsere Träume. Tagträume und auch Alpträume. Hauptsache, wir haben noch Träume. Das Leben ist die Leinwand für das Kino im Kopf.

ZENario:
Legen Sie einen neuen Film ein. 24 kleine Zettel, die Sie heute im Verlauf des Tages oder der Woche immer dann mit einem Stichwort beschriften, wenn Sie etwas für erinnerungswert halten. Legen Sie die Zettel an einen sicheren Ort, und treffen Sie die 24 Bilder wieder – irgendwann, irgendwo. Sie werden sehen, ein besseres Fotoalbum gibt es nicht.

MAN KANN DIE WELT NUR NACH DEM VERSTEHEN, WAS MAN ERLEBT.

Antoine de Saint-Exupéry

Manchmal allerdings versteht man die Welt überhaupt nicht mehr. Ein O. J. Simpson ist schuldig, aber auch unschuldig. Oder hat unsere Sichtweise durch Court-TV und andere Einblicke nur die Unschuld verloren? Ghettobewohner nennen O. J. inzwischen eine Kokosnuß. Das Unverständnis der Brüder und Schwestern manifestiert sich in dem Witzchen: O. J. ist außen schwarz und innen weiß. Und während des Prozesses dann auch noch ein Michael-Jackson-Witzchen: Laß Dich nicht hängen (oha!), ich kümmere mich um die Kinder. So treibt der gemeine Witz seine Späße.

Der Meister sagt, er versteht das alles sehr gut. Früher gab es regelmäßig Paraden. Heute bildschöne Paradestücke der Schizophrenie.

ZENario:
Kaufen oder backen Sie Berliner. Füllen Sie das Gebäck mit Konfitüre bis auf einen. Den füllen Sie mit Senf. Ihre Chancen, auf die Konfitüre zu treffen, sind sehr günstig und ausgewogen. Stellen Sie sich eine wichtige Frage. Und wählen Sie einen Berliner. Der Inhalt wird Ihnen die Antwort geben. Dieses Berliner Orakel hat Hinterhoftradition.

DER BUCHSTABE WIRKT EINMAL ALS ZWECKMÄSSIGES ZEICHEN, DAS ANDERE MAL ALS FORM UND INNERER KLANG.

Wassily Kandinsky

Der Bettler auf einer Prachtstraße hielt im Frühjahr den Passanten ein Schild entgegen: blind und arbeitslos. Die vorbeihastenden Banker, Broker und Angestellten hätten sich das auch gewünscht. Nur einen Tag lang. Die Spenden aber blieben aus. Ein Werbetexter nahm irgendwann das Pappschild, drehte es um und schrieb auf die Rückseite: Es ist Frühling, die Blumen blühen, die Sonne scheint. Ich bin blind! Der Bettler soll inzwischen ein reicher Mann sein.

Der Meister schmunzelt: So schnell kann das gehen. Beim Betteln und auch sonst. Hauptsache, der innere Klang stimmt.

ZENario:
Halten Sie es heute mit Frank Sinatra. Schreiben Sie sich auf einen kleinen Zettel die Songzeile von Sinatra: Best things in life are free! Stecken Sie den Zettel so in Ihre Geldbörse, daß Sie ihn so oft wie möglich in die Hand nehmen und lesen. Aber bitte auch weiterhin an der Kasse zahlen.

DER WUNSCH IST EIN WILLE, DER SICH SELBST NICHT GANZ ERNST NIMMT.

Robert Musil

So wie die Wünsche Verstorbener oder das, was die Hinterbliebenen dann hinterherrufen. Schöne Beispiele gibt es auf dem Friedhof im österreichischen Kramsach. Das Kreuz mit dem Leben wird hier beendet mit einem Spruch auf gußeisernen Kreuzen, der zugegeben befremdlich wirkt. Beispiel: »Hier ruht Josef Matt, der sich zu Tod gesoffen hat. Herr, gib ihm die ewige Ruh und ein Glaserl Schnaps dazu.« Oder so launige Nachrufe wie: »Hier liegt mein Weib. Gott sei's gedankt, oft hat sie nur mit mir gezankt. Oh, lieber Wanderer, geh gleich fort von hier, sonst steht sie auf und zankt mit Dir!« Im wahrsten Sinne tödliche Sprüche und heutzutage unvorstellbar. So etwas sagt man hinter vorgehaltener Hand. Aber den Toten sagt man nichts nach – es sei denn Gutes.

Der Meister schmunzelt: Deshalb gibt es auf der Welt eben Mord und Totschlag. Wunsch und Wille. Und der letzte Atemzug sollte ein lautes Lachen sein.

ZENario:
Fahren Sie auf einen windigen Berg oder an die See. Erzeugen Sie in sich ein Hochgefühl ganz besonderer Art. Und betrachten Sie mal für ein paar Stunden alle Konventionen als vom Winde verweht.

Was ist unsere Seele?
Ein Muskel oder eine Schleimhaut?

Heiner Müller

Im Mutterleib hast du geschwiegen. Im Grab wirst du schweigen. Mußt du in der kurzen Zeit dazwischen versuchen, Fragen zu klären, die überfordern? Gib der Wirklichkeit einen Namen – deinen Namen! Das Leben ist wie ein Theaterstück. Es kommt nicht darauf an, wie lange es dauert. Es kommt darauf an, daß du deine Rolle gut spielst – mit Muskeln, Schleimhaut und Seele.

Der Meister: Auch Seelenwanderungen können muskelbildend sein...

ZENario:
Suchen Sie sich einen Baum, an dem Sie regelmäßig vorbeikommen oder den Sie täglich von Ihrem Fenster aus sehen. Führen Sie ab heute mit diesem Baum ein stilles Gespräch, immer wenn Sie ihn sehen, an ihm vorbeikommen oder vorbeifahren. Wachsen Sie mit dem Baum. Nicht heute, nicht morgen, sondern Tag für Tag.

DAS SCHÖNE AM URLAUB IST JA, DASS MAN
ES AM ENDE NICHT ZUSAMMENKEHREN MUSS.

Ein Friedhofsgärtner

Sonnenstrahlen vergehen lautlos. Am Strand hinterlassen Sie nur Cola-Dosen, Sonnencreme-Tuben, Plastiktüten und vereinzelt Relikte der aktuellen Bademode. Wer nicht aufpaßt, verbrennt sich die Finger und mehr. Und zur Strafe geht es dem einen oder anderen unter die Haut. So schön kann Urlaub sein. Zum Ende hin fällt der Streß von einem ab und hinterläßt noch nicht mal Spuren. Wie bei den Jahreszeiten läßt sich dieser Zustand nicht verschieben oder verlängern. Er kommt und geht, so wie die Sonne und vielerlei Gedanken darüber. So wie Ebbe und Flut. So wie ein Primeur zur rechten Zeit. So Lull und Lall wie das Dösen in der Sonne der Erkenntnis.

Und was war mit dem Zusammenkehren, Meister? Eine unendliche Geschichte, antwortete er.

ZENario:
Gehen Sie im Regen spazieren. Wenn möglich, mit freiem Oberkörper. Ersatzweise stellen Sie sich unter Ihre Badezimmerdusche oder einen Rasensprenger. Schließen Sie die Augen, und spüren Sie den warmen Regen auf Ihrer Haut. Sie wissen doch, was ein Palindrom ist? Z. B.: Ein Neger mit Gazelle zagt im Regen nie. So lebt und liest es sich von vorne und hinten problemlos. . .

WER SICH NICHT IN GEFAHR BEGIBT,
KRIEGT AUCH KEINEN RUHM.

Sprichwort aus der ersten Reihe

Der Weg des geringsten Widerstandes ist unerwarteterweise mit mehr Hindernissen gepflastert, als der direkte und möglicherweise auch gefährlichere Weg. Die klare Meinung, das offene Wort zeigen Stärke und ebnen den Weg. Wir sollten immer die Zielscheibe im Auge behalten, aber diese nicht mit dem Ziel verwechseln. Mit offenen Augen die Gefahren meistern und mit Erfahrung überzeugen. So können wir den einen oder anderen rumkriegen. Oder wie es Käpt'n Blaubär nachdenklich seinem Neffen mit auf den Lebensweg gibt: »Wer sich nicht in Gefahr begibt, kriegt keinen Rum!«

ZENario:
Beginnen oder beenden Sie den Tag mit einer persönlichen Mutprobe. Tun Sie etwas, vor dem Sie sonst Angst haben. Sprechen Sie endlich die Dame in der U-Bahn an. Gehen Sie mal unrasiert ins Büro. Fragen Sie sich, was Sie heute lieber tun würden – und tun Sie es. Aber tun Sie es ganz. Es gibt keinen Weg zurück – niemals! Es gibt nur den Schritt nach vorn.

JETZT SIND DIE GUTEN ALTEN ZEITEN, NACH DENEN SIE SICH IN ZEHN JAHREN ZURÜCKSEHNEN WERDEN.

Peter Ustinov

Es ist schon so, die Zeit bleibt nicht stehen – nur Sie. So läuft sie nun mal, die Reise in die Traurigkeit. Also fröhlich aufgesprungen auf den Zug der Zeit. In wenigen Jahren können Sie vielleicht schon gar nicht mehr springen. So ist es, dieses Leben. Alle rufen ganz laut Goldgräberstimmung, und dann fahren sie in die Grube. Nur der Meister sitzt oben auf dem Hügel und beißt in die Nuggets (Hähnchenfleisch, McDonalds). Er weiß, Essen ist lebensnotwendig und garantiert eine goldene Zukunft. Unter der Erde ist man ständig damit beschäftigt, sich den nachrutschenden Dreck aus den Augen zu wischen.

ZENario:
Ihre Biographie haben Sie nie geschrieben. Schreiben Sie jetzt auf ein DIN-A4-Blatt, was ein Kritiker über Ihr Leben schreiben könnte. Können Sie zufrieden sein? Oder sollten Sie in den nächsten Jahren doch noch mehr leben und erleben?

TREFFEN SICH ZWEI PLANETEN. SAGT DER EINE: ICH BIN KRANK! ANTWORTET DER ANDERE: ICH WEISS AUCH, WAS DU HAST – HOMO SAPIENS. ABER DAS GEHT VORÜBER!

Jürgen Becker

Das Lustige an den Rheinländern ist ihre Konsequenz. Rechts und links vom Rhein bauten sie Burgen über Burgen. Gehen sie dann einmal über ihre Grenzen (z. B. an die Nordsee), bleiben sie konsequent und bauen weiter Burgen. So ist der Rheinländer, so ist der Mensch. Was er einmal angefangen hat, das führt er weiter aus – bis zum bitteren Ende. Selbst dann, wenn er auf Sand baut, wie bei den Burgen weit ab von der rheinischen Scholle. Darauf kann man bauen. Von Zandvoort bis Palma. Von Fort Lauderdale bis zur Insel Usedom. Irgendwann an einem dieser Orte treffen sich dann zwei Meister. Sagt der eine: Ich bin krank! Antwortet der andere: Ich weiß auch, was du hast . . .

ZENario:
Was ärgert Sie zur Zeit am meisten? Stellen Sie sich die Situation oder den Menschen genau vor. Schließen Sie am besten die Augen. Führen Sie ein Gespräch mit der Person, dem Gegenstand oder dem Meister. Schreiben Sie die wichtigsten fünf Worte dieser Unterhaltung auf einen kleinen Zettel. Verbrennen Sie den Zettel, und füllen Sie die Asche in ein kleines Glasgefäß oder vorübergehend in ein Glas. Stellen Sie es an eine Stelle, an der Sie es täglich sehen. Jedes Problem bekommt die Urne, die es verdient.

HOFFNUNG IST EIN SEIL, AUF DEM VIELE NARREN TANZEN.

Russisches Sprichwort

Nicht umsonst gibt es den sprichwörtlichen Tanz auf dem Seil. Übrigens nicht zu verwechseln mit dem Tanz auf dem Vulkan. Beide Tanzstile sind dennoch gefährlich ungesund. Der erste ist hoffnungslos veraltet, und auf den anderen sind auch nur Bildungsreisende zwischen Neapel und Sorrent heiß. Wichtig ist eigentlich nur das Seil. Es taugt zu vielen nützlichen Dingen im Alltag. Vom Wäscheaufhängen bis hin zum Aufhängen. Vom Seilchenspringen bis zum Seilzug.

So vielseitig und schwankend wie die Hoffnung, weiß der Meister anzumerken. Hoffnung ist wie der Geist, der sich auf nichts stützt.

ZENario:

Kaufen Sie sich exotische Teesorten und machen Sie eine Tee-Probe. Gegenüber einer Weinprobe hat das den Vorteil, Sie müssen nicht in den Keller. Als Weißbrotersatz greifen Sie zu Spekulatius aus der letzten Advents-Session. Wenn Sie eine ähnliche Wirkung wie mit Alkohol erzielen möchten, sprechen Sie bitte mit Ihrem örtlichen Dealer.

DA WO'S ZU WEIT GEHT, FÄNGT DIE FREIHEIT ERST AN.

Werner Finck

Womit nicht die Amüsiermeile in Hamburg gemeint ist. Auch nicht das Überschreiten des Rubikon. Grenzenloses Vertrauen – zumindest in die eigene Stabilität – ist zweckmäßig beim Freiheitsdrang. Grenzüberschreitende Handlungen erfordern ein gerüttelt Maß an Selbstbewußtsein. Die Verletzung der sogenannten guten Sitten beginnt für einige schon damit, keine Hausschuhe zum Besuch mitzubringen. Peinlichkeiten, die dann gern zu vorgerückter Stunde auf Strümpfen in Champagner aufgelöst werden. Ein Freiheitsrausch, der zwar zu prickelnden Szenen verhelfen kann, aber keineswegs einen freien Kopf macht – eher im Gegenteil.

Wie sagt der Meister: Wo die Freiheit anfängt, hört die Freiheit auch auf.

ZENario:

Nehmen Sie sich doch heute einmal die Freiheit, bei einer passenden oder unpassenden Gelegenheit weiter zu gehen als normalerweise erwartet. Springen Sie über einen Zaun, oder setzen Sie sich über den Hinweis »Bitte nicht berühren« einfach hinweg. Zum Üben empfiehlt sich für nicht so Mutige die Nacht. Zeigen Sie zwischen 24 und 2 Uhr, daß Sie kein guter Deutscher sind. Warten Sie an der auto- und menschenleeren Kreuzung Stadtmitte zu dieser Stunde nicht, bis die Ampel auf Grün springt. Gehen Sie bei Rot. Und fragen Sie nicht lange – wen auch um diese Zeit?

KOMM SCHNELL, ICH TRINKE STERNE!

Dom Pérignon

Tja, Du alte Flasche. Da ist dir ein göttlicher Tropfen gelungen. Eine Sternstunde selbst für Champagner-Legastheniker zwischen Söhnlein Brillant und Rotkäppchen-Sekt. Prickelnd entleert sich ein Gefühl von Casanova und Cosa nostra. Ein Kapitel, das Stefan Zweig bei seinen Sternstunden vergessen hat. Ein überschäumendes Augenblickchen, das sich perlend entfaltet und sensible Magenwände zusammenklappen läßt. Nun ja, Champagner ist nicht jedermanns Sache. Aber so kam Frankreich zu einer Witwe, die ihrem Zustand alle Ehre machte. Veuve, das ist eine Geschichte!

Mindestens so beschwingt wie das Gefühl des Meisters, wenn er ein Gläschen Sterne verkostet: »Sterne, Freunde, lassen sich abfüllen. Aber was machen wir mit dem Mond, wenn er voll ist?«

ZENario:
Nach diesem Vorspiel (s.o.) nun die Ernüchterung. Vernichten Sie alle alkoholischen Getränke, die Sie im Haus haben. Versuchen Sie, ein, zwei Wochen oder sogar einen Monat ohne Alkohol zu leben. Auch das Desinfizieren von Wunden ist kein Grund für ein Fläschchen Remy.

ACHTE AUF DEINE GEDANKEN.
SIE SIND DER ANFANG DEINER TATEN.

Tibetisches Sprichwort

Ich denke, also denke ich nach. Und das möglichst schon vorher. Die Handhabung von Mikrowellen-Popkorn setzt – klar – eine Mikrowelle voraus. Kaufe ich nun das Popkorn zuerst oder die Mikrowelle? Am besten ist es, im Elektrofachgeschäft vorzusprechen und sich alles vorführen zu lassen. So prüft man gleichzeitig die Funktionsfähigkeit der neuesten Mikrowelle und die Geschmacksfrische und -qualität des ebenso neuartigen Mikrowellen-Popkorns. Achten Sie also nicht nur auf die Gedanken. Beachten Sie auch die Reihenfolge derselben. Nur ein beständiges Offensein für Tatsachen bringt unseren Geist zum Fliegen wie das Popkorn in der Mikrowelle.

Hier fragt der Meister schmunzelnd: Hört jemand den Unterschied zwischen Plopmusik und Popcorn?

ZENario:
Reinheit im westlichen Sinne ist ein Zwang. Reinheit im östlichen Sinne ein Nichts. Mit einem Messer und einem Stück Seife läßt sich beides verbinden. Schnitzen Sie eine meditative Form. Legen Sie diese auf Ihren Schreibtisch, und stellen Sie täglich für einige Sekunden oder auch Minuten eine Verbindung her. Konzentrieren Sie sich auf die reine Form.

EIN REICHER MENSCH IST DER, DER WEISS,
DASS ER GENUG HAT.

Laotse

Also kauft der reiche Mensch Diätmargarine statt Landbutter. Tanzt Tango statt Tarantella, vertreibt sich die letzten Flausen mit Peitschen und Ketten. So sind die Menschen, die wissen, daß sie genug haben. Aber es ist unwahrscheinlich, daß wir dazu gehören. Wir sind immer noch auf der Überholspur. Mit mehr und noch mehr, mit schneller, höher, reicher und Erdnußbutter auf warmen Toastscheiben. Wir wirbeln weiter durch unseren Reichtum und können nicht genug bekommen. Wer also genug hat, in erster Linie, genug zu tun, ist reich an Risiken und reich an Erfahrung. Was auch Sie nicht davon abgehalten hat, Ihre kostbare Zeit mit diesen Zeilen zu verplempern.

Was sagt der Meister: Ein reicher Mensch ist der, der mit heiterer Gelassenheit seinen Reichtum erkennt und genug davon hat. . .

ZENario:
Sie haben sicher schon einmal die fein geharkten Strukturen in einem ZEN-Garten gesehen. In Bildern oder auch auf Reisen durch Asien oder im Frühstücksraum bei Toshiba in Ratingen oder bei Panasonic in Hamburg. Wie auch immer. Füllen Sie den Deckel eines Schuhkartons beispielsweise mit Salz, und nehmen Sie einen kleinen Kamm zur Strukturierung Ihrer kleinen Welt.

17. Januar

DIE KUNST DES AUSRUHENS IST EIN TEIL
DER KUNST DES ARBEITENS.

John Steinbeck

Wenn Sie schon einmal in Pacific Grove in der Nähe von Monterey waren, werden Sie John Steinbeck verstehen. Dort läßt sich leben, was nichts anderes als ausruhen bedeutet. Wer aber arbeitet, lebt nun mal nicht. Workaholics sind schließlich nichts als süchtig nach Freizeit, Ruhe, Ausruhen. Ihre Kunst besteht darin, nie ein Ende zu finden. Für Sie ist die Kunst des Ausruhens zugleich die Kunst des Sterbens. Jede abgeschlossene Arbeit ein Stückchen Tod. Also die konsequente Vorbereitung auf die Kunst des Ausruhens.

ZENario:
Stellen Sie sich vor, Sie hätten all das Geld, das Sie sich schon immer gewünscht haben. Wie würde Ihr Tag aussehen? Was würden Sie tun? Wenn Sie so tun, als wäre es geschehen, kann es geschehen.

DIE NACHT IST DAS LÖSCHBLATT VIELER SORGEN.

Litauisches Sprichwort

Die Nacht ist so eine Art vorweggenommenes Diesseits und Jenseits, ist Welt und Gegenwelt oder auch scheinbar und unscheinbar. Auf jeden Fall aber ist sie da für die Seelenhygiene zwischen Tag und Traum. Sorglos halten wir dabei ein Kopfkissen für angemessen, und, so wir alleine schlafen, gewähren wir den Tränen keinen Aufschub. Die Dunkelheit legt sich wie ein Löschblatt über den Raum, und wenn nicht die Fernbedienung des Fernsehers scheppernd auf den Boden gefallen wäre, hätten wir uns ungestört den Gefühlen hingeben können. Aber Litauen ist weit und unsere letzten Tränen weit weg. Der Fluß der Tränen von Freizeitpsychologen und Krokodilen ist so verstopft, wie die Autobahn am Freitagnachmittag.

Ein Löschblatt, murmelt der Meister, ein Löschblatt. Eine Art sorgloses Aufsaugen all der überflüssigen Dinge im Leben. Eben ein ganz menschliches Ding.

ZENario:
Machen Sie mal eine Aufstellung Ihrer aktuellen Sorgen. Und vergessen Sie nicht die Gegenprobe – es lohnt sich!

Die Angst klopft an die Tür, das Vertrauen öffnet, und niemand steht draussen.

Chinesisches Sprichwort

Angst kommt zu jedem in einer anderen Gestalt. Häufig am Monatsende beim Blick auf das Bankkonto und dem Gedanken an die Verpflichtungen und Abbuchungen. Wenn die Angst an die Tür klopft, klopft das Herz. Wer auf sich vertraut, öffnet die Tür, läßt die Angst herein und bietet ihr einen Platz an. Beim Fernsehen sitzt sie dann völlig unbemerkt neben uns. Klopft es wiederum an der Tür, kann man die Tür öffnen und weiß, die Angst kann es nicht sein. Die Angst sitzt bereits in uns, und wir können sie nur herauslassen. Wenn wir das richtige Programm einschalten, geht die Angst wie von selbst.

Der Meister fragt schmunzelnd: Ja, ja, Herr Borchert, draußen vor der Tür.

ZENario:

Besuchen Sie jemanden, den Sie lange nicht gesehen haben. Sprechen Sie offen mit ihm. Über seine und Ihre Wünsche, über seine und Ihre Ängste. Sie werden Gemeinsamkeiten entdecken. Und Sie wissen doch: Minus plus Minus ergibt Plus.

POESIE IST DAS DYNAMIT FÜR DIE ORDNUNGEN DIESER WELT.

Heinrich Böll

Poetisches Dynamit sind Sätze wie: Laßt uns doch demnächst mal essen gehen. Man sieht sich. Wir telefonieren. . . Die unverbindlichste menschliche Maßeinheit, die wir kennen. Und Sprengstoff für Bekanntschaften jeder Art. Weitverbreitet in den urbanen Niederungen der Gefühle bestimmter Wagen- und Gesellschaftsklassen. Dynamit, das vornehmlich am Akademikersamstag (dem Mittwochnachmittag) zur Sprengung gelangt. Dann, wenn Apotheken, Arzt- und Rechtsanwaltspraxen sich geschlossen halten, um das Zwischenmenschliche zu pflegen. So kommt es zu unverbindlichen Begegnungen zwischen Telefon und Mikrowellenherd.

Für solche Menschen, vermutet der Meister, ist das Dynamit der Poesie nur zum Rasensprengen geeignet. Dort wächst dann allerdings kein Gras mehr.

ZENario:

Nehmen Sie heute Ihren Kopf und laufen Sie vor die Wand (im bildlichen Sinne). Bringen Sie die Ordnung ein wenig durcheinander. Dabei reicht es schon, wenn Sie sich als Mann endlich mal beim Pinkeln hinsetzen. Für die Damen wäre das Ansprechen eines Mannes (und sei es auch nur, um die ersten Hemmungen zu überwinden) eine schöne Übung. Vorsicht! Feuchte Träume löschen die Zündschnur des Dynamits!

EIN GUTER YOGI HORTET NICHT.

Japanische Weisheit

Wenn jemand erfährt, daß sein Haus in Flammen steht, hat er nichts eiligeres zu tun, als nach Hause zu laufen. Dabei wird ihm das nur das Leben leichter machen. Denn wer keinen Besitz hat, hat auch nichts zu verlieren. Wer meint, viel zu verlieren, besitzt nichts von Bedeutung. Ein guter Yogi hortet nicht. Für einen guten Yogi ist beispielsweise ein Kaufhaus ein Tempel. Stätte der Andacht und der Huldigung. Aber nicht der Berührung.

ZENario:
Heute stellen wir geistigen Sperrmüll auf die Straße. Es gibt Menschen, die an solchen Tagen herumfahren und vieles gebrauchen können. Also keine Angst, auch Freunde und Freundschaften mit Sprüngen können heute rausfliegen. Man wird sich um sie kümmern. So schaffen Sie in Ihrem Herzen Platz für neue Gefühle.

DAS RISIKO IST DIE BUGWELLE DES ERFOLGS.

Carl Amery

Ein Risiko ist nur dann eines, wenn es ein Vermögen kostet. So aufgeladen wird sich jedes Kunst-Ego wie eine Bugwelle durch die neidvolle Menge steuern. Den Erfolg kurzfristig und kurzzeitig auf Flügeln, Brettern oder Schwingen tragen. Aber dann kommt das Risiko. Die gnadenlos harten Landungen der Erwartungen und Gefühle sowie zwangsläufig etlicher Körperteile – je nach Risiko. Das wird in die nachdenkliche Phase überleiten. Mit anderen Worten, stürzen Sie sich nie Hals über Kopf in ein Risiko, bevor Sie nicht per Handy alle Hindernisse aus dem Weg haben räumen lassen. Eine Bugwelle verdrängt viel, allerdings oft auch den gesunden Menschenverstand. Im übrigen verursachen Bugwellen einen Sog, in den man leicht hineingerät, ohne gesehen zu haben, um welches Risiko es sich dabei handelt.

ZENario:
Stellen Sie heute und morgen alles auf den Kopf. Oder verändern Sie zumindest liebgewonnene Gewohnheiten. Raus aus der Routine – rein ins Vergnügen. Wer um 6.00 Uhr aufsteht, beginnt den Tag heute um 5.00 Uhr. Wer erst duscht und dann die Haare wäscht, macht es heute in umgekehrter Reihenfolge. Achten Sie auf alles, was für Sie normal ist und drehen Sie es um. Wenn es nötig sein sollte, auch Ihren Freund oder Mann, Ihre Freundin oder Frau.

DAS NIVEAU IST HOCH, ABER KEINER IST DRAUF.

Theodor Adorno

Früher habe ich gern verschwiegen, daß ich kein Abitur habe. Es gab sogar Situationen, in denen ich auf die Frage danach mit einer Lüge antwortete. Oft genug habe ich erzählt, ich hätte Abitur. Bis ich immer mehr Akademiker kennenlernte. Begegnungen, die sich auch im Gebrauch von lateinischen Zitaten widerspiegeln. Ein sehr beliebtes Spiel, das tiefen Einblick in die Gemütsverfassung des Gegenübers gewährt. Es führt zu Erkenntnissen oder zu verzweifelten Ausweichmanövern. Das Leben ist keine Niveaufrage, sondern eine Frage des Tiefgangs. Aber wer hat schon Niveau, wer hat Tiefgang, und wer ist schon gut drauf?

Bereits der Gedanke daran erinnert an Zwiebelgeruch. Oft endet es auch mit der totalen Entblätterung. Und dann kommen einem die Tränen.

ZENario:

Gehen Sie in ein gut sortiertes Spielwarengeschäft und kaufen Sie sich ein Traumhaus. Den Bausatz einer Almhütte, ein Haus der Jahrhundertwende oder ein postmodernes Kleinod der neuen Bescheidenheit. Bauen Sie sich eine kleine Welt für die Fensterbank. Der Ausblick wird Ihnen völlig neue Einblicke ermöglichen.

ES SIND NICHT DIE UMSTÄNDE, DIE DEN MENSCHEN SCHAFFEN. DER MENSCH IST ES, DER DIE UMSTÄNDE SCHAFFT.

Benjamin Disraeli

Wer nur mit einer Peitsche, einer Pistole und einem Stuhl lebt, kann nicht erwarten, daß ihn außer Löwen auch Lämmer besuchen. Im Zirkus, den wir Leben nennen, richten wir es uns so ein, daß unser Auftritt entweder wahrgenommen wird oder hinter den Kulissen stattfindet. In beiden Fällen schaffen wir uns aber Publikum und Reaktionen. Klatschende Hände oder den Klatsch der Wissenden. Entscheidend für beide Situationen sind die Tricks, mit denen wir arbeiten. Alles andere ist nur der kümmerliche Rest ums Überleben. Wer allerdings ganz ohne Tricks auskommt, ist möglicherweise der König der Löwen.

ZENario:
Formen Sie sich aus Zeitungspapier drei Bälle. Beginnen Sie zu jonglieren. Erst mit zwei Bällen, später mit drei. Nehmen Sie dazu »DIE WELT«, »DIE WOCHE« und »DIE ZEIT«. Es wird ein göttliches Gefühl sein, mit diesen dreien zu jonglieren.

DAS LEBEN SCHAFFT ORDNUNG, ABER ORDNUNG BRINGT KEIN LEBEN HERVOR.

Güdny S.

Verfechter des Neuzeit-Chaos sprechen von Fuzzy logic. Ein ordentliches Wissen ersetzt dabei fehlende Theorie. Legen Sie sich häufiger und rechtzeitig mal quer, und bemerken Sie die Bewegungen, die damit ausgelöst werden. Legen Sie sich in die allgemeine Richtung, und man wird Sie zur Ordnung rufen, wie all die anderen rechts und links neben Ihnen.

Der Meister sieht das so: Wenn das Leben uns eingeordnet hat, hört das Leben auf. Leben Sie ordentlich – aber nicht zu ordentlich!

ZENario:

Verzichten Sie heute Abend auf die TV-Ordnung. Zappen Sie frei nach Gefühl. Schneiden Sie sich Ihren eigenen Film. Vorzugsweise nicht mitten im Satz. Aber auf jeden Fall mit einem Video-Recorder. Sie werden sehen, Ihr Film hat überraschende Momente zu bieten. Politiker lassen sich ausschalten. Oder der schnelle Wechsel zwischen der Deutschen Volksmusik-Hitparade, den Tekkno-Clips auf Viva und einem »It's cool man!« läßt das Wohnzimmer-Universum kreisen.

SCHÖNHEIT IST DER GLANZ DER WAHRHEIT.

Mies van der Rohe

So gesehen sind auch Butterfahrten eine schöne Erfahrung. Und es ist eine weitverbreitete Fehleinschätzung, daß »Design wichtiger ist als das Sein«. Viele Veranstaltungen, die Höheres im Sinn haben, unterschreiten das Niveau von Butterfahrten aufs erbärmlichste. Zwischen Heizdecken und Apfelstrudel ist man Mensch, dort darf und kann man es noch sein. Das Dasein als begehrter Mensch mit Kaufkraft ist die wahre Schönheit. Da spricht der Glanz der ganzen Wahrheit. Kein Schnarchsackfaktor, denn jede Frau, jeder Mann ist hellwach, um nicht übers Ohr gehauen zu werden. Am Ende liegt sie da im heimischen Schlafzimmer, die Heizdecke im Design der Fünfziger mit der Technik der Neunziger.

Auch jeder Gedanke des Meisters ist so eine Art Kaffeefahrt. Eine emotionale Heizdecke zwischen Design und Nichtsein, zwischen Sinn und Unsinn, zwischen Hier und Jetzt, zwischen Nonsens und Konsens.

ZENario:
Magnum, Nogger, Milky Way,
Pommes und Kartoffelchips

....

....

Machen Sie sich einen Reim darauf.

27. Januar

DER MUT BESTEHT NICHT DARIN, DASS MAN DIE GEFAHR ÜBERSIEHT, SONDERN DASS MAN SIE SEHEND ÜBERWINDET.

Jean Paul

Das machen uns Bungie-Springer mittlerweile überzeugend vor. Wenn wir also nicht sterben, werden wir weiter alt werden. Selbst bei täglichem Bodybuilding wird das nicht zu übersehen sein, und zwar erschreckend deutlich. Man kann es dennoch übersehen oder sehend überwinden. Ignorant dem Jugendkult zwischen die Beine laufen oder blind über den nächsten Zebrastreifen in das neuste Zeitgeist-Cabrio. Der Mut besteht darin, die wachsenden Gefahren ins Auge zu fassen und zu Fuß, im Rollstuhl oder unter entsprechenden Medikamenten zu überwinden. Der Mut besteht darin, alt zu werden und das innere Lachen nicht von äußeren Unzulänglichkeiten abhängig zu machen.

ZENario:
Ihr regelmäßiger Absacker (Kölsch, Alt, Pils oder Prosecco) bleibt heute im Kühlschrank. Ab 21.30 Uhr treffen Sie sich mit Dean Martini (inkl. Olive) und testen mal den Geschmack von Las Vegas pur oder auf Eis. Entwickeln Sie das richtige Zungenspitzengefühl für die italienische Versuchung. Wahlweise in bianco oder rosso.

BEEING TOO BUSY IS SOME DANGER.

Hamlet

Keine Panik! So schnell wird Arbeit nicht bestraft. Aber wer viel arbeitet, macht auch viele Fehler. Schon sind Sie mitten drin in der nächsten Lebenskrise. Sie haben wie immer zwei Möglichkeiten: 1. Sie bleiben überzeugend und fehlerhaft oder 2. Sie gründen eine Grunge-Band (im Falle des Erfolgs ist allerdings das Nirvana vorbestimmt). Was wird Ihre Mutter dazu sagen, die sich bis heute noch rege um Sie kümmert? Sie sagt: »Junge, ich wußte gar nicht, daß Du Gitarre spielen kannst. Deine Schiesser-Feinripp sehen mehr nach Sesselpupser aus!« Was Ihnen das nun sagen soll? Fragen Sie nicht, handeln Sie. Tun Sie mehr als die anderen, dann tut sich auch etwas.

ZENario:
Legen Sie in den nächsten Tagen Ihren Wahlspruch für den nächsten Monat fest. Wenn Sie Spaß daran finden, tun Sie das nun jeden Monat. Ihr Leitspruch sollte Ihre Stimmung zum Ausdruck bringen. Für alle, die Landluft lieben, z. B.: Zicke-zacke, Heu, Heu, Heu! Für Allergiker müssen solche naturverbundenen ZENtenzen tabu bleiben.

JEDES SCHRECKBILD VERSCHWINDET, WENN MAN ES FEST INS AUGE NIMMT.

Johann Gottlieb Fichte

Sie kennen diesen pelzigen Geschmack, die Falten in der Ersatzhaut unter dem Kinn und rund um die Augen? Das ist der klassische Sonntagmorgen nach einer langen Nacht. Das Entsetzen hat nun einen Namen – Ihren. Schreiten Sie mutig zu Ihrem Lieblingsspiegel und nehmen Sie das Schreckbild fest ins Auge. Unerbittlich und nicht die Nerven verlieren. Diese Momente sind Prüfsteine des wahren Lebens und der vereinigten Winzergenossenschaften Frankreichs und Italiens. Verlieren Sie die Erkenntnis nicht aus den Augen. Wenn wir imstande sind, dem Leben ins Gesicht zu lachen, erhalten wir Macht über die Welt.

Was sagt der Meister? Schreckbilder sind letztlich Augenblicke. Kaum sichtbare Koordinaten der Orientierung auf unserer Netzhaut.

ZENario:
Verzichten Sie an diesem Tag völlig auf das Fernsehen. Sie haben heute morgen beim Blick in den Spiegel das Grausen bekommen. Betrachten Sie Strohblumen in meditativer Stille und hören Sie Musik, die Sie sonst eigentlich nicht mögen. Callas contra Curt Coburn, Bacharach gegen Dr. Bobo.

»WAS IST DIE ANTWORT?« KEINE ANTWORT DRANG ZU IHR. »IN DIESEM FALL, WAS IST DIE FRAGE?« DANN STARB SIE.

Gertrude Stein in ihrer Todesstunde

Da es bekanntlich immer mehr Fragen als Antworten gibt, verwundert es nicht, daß Gertrude Stein mit einer Frage diese Welt verließ. Schließlich sind wir alle klug genug, dem nachzulaufen, was man nicht so genau weiß. Was wir bereits wissen, lassen wir dabei viel zu oft hinter uns. Die Philosophen des Altertums hatten zumindest erkannt, daß man es zuerst selbst haben muß, bevor man es weitergeben kann. Sie hatten weder Fragen noch Antworten. Sie hatten sich selbst.

Eine Frage noch, winkt der Meister, kennt Ihr jetzt Euer ZENtrum?

ZENario:
Ist ZEN wie Nebel?
Eher eine tiefe Erkenntnis im Nebel!
Wie ist dies zu erlangen oder zu erkennen?
Wenn Du versuchst, den Nebel zu lüften, wirst Du nie etwas erkennen.

WENN UNSER LEBEN EINE ANTWORT IST, MUSS IRGEND JEMAND EINE VERDAMMT BLÖDE FRAGE GESTELLT HABEN.

Keith Richards

Dazu paßt natürlich die alte Weisheit: Es gibt keine dummen Fragen, nur dumme Antworten. Aber auch das hilft uns nicht weiter. So wie alle Antworten, die nur neue Fragen aufwerfen. Die ewige Frage nach dem Sinn des Lebens ist Frage und Antwort zugleich. Die Antwort ist dabei der Tonfall, mit dem die Frage gestellt wird. Unsere Stimme drückt aus, was nicht gesagt werden kann. Und die Frage behauptet das Gegenteil. Das Leben ist wie ein Täßchen Tee. Was ist also das Leben? Die richtige Antwort lautet: Frage einen Meister oder einen, der das Leben meistert, eben einen, der gern Tee trinkt.

ZENario:
Suche nach etwas, das Du verlegt hast. Jetzt und nicht erst dann, wenn Du es brauchst. Diese Suche kann auch in Dir selbst beginnen.

Februar

WIR LACHEN NICHT, WEIL WIR ETWAS LUSTIG FINDEN,
SONDERN WIR FINDEN ETWAS LUSTIG, WEIL WIR LACHEN.

Katsuki Sekida

MANCHMAL ZAHLT MAN DEN HÖCHSTEN PREIS FÜR DINGE, DIE MAN UMSONST HABEN KÖNNTE.

Albert Einstein

Im Kompott des Lebens sind lauter geldgeile Chirurgengattinnen, und zwar todschick. Demgegenüber die Celloklänge der Berufsmelancholiker, diese Menschen am Rande des Nervenzusammenbruchs in der bratwurstgeschwängerten Luft diverser Freizeitfestivals. Der Preis für die Unvernunft auf der einen und der Vernunft auf der anderen Seite ist hoch. Welche Seite nun was beanspruchen kann, sollte jeder für sich entscheiden. Der Unterschied beginnt in den Köpfen und nicht beim Preis für Dinge, die man umsonst haben könnte.

Dem Meister fiel dies schon sehr früh auf – hier in Europa. Seine Erklärung: Es wird zu früh in Klassen aufgeteilt. Schon in der Grundschule ist das erste, was man lernt, ein Klassendenken, und das setzt sich fort. Über die Hubraum- bis zur gesellschaftlichen Klasse. Und wer es dann geschafft hat, den findet man klasse! Höchste Preise zahlt man später wieder dafür, sich aus dieser oder jenen Klasse zu entfernen – wenn Sie wissen, was ich meine...

ZENario:
Entfernen wir uns von unseren Klischees. Fliegen wir doch über uns hinweg und beobachten unsere Einstellungen. Falten wir einen Papierflieger und lassen ihn schweben. Über Meinungen hinweg.

DAS LEBEN MEISTERT MAN LACHEND
ODER ÜBERHAUPT NICHT.

Chinesisches Sprichwort

Eine kleine Geschichte, die das illustriert. Ein sehr junger Pinguin auf einer riesigen Eisscholle trollt sich unter einen Flügel seiner Mutter. »Mama? Mama, war mein Papa auch ein Pinguin?« »Aber ja!« »Und Deine Mama, war Deine Mama auch ein Pinguin?« »Ja, auch meine Mama war ein Pinguin.« »Und Dein Papa und der Papa von Deinem Papa, das waren alle, alle Pinguine?« »Ja sicher, mein Kind. Alle waren sie Pinguine, warum fragst du?« »Ich friere!«

ZENario:
Legen Sie sich ein Säckchen Sand zu. Zwei, drei handvoll feinen Sand. Greifen Sie gelegentlich hinein, und lassen Sie den feinen, warmen Sand durch Ihre Finger rieseln. Spüren Sie die Sonne? Sie haben Urlaub! Für Bergwanderer wird diese Erfahrung etwas komplizierter. Versuchen Sie es mit dem Geruch eines Schmalzlers oder mit dem Alpenveilchen von Omas Blumenfenster.

MAN SOLLTE KEINE BÄUME AUSREISSEN, NUR UM ZU SEHEN, DASS KEINE WURZELN MEHR DRAN SIND.

Rod Beck

Jemand, der dem Naturschutzgedanken nahesteht, wird hier sofort militant reagieren. Aber es gibt ja auch Hundebesitzer, für die Bäume rechts und links des Weges nur den heimischen Teppich ersetzen. Aha, denkt der geneigte Leser, das heißt nichts anderes als: Erkenntnisse sind immer vom Standpunkt abhängig. Daraus folgernd sollte man nicht unbedingt einen Baum pflanzen, nur weil man kein Kind zeugen kann. Und schon gar nicht ein Haus bauen, wo ein Baum steht. Andererseits: Wer ein Kind gezeugt hat, kann nicht unbedingt Bäume ausreißen oder ein Haus sein eigen nennen. Bevor wir uns allerdings damit beschäftigen, so der Meister, sollten wir erst einmal lernen, ohne große Kraft zu pflanzen. Wenn dies zur Genüge getan ist, bitte sensibel beobachten, ob und wo wir entwurzelt sind.

ZENario:

Kaufen Sie sich einen Bonsai und pflegen Sie ihn mit Hingabe. Beobachten Sie das Wachstum, das Fallen der Blätter und auch mögliche Enttäuschungen. Schlagen Sie Wurzeln bei der Beschäftigung damit.

GESICHTER SIND DIE LESEBÜCHER DES LEBENS.

Federico Fellini

Was auf italienisch etwa heißt: segnato dalla vita. Schönheitschirurgen tun also nichts anderes, als Seite um Seite aus Büchern zu reißen, die, noch bevor sie zu Ende geschrieben wurden, vernichtet werden. Zugunsten weißer Seiten – die man auch als Horror vacui bezeichnen kann. Lesebücher des Lebens unterscheiden sich zudem von üblichen Büchern dadurch, daß man aus ihnen meist etwas lernt oder lernen soll. Wenn aber Seiten fehlen, dann fehlen auch Erfahrungen. So machen wir wieder die gleichen Fehler und suchen irgendwann nach einem Schönheitschirurgen, der mit blutigen Händen das Leben herausschneidet.

Der Meister weiß: Nichts ist offensichtlicher als das, was verborgen bleiben soll.

ZENario:

Alle starken Regungen, Wünsche und Sehnsüchte äußert Ihr Körper. Achten Sie heute sehr genau auf jede Kleinigkeit. Es gibt Esoteriker, die jedem Sternbild eine bestimmte Schwäche zuordnen. Fischen beispielsweise Schuppen.

Der Tag wird kommen . . .

John Wayne in »Der Schwarze Falke«

Immer diese leeren Versprechungen, dieses Warten auf Entscheidendes. Die Worte sind dann ein Meisterwerk des Vertröstens, wie übrigens andere auch. Nach neuesten Forschungen gleichzeitig konsequent und inkonsequent. Frohsinnig und locker hingeworfen wie eine Angel, mit der Hoffnung, eine Lösung aus dem trüben Wasser zu ziehen. Das magische Quadrat dieser vier Worte würgt den Wartenden, der auf eine Entscheidung hofft. Aber nein! Er hört nur, daß es eines Tages soweit sein wird. So, wie wir alle eines Tages erfahren werden, daß es nun soweit ist und alle Steuersparmodelle nichts genutzt haben. Es war die Hölle, und nun kommt der Himmel. Von nun an alles nur noch in Schonbezügen. Die Gefühle, die Fragen und die Antworten. Wann soll das sein?

Der Meister hebt seinen Kopf und flüstert: Der Tag wird kommen. . .

ZENario:
Sie, nur Sie können Antworten geben. Vorausgesetzt, Sie kennen die Fragen. Heute wäre es eine gute Gelegenheit, sich einige Fragen zu stellen. Sie wissen schon welche – ganz bestimmt.

DIE ZEIT IST NUR DAS LEBEN DER UHR.

Laura S.

Na also, das haben wir doch schon immer geahnt. Der erleuchtete Mensch reist durch die Zeit, ohne sich fortzubewegen. Die Sprache der Göttlichen ist Schweigen und Sehen. In ZEN-Klöstern gibt es aus guten Gründen keine Uhren. Es herrscht die Pünktlichkeit des natürlichen Tagesablaufs. Bestimmt vom Licht der Sonne. Eine kosmische Pünktlichkeit. Die einzig wahre Zeit. Denn was bedeutet aus der Sicht des Universums schon der Verlust eines Kalenders, eines modischen Filofax, einer Uhr?

Es läuft alles weiter – auch die Zeit, sagt der Meister. Und nur Unbegabte haben keine Zeit, zitiert er. Die Behauptung »nach unserer Zeitrechnung« ist dabei vermessen. Wir können mit rein gar nichts wirklich rechnen, niemandem die Zeit stehlen. Schon gar nicht einer Uhr.

ZENario:
Eines Tages werden wir begreifen, daß wir nach Dingen suchen, die wir schon lange haben. Wer sich entspannt und Zeit läßt, wird Zeit gewinnen. Legen Sie für einen Tag Ihre Uhr ab. Und das jetzt jede Woche. Die Zeit läuft Ihnen nicht davon. Die Zeit läuft nur.

DIE ZUNGE IST EIN DOLCH AUS FLEISCH.

Arabisches Sprichwort

Eine tödliche Erkenntnis, in dreierlei Hinsicht. Erstens, wenn man es aus kulinarischer Sicht betrachtet. Zweitens, wenn man an Kurt Tucholsky denkt: »Sprache kann eine Waffe sein.« Und zu guter Letzt beim Gedanken an die Nahrungsaufnahme der Kannibalen. Vielfältig sind die Situationen, in denen die Zunge verletzend eingesetzt werden kann. Beispielsweise, wenn dem Lebenspartner eröffnet werden muß, daß Sex mit einem Wackelpudding als viel erotischer empfunden wird. Dann sind Worte wie Stiche und die Libido nicht mehr die reine Fleischeslust. Oder auch die weitverbreitete Fähigkeit, den anderen totzureden. Das sind keine Dolchstoßlegenden, sondern grausame Wahrheiten, die unsereins hin und wieder auf der Zunge liegen. Und alles Beispiele, die zeigen, daß wir mehr oder weniger den Grad der Achtsamkeit nicht mehr kennen. Das Eindringen des Dolches in fremdes Fleisch nicht mehr spüren.

Das Sprechen mit dem Stein auf der Zunge sollte wieder geübt werden, sinniert der Meister, als er schweigend den Raum verläßt.

ZENario:
Suchen Sie sich ein Vorbild. Ein Vor-Bild im zweideutigen Sinn. Schreiben Sie ihm oder ihr und bitten Sie um ein Foto mit Autogramm. Vergessen Sie das Rückporto nicht. Denn alles, was wir tun, kommt irgendwie zurück!

DIE LUST IST GRÖSSER ALS DAS VERSTÄNDNIS.

Geraldine F.

Der Zweck eines jeden Spiels ist es, Lust zu empfinden. Leider liegt dieses Glücksgefühl lange zurück. Schon in frühen Tagen der Kindheit wird es uns ausgetrieben. Das Lustprinzip weicht dem Eltern-Ich. Dabei mutieren kleine Kinder (leider oft) zu Riesenarschlöchern. Komischerweise hat die Gesellschaft dafür viel Verständnis – vorausgesetzt, dahinter steckt Geld, viel Geld. So kommt es zum Gebrüll am Spielfeldrand: »Los, hau drauf! Hau rein, rein mit der Gurke.« Das ist das moderne Lustprinzip der Erwachsenen. Kinder haben dafür wenig Verständnis und – leider – keine Worte. Denn bei Kindern ist die Lust noch größer als das Verständnis.

ZENario:
Gehen Sie auf einen Spielplatz in der Nachbarschaft oder zu Bekannten, die Kinder haben. Spielen Sie konzentriert eine Stunde mit den Kindern. Gehen Sie auf deren Wünsche ein, und versuchen Sie nicht, Ihre Vorstellungen durchzusetzen. Lassen Sie Ihre Seele baumeln und das Kind in Ihnen leben. Sollten Sie selbst Kinder haben, wäre es fatal, wenn Sie diese Möglichkeit zum eigenen Verständnis nicht nutzten.

WORTE SIND DAS STÄRKSTE RAUSCHGIFT,
DAS DIE MENSCHHEIT VERWENDET.

Rudyard Kipling

Schön giftig wird es erst, wenn man bedeutungsschwanger die Buchstaben verdreht. Vom Rauschgift zum phantastischen Lauschgift zum Beispiel. Und das Heilserum der Homöopathen wird schnell zum Seil herum beim Mönch im Kräutergarten. Eine Spitzenleistung ist in diesem Zusammenhang auch der Versprecher, der mit dem buddhistischen Standesamt das Statistische Bundesamt meint. So kommen Spielflächen zum Vorschein, daß es von Köln nach Kalau gar nicht mehr so weit ist, wie es sich anhört. Ein Suchspiel, das wie ein Floh mit der Mund-Art hin und her hüpft, um mit einem Lachen zu sterben.

Sehr schön, sagt der Meister. Ich hätte den Mut zur Veränderung anders erklärt. Aber so habe auch ich wieder etwas gelernt, was mich nicht nur sprachlos staunen läßt, sondern praktische Übungen nach sich zieht. Meditative Stunden im Wortfluß oder am Wörthersee.

ZENario:
Wir werden alle als Original geboren und enden meist als Kopie. Suchen Sie sich etwas Einzigartiges. Malen Sie ein Bild, oder machen Sie eine ganz persönliche Entdeckung. Und wenn es der Leberfleck hinter Ihrem rechten Ohr ist.

WAS MICH INTERESSIERT, IST GELD.

Salvadore Dali

Und das in Essig und Öl, großer Meister. »Im Bahnhof von Perpignan« und beim Barte des Propheten. »Am Strand von Figuera« entstand Geld wie Sand. Man kann sich auch auf der Straße bücken und laut Geld! Geld! Geld! rufen. Gerade dann, wenn man in einen großen Scheißhaufen getreten ist. Alle Aufmerksamkeit wird Ihnen sicher sein. Versuchen Sie das gleiche einmal mit den Worten: Scheiße! Scheiße! Scheiße! Oder: Kunst, Kunst, Kunst!

Es ist nun mal so. Die meisten von uns interessiert Geld. Auch den Meister interessiert nur eins – Reichtum. Der allerdings hat mit Geld nichts zu tun.

ZENario:
Legen Sie einen Pfennig und einen Geldschein unter ein weißes Blatt Papier. Reiben Sie mit einem weichen Bleistift über die Oberflächen. Erkennen Sie den Unterschied? Die größeren Werte bleiben unsichtbar. . .

DIE WELT IST EIN GEFÄNGNIS, IN DEM EINZELHAFT VORZUZIEHEN IST.

Karl Kraus

Nun ja, die Geburt ist Zufall und der Tod eine Gewißheit. Aber muß man denn gleich so kraus und isoliert denken? Jedes Hindernis ist auch immer ein Tor zur Erkenntnis. Beim Auffahrunfall z. B., daß Abstand Ärger vermeidet. Immerhin bietet der Gefängnishof die Freiheit, sich zu entscheiden. Die Langeweile ist als Möglichkeit zu sehen, sie mit so sinnvollen Aktivitäten zu füllen, wie das wiederholte Einwerfen eines Balles in einen an der Wand befestigten Korb unter Vermeidung, Gegenspieler zu behindern. Auf jeden Fall kommt man dabei ins Schwitzen und muß sich nicht um wichtige Dinge kümmern. Man kann auch still und gelangweilt herumsitzen, um nicht aufzufallen. Wer beim Nachdenken auffällt, kommt – weil Gefahr im Verzug - sofort in Einzelhaft. Aber da wollten wir ja nicht hin.

ZENario:
Vom kühlen Denken zum Erwachen. Ab sofort erwachen Sie jeden Morgen mit einem Lächeln und notieren den ersten Satz, den Sie hören. Beispielsweise Ihre Frau mit den Worten: Iiiiiieehhhh, ein Tier!

JE WENIGER SICH ÄNDERT,
UM SO MEHR BLEIBT ALLES BEIM ALTEN

Sizilianisches Sprichwort

Wenn Sie dieses »Keiner liebt mich«-Gefühl überkommt, ist es Zeit. Lassen Sie die Zutaten in der Brühe des schnöden Lebens routieren. Versuchen Sie, die (s.o.) »Kunst des Liebens« zu erlernen. Was vor allem bedeutet, kräftig in den Gefühlen zu rühren. Bringen Sie den Spiegeleiern das Fliegen bei (Vorsicht: Küchendecke frisch gestrichen!). Sprechen Sie mit den Tieren im Zoo, oder spielen Sie Mausefalle auf allen vieren und mit einem Stück Käse im Mund. Sie sehen, es gibt genügend ungewöhnliche Möglichkeiten, dem Gefühlsbrei Geschmack zu geben. Nur, Sie müssen es tun und dazu stehen. Mut ist schließlich das einzige, was zählt.

ZENario:
Lesen Sie ein Buch, von dem Sie nie geglaubt hätten, daß Sie es in die Hand nehmen. Schopenhauer für alle Uta-Danella-Freunde. Jerry Cotton oder einen Arztroman für die Handke-, Grass- und Jüngerianer. Der Unterschied? Ganz einfach: Tränen der Rührung oder Tränen der Ernüchterung.

TAKTLOSIGKEIT IST NICHT MEHR ALS DER ENTSCHLUSS, ETWAS ZU SAGEN, DAS ALLE DENKEN.

Oscar Wilde

Dafür nehmen wir das schöne Beispiel Erika Berger. Die Dame kennt weder Scham- noch andere Grenzen und öffnet uns damit die Herzen für Neuigkeiten aus der kleinen, miefigen Welt dunkler Schlafzimmer. Sie führt uns zu Erkenntnissen, die verblüffend simpel und zugleich ernüchternd sind. Der perfekte Sex, so ihre Worte, findet »nackert« statt, macht Geräusche und ist feucht. Aha! Trotz allem ist es immer noch das Schönste auf der Welt. Mit anderen Worten, heute gesagt und morgen schon auf dem Gipfel. So ist das mit dem Humor in Deutschlands Betten, in denen es ja so tieftraurig aussehen soll. Aber ja, so ist das Leben hart an der Bettkante – bretthart in der Sache und weich im Gemüt. Das kann uns alle trösten in harten Zeiten und weichen Daunen.

Dem Meister fällt zu dieser lachhaften Geschichte nur ein Satz von Laotse ein: Einfach war sie, wie unlackiertes Holz.

ZENario:
Nicht umsonst der Text über Frau Berger. Es gibt verschiedene Möglichkeiten, dem Körper auch mit Humor zu begegnen. Zuviele beschränken das Lachen auf das Sitzen und Stehen. Dabei ist der Kopf im Liegen wesentlich besser durchblutet.

ES FÄLLT MIR VON TAG ZU TAG SCHWERER, AUF DEM HOHEN NIVEAU MEINES BLAUEN PORZELLANS ZU LEBEN.

Oscar Wilde

Noch ein Täßchen Erkenntnis, das uns flüssig den Tag überstehen läßt. Englisch gesittet und doch nicht ohne Wilde(n) Sarkasmus. Mit dem Hinweis der sprechenden Teetassen: Halli, hallo, hier sind wir. Grüß dich! Ich muß gestehen, daß die Höflichkeit englischer Teetassen nicht meine Welt ist. Aber das Niveau! Unerreicht. Das Absurdeste ist möglich, wenn wir es ermöglichen. Und blaublütiges englisches Porzellan ist nur ein kleines Beispiel – aber ein großer Hinweis auf die Möglichkeiten königlicher Phantasien. Nehmen Sie also heute ein Täßchen Tee und sich selbst nicht so wichtig. Die Wichtigkeit ist ohnehin nicht irdisch und ein sinnvolles Ziel.

ZENario:
Wagen Sie heute eine Erstbesteigung. Ihrer Phantasie sind keine Grenzen gesetzt. Es sollte nicht das Gipfelkreuz beim Fensterputzen sein. Vorzugsweise besteigen Sie den örtlichen Fernsehturm oder die verführerischen Hügel in Ihrer unmittelbaren Umgebung. . .

GELD IST DIE PHANTASIE DER AHNUNGSLOSEN.

V. Graf

Wer keines besitzt, ist noch reich an Wünschen. Geld verdirbt den Charakter, sagen die, die ohnehin kein Geld abgeben wollen. Aber was nun, wenn man weder Geld noch Charakter hat? Dann hat man wahrscheinlich reichlich Gold-, Platin- und sonstige Kreditkarten. Reichtum ist viel schwieriger, als gemeinhin angenommen wird. Die Leichtigkeit des unbeschwerten Geldausgebens ist dabei ein diffamierendes Gerücht.

Der Meister erzählt gern von einem Meister des Geldes. Eine Art Leonardo da Vinci des Mehrwerts. Der verdiente schon mit einem gewinnenden Lächeln. Sobald er aber den Gewinn in bare Münze verwandelt hatte, verteilte er alles unter Freunden bei Festen und Gelagen. Seine Begründung: Geld ist doch nur die Ursache für weitere Zerstreuung, die mich vom Eigentlichen abhält: Geld zu verdienen.

ZENario:
Wir bewegen uns in einer Scheinwelt. Und wie wir wissen, gibt es Dinge, die wir gern mit barer Münze heimzahlen. Machen Sie sich eine Liste aller Schulden. Stellen Sie einen realistischen Plan auf, mit dem Sie sich so schnell wie möglich entschulden. Sie wissen doch, Geld ist nicht alles. Aber ohne Geld ist alles nichts.

AUCH EIN TRITT IN DEN HINTERN BEDEUTET EINEN SCHRITT VORWÄRTS.

Marcello Guitry

Treten Sie näher. Ohne Hüsteln, ohne Husten – noch einen Schritt. Die Scheu vorm Fazit kann es nicht verhindern. Der kontrollierte Verfall der guten Sitten endet im Anus mundi. Früher zog man in den Krieg hinaus, heute treten wir mit allen unerlaubten Mitteln unsere Freunde und Gegner in denselben. Bringen damit aber auch meist eine Menge in Bewegung. Ein Tritt ist dann oft der erste Schritt zur Erkenntnis. Es müssen nicht immer Antworten und Lösungen sein, hin und wieder bringt der richtige Tritt ganz schön vorwärts.

ZENario:
Schreiben Sie eine aktuelle TO-DO-Liste. Arbeiten und Vergeßlichkeiten ordnen sich zu einer Reihe überschaubarer Aufgaben, die Sie nun nacheinander erledigen können. Vergessen Sie nicht, ans Ende der Liste eine schöne Belohnung einzutragen.

AM INTERESSANTESTEN IST DIE INNENSEITE DER AUSSENSEITER.

Jean Genet

Nehmen wir die Franzosen, speziell jene, die aus Deutschland kommen und Mode machen. Ganz gewöhnliche Außenseiter, wenn man sie unter dem Aspekt normaler Bekleidungsrituale von C&A oder P&C betrachtet. Diesen Menschen ist dennoch oder scheinbar etwas Gott-Ähnliches gegeben. Sie haben die Frauen erfunden – nein! Sie erschaffen sie aufs Putzigste Saison für Saison neu. Aber diese Könige des guten Geschmacks haben auch eine Innenkante. So eine Art rutschfestes Seelen- und Geschmacksmieder. Außenseiter zu sein, sagt der Meister, ist wie das Leben des Hasens in der Scharte. Ein Slalom der Gefühle, hart und knirschend auf der Innenkante über die Piste der Äußerlichkeiten. Wir Männer sehen außen immer noch aus, als ob Mama uns mit Bleyle angezogen hat, und innen, als wenn die nackte Angst das einzige Kleidungsstück wäre. Frauen hingegen. . .

ZENario:

Achten Sie mehr auf Ihre Innen- oder auf Ihre Außenkante? Achten Sie ab heute auf beides. Schiesser-Feinripp raus aus dem Schrank und Kermit Klein rein in die Welt von Strip, Straps, Boxershorts und den Eintopfgerichten männlicher Lust. Sortieren Sie heute mal Ihre ganz normale Unterwäsche – und vergessen Sie die Strümpfe nicht!

ES IST NICHT LEICHT, GRÜN ZU SEIN.

Kermit der Frosch (Muppet Show)

Wer quakt schöner, geistvoller (ausgenommen Miss Piggy), Hegel oder Fichte – Mann oder Baum? Lassen wir ersteren zu Wort kommen, bevor Kermit wieder dazwischenquakt. Dichter und Denker kommen ja gut miteinander aus. Beide neigen zur Flucht zu kalten Platten, Seenplatten oder Platitüden. Bei der Flucht in den Weingeist entstehen dann solche Kernsätze wie: »Das Schöne ist wesentlich das Geistige, das sich sinnlich äußert, sich im sinnlichen Dasein darstellt.« Alles Hegel, oder was? Lassen wir den Gedanken mal dahingestellt plätschern. Er hat die Qualität einer Seerose, meint Kermit und wird vor lauter Stolz noch grüner.

ZENario:
Vieles kommt einem bekannt vor. Entdecken Sie Unbekanntes. Fahren Sie bei nächster Gelegenheit in eine Stadt, die Sie nicht gut oder noch nicht kennen. Entdecken Sie Straßen und Plätze. Setzen Sie sich dann in ein Café und versuchen Sie, im Gespräch mit Gästen mehr über die Stadt zu erfahren.

HIER KOMMT KEINER LEBEND RAUS!

Graffiti

Wir wissen weder, wann der Augenblick uns ereilen wird, noch bei welchem kulinarischen, menschlichen oder jahreszeitlichen Hoch- oder Tiefpunkt. Es wird in jedem Fall tödlich sein. Der Gedanke, nun jede Veranstaltung im Umkreis einer Ketchupflasche zu meiden, kann das nicht verhindern. Wenn es so sein soll, dann wird Ketchup unser Schicksal werden. Jeder Tag ein absurdes Glücksspiel mit der nicht gerade attraktiven Lösung, daß man sich am Ende auf einen Geist aus der Flasche verlassen muß.

Aber so wird es sein, sagt der Meister. Ein Verhalten wie bei einer Kopfverletzung. Wach, umsichtig und immer darauf bedacht, nicht irgendwo anzustoßen. Schon gar nicht an eine gewöhnliche Ketchupflasche.

ZENario:
Um ein wirklich kühnes Bild zu gebrauchen: wir sind doch keine Eintagsfliegen. Schlag auf Schlag entsagen wir dem Lebensmut, um matt abzuwägen, ob wir etwas verändern sollen oder können. Allmorgendlich steigen wir auf die Waage, und Entsetzen macht sich breit. Aber da beginnt die Universalgeschichte des ganz gewöhnlichen Menschen. Vom Nichts zum Skeptiker. Dazwischen liegen einige Kilo. Steigen Sie auf die Waage, um Überflüssiges sichtbar werden zu lassen.

WENN DIE AUGEN SEHR LANGE DASSELBE BETRACHTEN, SEHEN SIE ES NICHT MEHR.

B. Traven

Schaumgeborene Entdeckungen sind die schönsten. Das Wannenbad, nachdem man so richtig in der Scheiße gesessen hat, oder die erste Tasse Bohnenkaffee nach einem Aufenthalt in Peking, sind nicht zu ersetzen. Aber schon nach zwei Wochen exzessiven Kaffeekonsums wird man schnell auch zum Teegernseher (kleiner Kalauer am Rande des Wört(h)ersees). Zuviel des Guten macht blind.

Der Meister hat dafür eine schöne Erklärung: Zu schlau ist eigentlich dumm. Es gibt immer noch genug Menschen, die nie etwas dazulernen, weil Sie alles zu schnell begreifen. Weil sie immer auf einen Punkt starren und das Drumherum nicht sehen.

ZENario:
Gehen Sie auf den Balkon oder öffnen Sie weit das Fenster. Atmen Sie mehrmals tief durch. Legen Sie die Fingerspitzen an Ihre Schläfen. Summen Sie eine Zeitlang in einer Ihnen angenehmen Tonlage. Setzen Sie nach 10 Minuten Ihre unterbrochene Arbeit fort. Spüren Sie den Unterschied? Wissen Sie noch, welche Tonart Sie gesummt haben?

DAS ABSURDESTE IST MÖGLICH ZWISCHEN MANN UND FRAU.

Friedrich Dürrenmatt

Tempi passati, das waren noch Zeiten, als wir beim Knutschen in der letzten Reihe im Kino oder auf dem Rücksitz des ersten Autos zufrieden waren. Inzwischen ist die Phantasie mit uns durchgegangen. Ständig auf dem Highway unterwegs ins Sehnsuchtsland. Höher, schneller, weiter fordert die Orgasmus-Industrie und läßt uns konvex, konkav, Kondom im Regen der Gefühle stehen. Die absurdesten Ideen lassen uns die Hände auf den Sessellehnen festschnallen, dazu fällt der Blick auf die Paradiesäpfel. Und so bleiben uns Paradiesvögeln in Gedanken jede Menge exotisch-erotische Last-Minute-Angebote. Wer nicht weltfremd ist, weiß, wie solche Geschichten enden. Er und sie verlieren den Kopf und dementieren die Folgen.

Noch eine Frage, meldet sich der Meister. Ist das nun alles absurd oder Liebe? Oder ist die Liebe nichts anderes als die höchste Form der Absurdität?

ZENario:
Überprüfen, dazulernen, verbessern!
Retuschieren Sie Ihre sexuellen Wünsche. Allein oder gemeinsam. Jede Ebene geht in einen Abhang über oder in eine Steig(er)ung.

KEINER IST WEISE, DER DAS DUNKEL NICHT KENNT.

Hermann Hesse

Die Serie »Rauchende Colts« waren für viele jeweils die dunkelsten 45 Minuten ihres Lebens. Wenn dem Helden die letzte Minute drohte und Colt gegen Colt das tödliche Ende nahte. Nur der Klang einer Mundharmonika hielt auf dem laufenden, wenn die Kaffeetischdecke tiefer gezogen wurde, um sich unter dem sonntäglich gedeckten Tisch sitzend der Angst zu entziehen. Zwei, drei Szenen später tauchte man dann wieder auf, zwischen Sahnetörtchen und Sammeltassen. Viele haben in diesen Augenblicken was gelernt. Wenn die Eltern, Großeltern und Gäste über ihnen aus dem Leben erzählten.

Der Meister hat auch hier eine kleine Anmerkung, die aus der Tiefe des Raumes zu uns dringt: Wissen erhellt, aber die Weisheit kommt aus dem Dunkel.

ZENario:

Überlegen Sie sich ein Kostüm für den nächsten Karneval. Jetzt haben Sie noch Zeit, vor dem Spiegel alles auszuprobieren. Dann passiert Ihnen das nicht wieder, was Sie dieses Jahr erleben mußten. Einer plötzlichen Einladung folgte die klassische Verzweiflung: Was ziehe ich an?

WIR SIND HEUTE ÜBERALL ZU HAUSE,
NUR NICHT BEI UNS SELBST.

s.Z.m.s.

Das ›zu Hause‹ gehört heutzutage schon fast zu den Mythen. Die Erinnerung daran erscheint wie verwackelte Bilder. Wer nicht mehr weiß, wo er zu Hause ist, sollte erst einmal zu sich selbst finden. Heimatgefühle werden besungen, aber nicht mehr empfunden. Und wie steht es um unsere kulinarische Heimat? Tiefkühlpizza und portugiesischer Wein, Feta aus Griechenland und Landjäger aus der Wurstfabrik machen dem Magen die Orientierung nicht leicht. In uns bleibt das Fragezeichen nach einer geschmacksneutralen Heimat. Für Gefühle, die aufgehen wie ein Hefeteilchen. Die Lösung ist letztendlich, innere Ruhe zu bewahren und polyglott den Horizont als Heimat zu betrachten.

Die Frage nach Heimat beantwortet der Meister gern mit den Worten: Nur wer im Kreise geht, hat eine Heimat.

ZENario:
Machen Sie eine Liste aller Orte, an die Sie sich erinnern, die Sie schon einmal besucht haben. Trennen Sie nicht nach Inland und Ausland. Ergänzen Sie die Liste in den nächsten Tagen. Entscheiden Sie sich am Ende für einen Ort, den Sie nochmals besuchen möchten.

DAS GENIE IST DIE GEDULD.

Honoré de Balzac

Und die Geduld ist eine Warteschleife im realen Leben außerhalb virtueller Welten. Der Genius ist nicht im Verharren zu finden, sondern in der Fortbewegung auf dem geistigen Datenhighway. Der Geduldige aber empfindet diese Eigenschaft nicht sonderlich, eher vielleicht die Schweigepflicht als besondere Tugend. Oder das Dunkel als einzige Möglichkeit für Visionen.

Aber Geduld, sagt der Meister, ist letztendlich auch nur wie das Bild des Mondes auf dem Wasser. Ein unbegreifbarer Eindruck, der nur etwas widerspiegelt, und mit Ungeduld erfüllt, wenn die Hand das Wasser berührt.

ZENario:
Sammeln Sie auf einem Spaziergang durch den Wald kleine Äste und Zweige. Alle sollten so groß sein, daß sie in eine kleine Tüte passen. Später am Abend nehmen Sie bunte Fäden und verbinden Zweig für Zweig miteinander. Bauen Sie ein Haus, Ihr Haus. Mit Verzweigungen und Winkeln, die gezielte Arbeit und faszinierendes Chaos erkennen lassen. Die fertige Form drehen Sie solange, bis ein harmonischer Eindruck entsteht. Leben Sie mit dieser Konstruktion und kommen Sie beim Betrachten zu neuen Einblicken.

APPETIT IST DIE LUXUSAUSGABE DES HUNGERS.

Yves Rechaud

Ein verfeinertes Spiel der Begierde ist der Appetit. Man hat keinen Hunger, aber Lust auf Spezialitäten. In Lack, Leder oder Blätterteig. So entblättern wir unsere innersten Wünsche, wenn wir Appetit bekommen. Er ist kein Dickmacher, sondern ein Gleichmacher. Jeder ist davon betroffen. Gute Menschen und böse Finger. Teufelskerle und Barbiepuppen. Eine beispiellose Aufrüstung der Begehrlichkeit, wie man den Appetit auch nennen könnte. Ein egoistischer Lustgewinn. Es gibt Menschen, die verlieren darüber die Kontrolle, und aus Appetit wird Heißhunger. Die krasseste Form dieses kulinarischen Showdown.

Gleichzeitig eine »meisterhafte« Gelegenheit für bedenkenswerte Worte: Erleuchtung ist wie eine Speisekammer. Man hat immer alles jederzeit zur Verfügung. Überfluß statt Übersättigung und die Fähigkeit zu erkennen, daß dem Objekt der Begierde doch immer wieder eine Prise Salz fehlt.

ZENario:

Essen Sie eine Woche jede Mahlzeit, ohne ein Wort dabei zu sagen. Essen Sie unter völliger Konzentration auf den Geschmack der einzelnen Speisen und Getränke. Verzichten Sie auf weitere Gewürze und suchen Sie sich Zutaten, die natürlich schmecken. Entwickeln Sie den wahren Geschmack.

GEH' MIT DER ZEIT, ABER KOMME VON ZEIT ZU ZEIT ZURÜCK.

Stanislaw Jerzy Lec

Geistreiche Erkenntnis eines Trendsetters oder der Zeitgeist von Canterville? Egal, schon fort und weg. Mit der Zeit geht eben alles vorüber, geht alles vorbei und kommt doch zurück, wie es die 50er Jahre Schlagerseligkeit beweist. So versuchen alle, ihrer Zeit vorauszueilen und rechtzeitig umzukehren. Hinreißend, wie sich dann die Frackschöße und Reifröcke wenden und versuchen, den entscheidenden Schritt zurück zu machen. Insgesamt ein mühseliges Hin und Zurück.

Ein Dahinschaukeln, das den Meister nur zu einem Kopfschütteln animiert. Das perfekte Timing fällt schwer. Die Zeit ist ein Irrlicht – mal hier, mal da.

ZENario:
Gehen Sie heute mal wieder ins Kino / Theater / Ballett / Oper. Oder wenn Sie das hinlänglich tun, gehen Sie in eine Kneipe und lernen Sie den Zeitgeist am Tresen kennen. Mal sehen, was heute Nacht durch Ihre Träume geistern wird. Morgen früh wissen Sie mehr.

BERGE SIND DIE BRIEFBESCHWERER DER NATUR.

Anonym

Immer und überall stellen sie sich in den Weg. Papierberge und Gebirge. Erstere hatten die Computer versprochen abzuschaffen. Was wurde daraus? Sicherungsausdrucke! Demgegenüber haben sich die wahren Berge verkleinert. Ski-Touristen, Snowboarder und Erosionen haben dazu geführt, daß die Alpen Jahr um Jahr kleiner werden. Auch der Mensch schrumpft im Alter – sogar sein Gehirn. Die Folgen sind bekannt und fatal: es geht bergab im Schweinsgalopp.

Ganz anders ist es mit der Weisheit. Wenn sie nicht ständig wächst oder aufhört zu wachsen, kann der Mensch nicht lebendig bleiben. Ein Fluß braucht ständig frisches Wasser. Wenn kein neues Wasser fließt, ist der Fluß tot.

ZENario:
Ob das Leben als Aufputsch- oder Beruhigungsmittel verköstigt wird, ist unerheblich. Entscheidend bleibt, daß es Stehempfänge gibt. Und daß der Earl of Condom nicht nur so hieß, sondern tatsächlich Mitte des 17. Jahrhunderts das Gummi gleichen Namens erfand. Übrigens nicht zur Empfängnisverhütung, sondern als Schutz vor der Syphilis. Beides hat die Zeitläufe überdauert. Die Stehempfänge ebenso wie die Erfindung des Earl. Voilà! Genießen Sie es!

FÜR VERTANE CHANCEN GIBT ES KEIN FUNDBÜRO.

Dirk R.

Gibt es Seelenmangel? Herzlosigkeit? Philosophen und Mediziner werden widersprechen. Und doch kennt man Menschen, die sterben an Herzversagen, obwohl man weiß, daß sie herzlos waren. Bevor uns ein ähnliches Schicksal ereilt, sollten wir alle Chancen nutzen, unser Herz auszuschütten.

Aber wir sollten nicht das Leben benutzen, um Chancen zu gewinnen, sagt der Meister und entläßt alle in die Nacht. Und was gibt es zum Fundbüro zu sagen, Meister? Er öffnet seine Geldbörse und blickt lange hinein. . .

ZENario:
Denken Sie mal über einen Ihrer größeren Wünsche nach, der in Erfüllung gegangen ist. Wie bedeutungsvoll waren die Rollschuhe, als Sie sechs Jahre alt waren? Wie wichtig sind sie Ihnen heute? Wie sieht es mit Ihrem Traumjob aus? Wenn Sie etwas erreichen wollen, dann erreichen Sie zuerst das Gefühl, es erreicht zu haben.

(Für alle Schaltjahre und alle, die sich einfach einen Tag schenken wollen.)

DIE LEIDENSCHAFT IST GRÖSSER ALS DIE PERSÖNLICHKEIT.

Laura Fabienne

Die Lust treibt uns. Und wenn Persönlichkeit etwas mit Moral zu tun hat, dann ist Persönlichkeit das Unmoralischste gegenüber der Lust. Denn nur die Lust läßt erleben. Persönlichkeit taugt nur zum Überleben. Je größer die Leidenschaft, desto größer die Leiden. Und je größer das Leiden, desto größer die Persönlichkeit. Die Leidenschaft ist größer als die Persönlichkeit. Persönlichkeit schafft Probleme – Leidenschaft persönliche Chancen.

Der Meister schafft es selten, diese Gedankenfolge zu wiederholen. Man sollte hier die Gelegenheit nutzen und beim wiederholten Lesen den Nonsens überwinden, zugunsten eines angemessenen Common sense.

ZENario:
Essen Sie heute abend mit Stäbchen. Es sollte möglichst keine Suppe sein. Essen Sie, ohne dabei fernzusehen oder das Radio anzustellen. Essen Sie – wie gesagt – mit Stäbchen.

März

»ICH LACH' MICH SCHECKIG!«

Lila Kuh

Bekannte Gesichter, gemischte Gefühle.

Peter Handke

Wenn das Weltbild von Tesafilm und Zelluloidstreifen zusammengehalten wird, entstehen die schönsten Gedanken. Jeder Gedanke wird zum Paßwort fürs persönliche Universum. Dabei kann es entscheidend sein, was als intellektuelle Sättigungsbeilage gewählt wird. Denn was geistig verdaut wird, kommt oft nur als warme Luft zum Vorschein. Ein Prinzip, das in modernen Talk-Shows senderübergreifend täglich, ja stündlich Anwendung findet: Bekannte Gesichter, gemischte Gefühle. Nicht zu vergessen die Cyberspace Generation X, die auf allen Zeitgeistwellen und neuerdings zunehmend im Internet (das soziale Netz des emotionalen Neandertalers) mitsurft. Junge Menschen, die gestern nur nett waren und sich morgen schon sprachlos auf Festplatten fortbewegen.

Der Meister weiß aus eigener Anschauung: So einfach ist das mit Menschen, Mäusen und ihren Computern: Man weiß nie, was drinsteckt.

ZENario:

Alle Dinge kommen aus dem Nichts. Schalten Sie Ihren Computer ein und lauschen Sie auf das Geräusch des Lüfters – minutenlang. Wählen Sie einen Bildschirmschoner, der Sie nicht ablenkt, oder schließen Sie die Augen. Schwingen Sie durch die sphärischen Klänge. Komponieren Sie sich eine Entspannungsmusik aus dem Nichts.

DREI SCHRITTE TUE NACH INNEN, DANN DEN NACH AUSSEN.

Rudolf Steiner

Als Kinder spielten wir oft drei Schritte vor und einen zurück. So sind wir immer ein fröhliches Stück vorwärts gekommen. Später haben wir dann versucht, immer einen Schritt weiterzukommen. Immer kleiner wurden die Schritte, und heute liegen sie nur noch wenige Millimeter auseinander auf der Fernbedienung unserer TV-Geräte. So schreiten wir ein Stück des Weges in der Weltgeschichte mit Frau (Karin) Sommer, den Kastelruther Spatzen oder den Gottschalks dieser heilen (Fernseh-)Welt. Festliche Stimmung zwischen Salzgebäck und Backofen-Skandalen wie: heute back ich, morgen brau ich, übermorgen mache ich der Königin ein Kind.

Eigentlich nur schnöde Bratwurstereignisse, die ein geistiges Senftöpfchen brauchen, sagt der Meister. Geht drei Schritte zurück und mit einem aus Euch heraus.

ZENario:
Viele verderben ihre Angelegenheiten oft kurz vor deren Vollendung. Bleiben Sie achtsam. Von Anfang bis Ende. Achten Sie im Gespräch auf Untertöne, auf Gesten und alles, was mehr sagt als Sprache. Beobachten Sie heute andere Menschen genau. Morgen beobachten Sie sich selbst dann ganz von alleine.

MORGENS SCHAUE ICH IN DIE LETZTEN SEITEN DER ZEITUNG. STEHE ICH NICHT DRIN, MACHE ICH SO WEITER WIE BISHER.

D. Gillespie

Letztendlich sind Todesanzeigen auch nur bedrucktes Papier. Eine kleine Analogie: Steifftiere proben den Aufstand und kehren zurück aus der Erinnerung. Treffen sich auf der Tauschbörse. Jeder Mecki, jedes Bambi, jeder Tiger hat eine eigene Geschichte. Nun liegen sie da, abgegriffen vom Leben und tödlich beleidigt, wenn man ihnen nicht die gebührende Aufmerksamkeit schenkt. Momente, in denen wir beschreiben können, was wir kennen, aber nichts läßt sich so beschreiben, wie es war. Oder wie ein englischer Satz es formuliert: There are three kinds of people: those who make things happen, those who watch things happen and those who wonder what happened.

Der Meister liest gern Heiratsanzeigen, Todesnachrichten überliest er. Und dazu zitiert er Wittgenstein: »Wenn man unter Ewigkeit nicht unendliche Zeitdauer, sondern Unzeitlichkeit versteht, dann lebt der ewig, der in der Gegenwart lebt«. Und ergänzt: Ich glaubte ja an die Unsterblichkeit – aber das war in einem früheren Leben!

ZENario:
Suchen Sie eine Erinnerung, die Ihnen bisher wichtig war. Suchen Sie ein Bild, ein Schmusetier, einen Brief, ein Schüttelglas oder was auch eine vielleicht belastende Erinnerung für Sie hat. Vernichten Sie diesen negativen Fetisch. Verbannen Sie ihn aus Ihrem Leben. Ein für allemal. Heute!

WENN DU NICHTS TUN KANNST, WAS KANNST DU TUN?

ZEN Koan

Eine Antwort darauf klingt populär. Die englische Dancefloorband M People singt: »You've got to search for the hero inside yourself. Search for the secrets you hide. Search for the hero inside yourself. Until you find the key to your life«. Und das schließt an die eigentliche ZEN-Lehre an: ohne Frage keine Antwort. Ohne Suchen kein Finden.

Weißt du nun wirklich nicht mehr, was du tun kannst, dann erkenne die Farben des Windes. Eine letzte Möglichkeit, mit schwierigen Dingen umzugehen, solange sie noch leicht sind. Dabei wird sich lautlos etwas tun.

ZENario:
Tue es ganz. Mit Dir und in Dir. Das ist die beste Möglichkeit, aus dem sicheren Hafen herauszurudern und dem Nebelstreifen am Horizont näherzukommen. Tue heute alles mit wachem Geist. Mit einem stündlichen, bewußten Atmen. Das Rudern haben wir alle schon gelernt – atemlos...

ART IS THE SHORT FORM OF ARTHUR.

Groucho Marx

(Zitat von Jean Claude und Christo auf einer Pressekonferenz zum Projekt Wrapped Reichstag)

Auch ein langes Leben braucht die kurzen Zentenzen zum Atemholen. Das Lächeln als kleine Pause vor dem Dessert des Lebens. Da können auch hochtoupierte Geistesblitze und das Lurexlamento auf einschlägigen Partys keinen Ersatz bieten. Der geistige Doppel-Whopper aus gekämmten Gedanken und weichgespülten Gefühlen ist der Heringssalat des Lebens. Und Abkürzungen die Sauce surprise. Wenn jetzt die Flamme der Verwirrung von Ihnen Besitz ergreift, dann nehmen Sie die Abkürzung – schweigen Sie. Im Sitzen und mit offenen Augen. Lao Tse sagt dazu: »Gib nach und trage den Sieg davon. Und alle Dinge werden zu dir kommen.« Groucho Marx hat das richtig erkannt und antwortete auf die Frage: Was ist ZEN: »Wenn die Ente herunterkommt und dir 100 Dollar schenkt!«

ZENario:

Frisch verwählt. Rufen Sie jemanden an, der Ihre Stimme nicht sofort erkennt. Evtl. auch einen Unbekannten. Versuchen Sie, ihn oder sie in ein Gespräch zu verwickeln. Bleiben Sie voller Überraschungen und überwinden Sie eine mögliche Scheu vor Fremden. Versuchen Sie, anonym ein persönliches oder philosophisches oder auch ganz banales Problem zu diskutieren. Vielleicht ist es der kürzeste Weg zu neuen Erkenntnissen der ganz persönlichen Art.

DER KOPF IST RUND, DAMIT SICH DIE DENKRICHTUNG ÄNDERN KANN.

Francis Picabia

Auch der Frisör um die Ecke ist nicht mehr im Verband der Deutschen Haarformer und Mitglied in der Akademie der Deutschen Dauerwelle. Nein, auch diese Menschen sind auf der Höhe der Zeit und nennen sich Haarklein oder Hin und Hair. Bei uns soll sich dann die Denkrichtung vom Eigentlichen zum Überraschenden ändern. Spaßkultur mit Hintersinn. Ausgenommen die, die auch das Lachen zu einer ernsthaften Sache erhoben haben – und psychotherapeutisch den Kopf behandeln. Selbst dabei kann sich die Denkrichtung ändern.

Der Meister nickt und lacht: So geht es rund. Aber Obacht, nicht den Kopf verlieren!

ZENario:
Suchen Sie heute mal das Yin zum Yang. Jede spontane Entscheidung in Frage stellen und das Gegenteil tun. Wenn Sie keine Lust zum Aufstehen haben – stehen Sie auf! Wenn der Weg zur Arbeit rechts herum führt, fahren Sie heute links herum. Wenn ein Anruf eine sofortige Entscheidung verlangt, suchen Sie nach Vermeidungsstrategien. »Besser sofort anhalten, als etwas bis zum Rand füllen«, sagt Lao Tse – und jeder erfolgreiche Wirt. Wenn man so will auch ein Glas Erkenntnis.

GROSSE GEDANKEN BRAUCHEN NICHT NUR FLÜGEL, SONDERN AUCH EIN FAHRGESTELL ZUM LANDEN.

Neil Armstrong, Astronaut

Von einem alten Meister, namens Yunmen, gibt es eine sehr schöne Geschichte. Er sagte: Macht euch keine Illusionen. Der Himmel ist der Himmel. Die Erde ist und bleibt die Erde. Der Berg ist ein Berg und der Fluß ein Fluß. Der Meister ist der Meister und der Unwissende der Unwissende. Dann schwieg er, und nach einer Weile hob er den Kopf und sagte mit lachenden Augen: »Heb mir doch mal einer den Hügel da vorne hoch!«

Wenn Sie jetzt einige Minuten über den Sinngehalt nachdenken, ohne ins Schwitzen zu kommen, sind Sie mental auf der Höhe, aber unter Umständen flügellahm. Und noch eine kleine Weisheit am Rande. Kennen Sie den Armstrong-Effekt? Ganz einfach. Wer war der zweite Mann auf dem Mond? Sehen Sie!

ZENario:

Fahren Sie heute Rad, Skateboard oder Inline-Skates. Vermeiden Sie alles, was ein Fahrgestell hat. Busse und Bahnen sind für Sie heute tabu. Spüren Sie Ihre Beine und Füße, wie sie den Boden berühren. Bodenhaftung, damit Sie abheben können.

ALLES IN DER WELT LÄSST SICH ERTRAGEN, NUR NICHT EINE REIHE VON SCHÖNEN TAGEN.

Johann Wolfgang von Goethe

Eine Weisheit, die der Homo domus superior (also der gemeine Hausmeister, rheinische Kurzform: Kaczmarek) schon lange mit sich im Werkzeugkästchen herumträgt. Nur fragt ihn niemand danach. Die positive Einstellung des sehr geschätzten Johann Wolfgang ist Sinnspruch des HBV (Hausmeisterbundesverband). Abendfüllende Erkenntnisse treppauf und treppab stellt dazu das offizielle Organ der Vereinigung: Wer hoch hinaus will, sollte eine Arbeitsstelle nicht unter 20 Stockwerken anstreben. Oder gibt praktische Tips wie die multifunktionale Verwendung eines Zollstocks als Zollstock, Zeigestab und Bilderrahmen im Eingangsflur.

So aufgeräumt schön kann das Leben sein. Man muß es nur treffen.

ZENario:
Reparieren Sie endlich all jene Dinge, die schon lange darauf warten. Den kleinen Kratzer im Autolack. Die defekte Glühbirne im Keller. Das schräghängende Bild im Flur. Den Riß im nigelnagelneuen Bademantel usw. Das ganze Leben ist eine Reparaturwerkstatt. Machen Sie jetzt Ihren Meister.

DER KONSENS LIEGT IM NONZENS.

Konfuziosus

Nehmen wir den Winter. Für die einen ist er die reine Freude zwischen Kitzbühel und eisglatten Kreuzfahrten auf deutschen Autobahnen. Für viele ist er aber auch die reinste Schikane. Jahreszeitlicher Slalom, der keinen Standort hat. Dabei müssen wir täglich darauf achten, den Kompaß nicht aus den Augen zu verlieren. Überall ist Feindesland, überall ist Leben. Bei meiner Tante im Strumpfenband wie irgendwo daneben (Danke, Herr Ringelnatz). Was uns an den Sauerampfer erinnert, der am berühmten Bahndamm stand und sinnierte. Über das hier und da und überall.

Überlegungen und Geschichten, Zitate und Bilder, die dem Meister den Satz entlocken: Man muß mit allem rechnen – auch mit dem Schönen!

ZENario:
Sei verrückter als die Verrückten! Stühlerücken, Möbelrücken, zusammenrücken. Ihre Aufgabe für heute? Lesen Sie den Satz immer und immer wieder – bis sich die Frage erübrigt.

DER GEDANKE IST NUR EIN BLITZ ZWISCHEN ZWEI LANGEN NÄCHTEN.

Henri Poincaré

Wir wissen alle, daß wir nur einmal leben. Angesichts dessen machen wir uns viel zu oft in die Hose. Das Denken ist wie eine Wanderung, bei der uns Tag und Nacht begegnen. Wenn plötzlich die Dunkelheit hereinbricht, suchen wir ein Licht und eine Unterkunft. Ein ZEN-Mönch würde Binsen (Gedanken) sammeln, die er auf den Feldern findet, und ihre Spitzen behutsam zusammenbinden. Ein zeltartiger Raum wird ihn dann die Nacht über schützen. Am Morgen – wenn es wieder hell wird – löst der Mönch den Knoten und die Binsen fallen auseinander, liegen wieder dort, wo er sie aufnahm. Kaum eine Spur wird man dann noch sehen. Alles was bleibt, sind einige leicht geknickte Binsen und die Erinnerung im Gedächtnis des Mönchs.

Der Meister ergänzt: Depression ist eigentlich ein schönes Wort – aber was wir daraus machen, macht uns krank.

ZENario:
Trauern Sie heute um etwas, das Sie verloren haben. Es kann etwas Materielles sein, etwas sehr Irdisches, etwas ganz Banales. Aber lernen Sie für einige Augenblicke oder Minuten intensiv zu trauern. Schmecken Sie das Salz der Tränen, wenn es Ihnen möglich ist.

DER GRÖSSTE ABERGLAUBE IST DER GLAUBE AN DIE VORFAHRT.

Jacques Tati

Wir sind alle Pauschalreisende auf den Spuren des Lebens.

Den sogenannten wahren Glauben haben so ketzerisch katholische Männer wie King Küng fest im Griff und lassen auch unter Androhung mittelalterlicher Folterstrafen nicht davon ab. Dafür werden die Landebahnen internationaler Flughäfen zu heiligen Stätten. Lourdes-verdächtige Ansammlungen von Reportern scharen sich um einen Herrn in Weiß. Wie sind da noch Aussagen wie »Der Glaube hat Vorfahrt« zu verstehen?

Der Meister beobachtet diese westliche Glaubensleere (ja, ohne h) und schüttelt erst den Kopf und dann ein kleines Kästchen, aus dem eine Kondompackung fällt. Selbst wenn der Herr aus Rom nicht daran glauben will. Die größte Entdeckung ist die Klitoris. Das ist wie mit den Azteken und Amerika. Goldminen und Heilquellen. Das gab's alles immer schon, war aber noch nicht entdeckt. Außerdem: verkehrsberuhigte Zonen sind nur etwas für alte Männer. Domina vobiscum?

ZENario:
Falsch, wenn der vorangegangene Text als gotteslästerlich empfunden wird. Ganz im Gegenteil. Um den wahren Glauben zu entdecken, braucht es keine Personen, Manifeste und Dogmen. Vier rostige Nägel als kleine Erinnerung auf dem Tisch können mehr Glauben und Beschäftigung in Gang setzen als jede Enzyklika.

MACH DIR KEINE SORGEN, ES WIRD SCHON WEITERGEHEN.

Marius Müller-Westernhagen

Entweder wir entwickeln unser Karma oder bereiten unser Koma vor. Pure Verzweiflung auf hohem Niveau hat nie geholfen. Der aufrechte Gang hat den Vorteil, daß man besser durchatmen kann. Und Sauerstoff ist die Kleidung des Geistes. Die Chinesen haben diese Erkenntnis in die wunderbare kleine Geschichte vom Wind und vom Gras gefaßt: Der Wind ist das Wesen des Herrschers. Das Wesen des Volkes ist das Gras. Wenn der Wind vorüber ist, richtet sich das Gras wieder auf.

Der Meister schmunzelt: Ich liebe aufrichtige Gedanken. Ehrliche, aufrichtige Gedanken verursachen viel Wind.

ZENario:

Denken Sie darüber nach, was Sie in den letzten Tagen oder Wochen besonders geärgert hat. Ein Tadel, eine Enttäuschung, ein Ereignis, das Sie als Unrecht empfinden. Schreiben Sie es auf und verbrennen Sie das zerknüllte Stück Papier in einer Schale. Füllen Sie die Asche in ein kleines transparentes Tütchen und hängen Sie es gut sichtbar auf. Der Ärger ist verraucht, sagt man!

WAS HILFT'S – ES VERLÄUFT ALLES OHNEHIN GANZ SCHICKSALHAFT.

Dr. K., Nephrologe

Wenn ein Lachen verklingt, stirbt mehr als ein Lachen. Wenn das Herz hüpft, entstehen magische Momente. So hüpfen wir aber auch täglich von Tod zu Tod. Joseph Beuys sah das in einem Text mit dem Titel »Tod zu Tod« so: »In der Magie gibt es nur Schwarz und Weiß. In der Stunde des Todes zeigt sich die Farbe, die man ein Leben lang suchte, auch wenn man ein Leben lang experimentierte mit Schwarz und Weiß. . .« Wenn Sie jetzt glauben, daß es sich hier um einen sehr traurigen Text zu diesem Tag handelt, sollten Sie intensiver lesen. Wer über den Tod spricht, lacht dem Leben ins Gesicht. Oder wie es im Tao heißt: Das Tao, über das sich etwas sagen läßt, ist nicht das eigentliche Tao. Sprich also vom Tod und du wirst über ihn lachen.

ZENario:
Den Willen des Himmels können wir nicht kennen. Aber den Inhalt des Kühlschranks sollten wir genau betrachten. Wer sich zu viele Gedanken macht, verhungert womöglich bei lebendigem Geist. Entwickeln Sie einen ganz besonderen Appetit auf das Leben. In jeder Form. Genießen Sie innerlich und äußerlich.

DIE SCHWIERIGKEITEN WACHSEN, JE NÄHER MAN DEM ZIEL KOMMT.

Johann Wolfgang von Goethe

Nehmen wir die klassische Situation des weltgewandten Europäers, der sich mit Stäbchen zu beköstigen sucht. Die Schwierigkeiten wachsen, je näher wir dem Ziel kommen. Auch unser Erziehungsberechtigter, das Fernsehgerät, hat uns da allein gelassen. Messer und Gabel sind nicht wegzudenken aus dem mörderischen Alltag der Bilderwelten. Aber Stäbchen? Bratwurst- und Pommes-Ereignisse zuhauf, und Sushi-Pretiosen? Ein kluger Mann (Cesare Pavese) sagte: »Die einzige Freude der Welt liegt im Beginnen.« Enden wir also mit dem Anfang. Zwei Stäbchen und ein Ziel.

Was Schöneres, sagt der Meister, kann ich mir nicht vorstellen. Es ist wie ein Bambusblatt, das vom Baum fällt und sich zusammenrollt. Das Ziel nun ist es, dieses glatt auseinander zu denken, ohne dafür die Hände benutzen zu wollen.

ZENario:
Notieren Sie sich zwei, drei wichtige Ziele, die Sie in nächster Zeit erreichen wollen. Schreiben Sie mögliche Hindernisse und Schwierigkeiten auf, die Sie erwarten und befürchten. Streichen Sie nach und nach diese Punkte durch, und machen Sie sich auf den Weg zu Ihren Zielen.

DAS LEBEN FÄNGT ERST DA AN, INTERESSANT ZU WERDEN, WO ES AUFHÖRT.

Bert Frankenheim

Barbara Rey sagte kürzlich: »Als wir schon gestrickt haben, haben die anderen noch geklöppelt!« Womit sie die Nadel der Erkenntnis nicht unerheblich auf den Kopf getroffen hat. Aufhören! Aufhören! ist ein viel zu selten gehörter Ausruf. Ein viel zu selten gesetztes Ausrufezeichen. Nur wer aufhört, kann danach auch ordentlich was mit sich anfangen. Während andere noch sich selbst nach dem Leben trachten, sind wir schon neuen Erlebnissen auf der Spur.

Wichtigste Voraussetzung dafür, sagt der Meister, ist: Nicht zu wissen, was man will, aber daß man es nicht weiß, sollte man schon genau wissen. Oder wie sagte einer der großen Dichter und Denker: Wissen ist Macht. Ich würde gern hinzufügen: Wer das nicht weiß – macht nichts! Das Aufhören ist jedoch die eigentliche Macht.

ZENario:

Beenden Sie heute eine Aufgabe, die Sie schon längere Zeit beschäftigt. Abgeschlossen oder unfertig. Beenden Sie die Aufgabe ohne wenn und aber, und entdecken Sie ein neues Ziel. Man muß nicht jeden Teller aufessen. Denn Leben ist aussuchen (Kurt Tucholsky).

DEINE EINSTELLUNG MUSST DU ÄNDERN,
NICHT DEINEN AUFENTHALTSORT.

Seneca

Morgens Elmex – abends Arenal! Die große Reise endet oft auf den Hinterhöfen der Menschlichkeit. Ballern hat vielen Männern leider immer schon gefallen. Dramatische Beispiele heißen dann Stalingrad und Ballermann 7. Motto: Mit mehr Muskeln als Stammhirn zum Fitneß-Tresen. Der TÜV für Bekloppte, Bikinis und Ballermänner ist eine echte Marktlücke. Vielleicht sind die beliebten Goldkettchen daran schuld. Das Metall stranguliert den Hals, daß die Durchblutung der Hirnwindungen nachläßt. Aber auch im Urlaub auf Mallorca findet der schönste Urlaub im Herzen statt. Ohne Alkohol, ohne Sex, ohne Currywurst und Tschingderassabum. Sei Teil der Masse, ohne es zu sein.

Der Meister nickt braungebrannt: Wird der Klotz behauen, läßt er sich nutzen!

ZENario:

Denken Sie über Ihren nächsten Urlaub nach. Planen Sie ihn. Lesen Sie den Text oben nochmals und planen Sie Ihren Urlaub neu. Lesen Sie den Text erneut und überdenken Sie Ihre Urlaubsplanung. Lesen Sie den Text oben noch einmal und machen Sie Urlaub wie bisher – aber mit dem Herzen.

DIEJENIGEN FÜRCHTEN DAS PULVER AM MEISTEN,
DIE ES NICHT ERFUNDEN HABEN.

Heinrich Heine

Das ist nun wahrlich nicht zum Schießen. Aber der Sinn dieses Zitats offenbart sich auf dem Schießplatz des Lebens, dem ambitionierten Feuilleton. Dort rumort der Unmut, wird die hohe Kunst des freiheitlich demokratischen Tontaubenschießens auf jeden und jede praktiziert. Untergangsphantasien werden über Ideen ausgebreitet, und unter fortwährendem Gebrabbel wird vielerlei verpulvert, was volkswirtschaftlich an anderer Stelle mehr Sinn gemacht hätte.

Wozu diese Schimpftirade? Nur ein Beispiel für das, was wir so tagtäglich in unseren Welten geschehen lassen und an Energien verpulvern.

Wie Goldsucher, sagt der Meister. Sie graben viel um, um weniges zu finden. Und das Wenige ist meist, schon lange vor ihnen, anderen in die Hände gefallen. So wie das Pulver. Es wurde schon vor langer Zeit gezündet, aber jede neue Explosion wird wie eine Erleuchtung gefeiert.

ZENario:
Denken Sie einmal darüber nach, was Sie früher für Ideen entwickelt haben. Eigene Ideen. Tun Sie etwas, das nur Sie können. Und alles, was Sie für sich tun, können nur Sie.

MAN DARF DIE WAHRHEIT NICHT MIT DER MEHRHEIT VERWECHSELN.

Alfred Polgar

Ich habe Post bekommen. Natürlich, so geht es der Mehrheit in diesem Land tagtäglich. Also eigentlich nichts Ungewöhnliches. Ich aber habe Post vom Finanzamt bekommen, was wiederum mehrheitlich nicht besonders beliebt ist (nicht das Finanzamt – sondern Post von demselben). Allerdings muß ich die Mehrheit warnen. Mein Finanzamt schickte mir zwei Rollen Kleenex. Ich will nicht verschweigen, daß die Aufforderung zu einer Steuernachzahlung dem Päckchen beilag. Mein erster Kommentar: Ja, bin ich denn total besteuert? Einerseits ist das die Wahrheit – andererseits trifft diese Erfahrung in schöner Regelmäßigkeit auch die Mehrheit. Und noch ein Wort zu Wahrheit und Mehrheit – diesmal von einem Meister der anderen Art, von G.Ch. Lichtenberg: »Er war ein aufmerksamer Grübler. Ein Sandkorn sah er immer eher als ein Haus.« Achten Sie also auf Kleinigkeiten. Achten Sie auf das Wesentliche, das sich meist verbirgt – oft genug hinter Kleenex.

ZENario:
Achten Sie heute auf die Kleinigkeiten am Rande. Auf das Fett und nicht auf das Spiegelei. Auf den Gürtel und nicht auf die Hose. Was wirklich wichtig ist, eröffnet sich dann von selbst. Ohne Gürtel beispielsweise rutscht die Hose.

IM REICHE DER WIRKLICHKEIT IST MAN NIE SO GLÜCKLICH, WIE IM REICHE DER GEDANKEN.

Arthur Schopenhauer

Statt sich mit der Wirklichkeit zu beschäftigen, fragen wir immer nach dem, was wird. Oft auch erinnern wir uns an das, was war. Aber die Frage nach dem ewigen Leben setzt allem die Krone auf. Niemand wird darauf eine Antwort geben können. Es sei denn, wir haben den Mut, das ewige Leben selbst zu fragen. Aber wo treffen wir ihn oder sie oder es? Im Reich der Wirklichkeit wäre es denkbar. Aber statt nachzudenken, flüchten wir uns in Visionen. Versprechungen, die irgendwelche Bücher aus grauer Vorzeit uns geben. Oder ist das Reich der Gedanken das ewige Leben? Zeitlos und hin- und hergerissen wie auf einer Schiffsschaukel, voll schöner Versprechungen, in die wir uns hineinlocken lassen?

ZENario:

Begeben Sie sich heute in die Wirklichkeit. Beachten Sie weder Ihr Bankkonto noch andere Hindernisse. Begeben Sie sich ganz bewußt in Konsumstreß und Kaufrausch. Leben Sie für ein paar Stunden über Ihre Verhältnisse. Himmel und Hölle haben den gleichen Ursprung, wie Sie dann sehr schnell merken werden.

ALLES IST GUT, WENN MAN NUR DAS ENDE DES TAGES ERREICHT, DANN ISST UND SCHLAFEN GEHT. MEHR SOLLTE MAN NICHT VERLANGEN.

Voltaire, Schule der Toleranz

Vielleicht hilft der wohlentwickelte Sinn fürs Absurde weiter. Eintracht Zwietracht heißt der Verein, der in den Tag tritt. In immer neuen Varianten, mit viel Sinn für Herz, Schmerz und Trallala. Ein Verein mit Nachwirkungen und Erkenntnissen für alle, die ihm nahestehen. Man könnte ihn auch ganz einfach das pure Leben nennen. Eine Mischung aus liebevollem Serienheld und größtem Arschloch unter der Sonne. So wie das Leben zu sein pflegt. Neigt sich der Tag, verneigt sich der Mensch und denkt sich was. Man hatte ja alles, sogar ein bißchen Spaß am Rande. Üben wir also Toleranz gegenüber unseren Partnern. Es ist ja nur ein Tag. Ein Tag wie jeder andere.

ZENario:
Recht ordentlich geht es in unserem Leben zu. Meistens jedenfalls. Ordentlich aufgeräumt ist unser Tag aber erst, wenn wir uns sammeln. Zumindest die Begebenheiten, die Enttäuschungen, Erfahrungen und Glücksmomente. Morgen schon kann alles vergessen sein... Schreiben wir es in unsere Herzen – wie in ein Tagebuch. Bald schon werden wir keine Seiten mehr brauchen. Unser inneres Tagebuch blättert dann ganz automatisch und notiert.

ES LOHNT SICH IMMER, EINE FRAGE ZU STELLEN, WENN ES SICH AUCH NICHT IMMER LOHNT, EINE FRAGE ZU BEANTWORTEN. *Oscar Wilde*

Insbesondere wenn man die Lufthoheit über deutschen Stammtischen gepachtet hat, sollte man Fragen stellen, statt immer die gleichen Antworten zu kauen. Es sind ja doch nur Fragen, die nicht lohnen, beantwortet zu werden. Zumal die Antworten am Bahnhof stehen. Meist in Form von Herren unter bunt bedruckten Sonnenschirmen, die ebenso Fragen stellen (wie beispielsweise: Gehen Sie am Sonntag zur Wahl?). Es ist das ewige Spiel von Frage und Antwort. Daß es sich selten lohnt, zu fragen und zu antworten, liegt darin begründet, daß wir nicht verstehen, den Anfang an das Ende zu knüpfen. Frage und Antwort stehen sich isoliert gegenüber. Wenn die Wickert-Institute durch Befragung herausfinden, daß mehr als 60% aller Deutschen einen Stamm-Frisör haben, sage ich – mit Verlaub – ich habe einen Herrenfrisör!

Der Meister sagt, was ich immer schon sage: Menschen reagieren nicht auf das, was sie hören, auf das, was geschieht oder auf eine Frage. Wir alle reagieren auf Vorstellungen, Phantasien. Und die sind weder Frage noch Antwort.

ZENario:
Welches Rätsel möchten Sie heute lösen? Wie ein Computer funktioniert? Warum die Räder sich in Filmen rückwärts drehen? Wie Poren schwitzen? Fragen Sie nur! Aber suchen Sie die Antworten in Bibliotheken, Büchern oder bei Menschen, die zuhören und antworten können.

Es ist ganz angenehm, mit sich selbst so lange wie möglich zusammenzuleben (wenn man sich wert gemacht hat, ein Objekt solchen Selbstgenusses zu sein).

Seneca

Um mit sich zurecht zu kommen, braucht der eine oder andere zusätzlich eine Sättigungsbeilage. Wir alleine genügen uns und anderen nicht in unserer Unvollkommenheit. So sammeln wir Tierpostkarten oder fahren Schwebebahn. Das gibt Gesprächsstoff und wertet auf. Mit ein bißchen mehr innerer Reisefreiheit könnten wir allerdings in Gebiete vordringen, die es uns erlauben, unperfekt, wie wir sind, wertvoll zu sein, so daß wir uns nicht nach äußeren Wunschvorstellungen richten, sondern mit inneren Bildern von uns selbst Selbstgenuß betreiben.

Der Meister nennt es gerne das berauschende Gefühl, sich nur an Äußerem zu orientieren. Nur deshalb scheint das eigene Bild so verschwommen und unperfekt.

ZENario:
Gönnen Sie sich eine Freude. Fühlen Sie sich perfekt und liebenswert, gleich am frühen Morgen vor dem Spiegel und behalten Sie dieses Gefühl den ganzen Tag über bei. Ich bin schön. Ich bin begehrenswert. Ich bin unersetzlich. Und schon sind Sie auf einer Bananenschale ausgerutscht. Aber nur, weil der Schmerz so schön ist . . .

AUSRUHEN IST EIN TEIL DER ARBEIT – DER WICHTIGSTE.

N. N.

Das ist letztlich das Geheimnis zahlloser Vorabendserien, die uns den letzten Nerv rauben. Es sei denn, wir arbeiten und können die dilettierende Schwindsucht nicht betrachten. Viel Freizeit und viele verführerische Totschläger, die auf uns lauern. Die Minuten, ja Stunden rinnen dahin, und schon stehen wieder der Montag und die Arbeit vor der Tür. Dazu hält Käp'tn Iglo uns kulinarisch fastfoodmäßig in der Hand, haut uns in die Pfanne und verweigert das Betreten der Schatzinsel.

Üben dort die Fische die Kunst des Ausruhens? fragt der Meister nachdenklich.

ZENario:

Heute mal zum Schnupperpreis – nichts tun. Einfach rumhängen und nichts tun. Das ist schwerer als jede Aufgabe, die uns bisher gestellt wurde.

ALLES BEGINNT MIT DER SEHNSUCHT.

Nelly Sachs

Vermeintliche Höflichkeit hat zumeist einen tieferen Beweggrund. Sie ist etwas am Rande, das über ein Hindernis hinweghilft. So geschehen und berichtet in einer Begegnung zweier Zen-Mönche auf Wanderung. Hinter einer Biegung entdeckten sie ein wunderschönes Mädchen. Nach dem Unwetter war der Weg schlammig, und das junge schöne Mädchen in einem ebenso schönen Seidenkimono, mit einer schönen großen Schärpe, stand vor einem ganz schön großen Schlammloch, das ihr den Weg versperrte. Der erste Mönch hob sie kurzentschlossen auf seine Arme und trug sie über das Hindernis hinweg. Der andere Mönch blieb stumm, bis beide ihre Tempelstadt erreicht hatten. Dort brach es aus ihm heraus: »Wir Mönche müssen uns von Frauen fernhalten. Sie sind gefährlich für uns!« Sein Bruder wendete den Kopf und antwortete ruhig: »Ich habe das Mädchen dort zurückgelassen. Trägst du sie immer noch mit dir?«

ZENario:

Erinnern Sie sich an Ihre erste Liebe, an Ihre erste Urlaubsbekanntschaft? Können Sie sich an Szenen erinnern, Liebesnächte, Details, die Ihr Herz bewegen? Bemühen Sie sich ab heute um eine neue Liebe. Für einen Augenblick, eine Stunde, eine Nacht. Spüren Sie dem nach, was Sie verloren glaubten. Oder ganz einfach: Gehen Sie wieder auf Menschen zu!

WIE HOCH DU AUCH FLIEGST, IMMER WIRST DU ZUR ERDE FALLEN.

Koreanisches Sprichwort

Wer nicht mit beiden Beinen auf dem Boden der Tatsachen steht, sondern mit Seele und Körper, fällt nicht so tief. So können Gedanken fliegen und behutsam auf der Erde landen. Der Blick nach oben führt dabei zu ganz anderen Überlegungen. Mit Antworten, die zwar auch auf die Erde fallen, aber möglicherweise mit einem Lächeln der Erkenntnis beflügeln. Beispiel: Besondere Anlässe erfordern besondere Hinweise. Tibetanische Gebetsfahnen fliegen bzw. flattern im Gegensatz zu den offiziellen Fahnenaufzügen immer und nicht nur an staatlich verordneten Tagen. Deshalb fragt man dort vielleicht nicht danach, ob sich die Fahne bewegt oder der Wind die Fahne. Dort bewegen sich die Herzen.

ZENario:
Hängen Sie farbiges Seidenpapier in Ihrer Wohnung gut sichtbar auf. Verbinden Sie diese Tätigkeit mit einem konkreten Wunsch, Anlaß o.ä. Sie werden spüren, bei jedem Luftzug wird sich auch etwas in Ihnen bewegen.

Wie bei einem Theaterstück kommt es beim Leben nicht darauf an, wie lange es dauert, sondern wie gut gespielt wird. *Seneca*

Ihre Trauerarbeit als Kleinaktionär über den Aktienverfall oder Ihre Krokodilstränen über den Wechsel in der Führungsspitze Ihrer Lieblingspartei – Schwamm drüber. Sorgen, die Sie sich abschminken sollten. Alles völlig unbegründet, denn diese Sandkastenspiele werden Sie in Zukunft als Diplomhypochonder nicht mehr tangieren. Sie haben erkannt, daß das Einatmen von Lachgas wirkungsvoller ist als jede medizinische Behandlung. Suchen Sie sich eine Lebensaufgabe, wie beispielsweise den Club-Vorsitz des Vereins Haifischangriffe auf Husum, und lachen Sie sich in die Medien. Entweder Sie gehen unter oder Sie schwimmen wie das Fettauge auf der Suppe. Beachten Sie dabei den neidischen Daumen des Obers, der Sie an den Porzellanrand drücken möchte.

Spielt euer eigenes Spiel, wünscht sich der Meister. Das Spiel ist wichtig. Achtet nicht auf sogenannte Regisseure. Achtet nur auf euer Spiel. Und das muß gut sein!

ZENario:
Lernen Sie ein kleines Gedicht, einen Vers aufsagen. Etwas Klassisches oder etwas Lustiges. Etwas Neues oder Zeilen, die Sie immer schon in sich herumtragen. Stellen Sie sich vor einen Spiegel und rezitieren Sie wie ein Schauspieler. Lernen Sie sich zu verstellen. Begreifen Sie Ihre Mimik, Ihre Möglichkeiten. Erkennen Sie neue Züge an sich. Fallen Sie aus Ihrer normalen Rolle – zumindest für einige Augenblicke.

GUT ERZOGEN ZU SEIN, IST HEUTZUTAGE EIN GROSSER NACHTEIL. ES SCHLIESST EINEN VON SO VIELEM AUS.

Oscar Wilde

Brave Mädchen kommen in den Himmel, böse überall hin. Die Frauenbewegung weiß das schon lange. Das anerzogene Dankeschön ist letztlich Herdentrieb-Erziehung und Höflichkeit nur ein Airbag für sensible Gemüter. Die »immer feste druff«-Mentalität der Gegenwart hat schon ihre Berechtigung. Wild und rauh bietet mehr Chancen als angepaßt und frisch gewaschen. Nicht verhehlen wollen wir in dem Zusammenhang aber, daß es sich dabei im fortgeschrittenen Alter mehr um so eine Art »forever young«-Syndrom handelt. Also Dylan-Platten unterm Bett und Nirvana-CD im Handschuhfach. Eine Lebenseinstellung, die von zuckerfreiem Kaugummi zusammengehalten wird. »Welcome to the pleasuredome« und rein ins Vergnügen. Fühl dich wie Alice im Wunderland: »Wie soll ich weitergehen?« fragt Alice. »Das hängt davon ab, wo du hinwillst«, antwortet die Katze. »Wohin ich komme, ist nicht so wichtig . . .«, sagt Alice. »Dann ist es auch gleich, wie du gehst«, meint die Katze.

ZENario:

Kinderbücher sind eine Form von Wahrheit, die wir nicht wahrhaben wollen. Kaufen Sie sich Alice im Wunderland. Lesen Sie es zwischen den Zeilen, ganz erwachsen und unter Ausschluß aller, die Sie für kindisch halten könnten.

WER VIELE SCHÄTZE ANHÄUFT, HAT VIEL ZU VERLIEREN.

Laotse

30-Zimmer-Villa, Pool, Reitstall und Park. Wie schafft man das? Ganz clever: mit dem Telefon. Wer in der richtigen Zeitzone telefoniert, spart Geld. Wer viel telefoniert – in der richtigen Zeitzone, versteht sich – kann sogar Geld zurückbekommen. Es ist also ganz leicht, reichlich zu telefonieren und dabei reich zu werden. Das kann heute kein persönliches Gespräch mehr leisten. Telefongeräte sind die modernen Schatzkästchen mit weltweiten Schürfrechten, die Goldader moderner Single-Haushalte und gleichzeitig ein Stück Alltags-Esoterik. Vorausgesetzt, Sie haben ihre tele-pathischen Fähigkeiten früh genug entwickelt. Und damit zur Werbung:

Der Meister wiederholt genüßlich: 30 Zimmer, Pool, Reitstall, Park. . . Dann greift er zum Telefon: Ist da jemand, fragt er in den Hörer. Ist da jemand. Die Leitung ist tot!

ZENario:
Die Wahrscheinlichkeit, von einem Golfball erschlagen zu werden, ist gering. Die Wahrscheinlichkeit, Millionäre auf einem Golfplatz zu treffen, heutzutage noch geringer. Gehen Sie also in eine normale Kneipe und reden Sie mit Menschen. Am besten über 30-Zimmer-Villen, Golfplätze, parkähnliche Gartenanlagen und Pools, Butler und Funktelefon. Es könnte sein, daß Sie Probleme bekommen.

BEURTEILE MENSCHEN, DIE DIR BEGEGNEN, EHER NACH IHREN FRAGEN, ALS NACH IHREN ANTWORTEN.

Talkmaster

Wie zum Beispiel bei der klassischen Frage vorm Hauptbahnhof: »Hassemanemark?!« Eine Frage, die mir immer wieder durch Mark und Bein geht, denn einerseits habe ich natürlich eine Mark (schon für den Fahrkartenautomaten), andererseits bin ich nicht Rockefeller, muß für mein Geld nicht die Platte putzen, sondern arbeiten. Bevor ich antworten kann, kommt schon die nächste Frage: »Hassenelulle?« Das ist die Erlösung. Ich bin Nichtraucher. So endet die peinliche Situation hier für mich, und ich kann meines Weges gehen.

Eine Geschichte, die den Meister sehr erzürnt. »Du verstehst die einfachsten Fragen nicht. Wenn du stirbst, gibst du auch alles – ohne Frage. Selbst du gehörst dir nicht.«

ZENario:
Und so fragen wir uns heute einfach mal, ob alle Antworten richtig (und) notwendig sind.

Hegel und Fichte – Mann und Baum.

s.Z.m.s.

Es gibt noch andere interessante Verbindungen wie Hula-Hoop-Reifen und Satellitenschüssel. Denn – wenn wir es mal genauer betrachten – ständig suchen wir Verbindungen. Vom Video-Recorder zum Fernseher, von der Kultur zum Beutel, von der Klammer zur Wäsche oder generell von Mann zu Frau. Dieser zunehmend gefährdete Planet besteht aus Verbindungen, vornehmlich chemischen zwar, aber das macht ja nichts. Die Bindungsfähigkeit läßt bekanntermaßen gleichzeitig nach. Während also Hegel und Fichte nachdenklich aus dem Bücherregal schauen, steht ein Mann von heute selbstbewußt an einem Baum auf dem Bundesautobahnrastplatz Ohligser Heide und pinkelt gegen den Wind.

Den Meister freut das. Weiß er doch, daß sein Ratschlag, den Scheitel von links nach rechts zu ziehen, auch so verstanden werden kann.

ZENario:
Tun Sie heute etwas Unerwartetes – zumindest für Menschen, die Ihren Reaktionen dann eine ganz neue Aufmerksamkeit schenken. Das hätten Sie nicht erwartet, was?

IN DER WAHL SEINER FEINDE KANN MAN GAR NICHT VORSICHTIG GENUG SEIN.

Oscar Wilde

Aber wir wissen ja, wer keine Feinde hat, hat auch keine Freunde. Und ganz sicher verhält es sich so, daß wir hier nicht erst suchen müssen, weil wir es schon haben. Eine gesunde Portion Haß ist heutzutage ständiger Begleiter. Gut, daß wir ihn nicht spüren, wenn er hinter uns lacht.

Der Meister fragt, warum wir uns ständig umdrehen? Warum wir dabei immer wieder versuchen, die Gesichter hinter uns zu erkennen? Und er gibt auch gleich die Antwort: Nur wir können uns umdrehen!

ZENario:
Kaufen Sie in einem Reiterfachgeschäft (sic!) eine Gerte, im Volksmund auch Peitsche genannt. Lassen Sie den Reiz des schwarzen Leders auf Ihren Partner wirken. Legen Sie das Objekt zwischen sich und konzentrieren Sie sich auf dessen Ausstrahlung. Die Erfahrung zeigt, einer von beiden wird danach greifen und dem anderen oder auch der Erotik auf die Sprünge helfen. In ZEN-Meditationen dient übrigens ein Bambusrohr, nach stundenlanger Meditation Spannungen und Verspannungen zu lösen. Der ZEN-Mönch schlägt dazu auf die Bitte des Meditierenden hin auf dessen Schulter. Denn Schläge haben immer auch eine befreiende Wirkung. Schlagen Sie sich durch Ihre Gefühle. Vermeiden Sie aber bitte Verletzungen der Gefühle anderer.

April

»LACHE UND DIE WELT WIRD MIT DIR LACHEN.
SCHNARCHE UND DU WIRST ALLEIN SCHLAFEN!«

Anthony Burgess

ES GIBT EINE GUTE UND EINE SCHLECHTE NACHRICHT. ZUERST DIE GUTE: LEBE DAS LEBEN. NUN DIE SCHLECHTE: LEBE DAS LEBEN!

Yoshi

Nehmen wir es von der wert- und humorvollen Seite. Heute hat Ernst Jandl Geburtstag (1998 seinen 73.). Der Sprachclown experimentierte mit der Sprache, bis er seine eigene verlor und mit immer wieder neuen sprachlichen Jam Sessions überraschte. Eine Sprache, die so vor Vergnügen »laut und Luise« scheppert, daß »Das Röcheln der Mona Lisa« zum Kracher wird. So schrieb der gute Ernst denn auch seine eigene Gratulation:

Glückwunsch
wir alle wünschen jedem alles gute:
daß der gezielte schlag ihn just verfehle;
daß er, getroffen zwar, sichtbar nicht blute;
daß blutend wohl, er keinesfalls verblute;
daß, falls verblutend, er nicht schmerz empfinde;
daß er, von schmerz zerfetzt, zurück zur stelle finde,
wo er den ersten falschen schritt noch nicht gesetzt:

Ein Lautgedicht der leisen Töne, wie es der Meister gerne nennt.

ZENario:

Verfassen Sie zu Ehren von Ernst Jandl ein Gedicht. Es muß sich nicht reimen. Es braucht keine Triebe auf Liebe. Es soll nur dichten, da wo die Seele tropft. . .

ERST WENN DER SARG ZUGENAGELT IST,
ERWEIST SICH DIE HALTBARKEIT EINES NAMENS.

Japanisches Sprichwort

Und immer immer wieder geht eben nicht die Sonne auf, wie ein alter deutscher Schlager es vorgaukelt. Die begrenzte Haltbarkeit unseres Daseins endet in furnierter Eiche. Da fragt dann niemand, darf es noch ein Kissen mehr sein? Da wird durchgestartet und ab die Post. . . Ganz gleich, ob Sie mit vegetativer Chef-Dystonie die Vorzüge freilaufender Sekretärinnen erkannt haben oder als Frau die Männer ohne Furcht und Adel. Wenn das Haltbarkeitsdatum überschritten ist, ist jeder Blick in den Toaster wie eine vorweggenommene Feuerbestattung.

Der Meister denkt oft über den Tod nach. Es ist nach seinen Erfahrungen eine der besten Methoden, um am Leben zu bleiben.

ZENario:
Steigen Sie mal für eine Woche auf Tee um, wenn Sie Kaffeetrinker sind. Oder von Tee auf Kaffee. Wenn Sie nur Gesundheitstees zu sich nehmen, trinken Sie die nächste Woche ausschließlich Fruchtsäfte. Sie werden Saft und Kraft in neuer Form erleben.

WAHRHEIT KOSTET DEN PREIS DER EINSAMKEIT.

Henrik Ström

Wahre Worte sind nicht immer schön. Schöne Worte sind oft genug nicht wahr, sagt Laotse. Das sollten sich vor allem Zeitgeist-Philosophen hinter die Feder schreiben, die ständig durch den Blätterwald lamentieren. Wahrheit ist wie ein kaltes Zimmer mit einem geöffneten Fenster, und draußen ist es bitterkalt. Die Aufforderung, das Fenster zu schließen, macht es draußen nicht wärmer. Aber innen ist es nun auszuhalten.
Der Meister steht allein vor dem Fenster, hebt den kleinen Finger der rechten Hand und murmelt ein paar Worte, bis die Scheibe beschlägt. Auf die vom Atem beschlagene Scheibe schreibt er mit dem Finger ein Wort: Lüge.

ZENario:
Nehmen Sie einen etwas größeren Kieselstein (aus einem Flußbett z. B.) und einen künstlichen Pflaster- oder Mauerstein. Legen Sie beide nebeneinander und denken Sie über die Begriffe Wahrheit und Lüge nach.

SPRECHEN, DAS HEISST VOR SICH
SELBST HERMARSCHIEREN.

Raymond Queneau

Im Kontrast dazu das Sprachrohr der Humorlosigkeit, die Midlife-crisis. Erst die deutsche Übersetzung »Mitleidskrise« gibt der eigentlichen Dramatik den gebührenden Ausdruck. Sie erinnert an die unzähligen Selbstgespräche in schweigsamen Männergruppen, oder an die hauptsächlich von Frauen besuchten Osteoporose-Treffen, mit ihrer hoffnungslosen Dramaturgie. Der lange Marsch auf die Intensivstationen der Einsamkeit hat dann begonnen. Altenheime erwarten uns mit offenen Armen und ebensolchen Rechnungen. Wenn Ihr Arzt Ihnen mitleidsvoll erklärt, daß die Schmerzen im linken Knie auf das Alter zurückzuführen seien, weisen Sie ihn darauf hin, daß das rechte Knie genauso alt ist. Und auf die Standardfrage, wie geht es Ihnen, antworten Sie einfach: Ich schaue morgens in die Zeitung. Wenn ich nicht drinstehe, mache ich so weiter wie bisher.

Das nennt der Meister die lachenden Überlebensmittel.

ZENario:
Kaufen Sie sich Blumen. Einen Strauß, der exotisch oder ländlich duftend Ihren Schreibtisch oder einen Tisch zu Hause schmücken soll. Falls Sie regelmäßig Blumen kaufen, stellen Sie in der nächsten Woche einfach nur eine leere Vase auf den Tisch. Ersetzen Sie Duft und Farben durch eine blühende Phantasie.

KUNST FINDET MAN IM MUSEUM.
SCHÖNHEIT FINDET MAN ÜBERALL.

Julia Pfeiffer

Die wahre Schönheit – und nicht die Ware Schönheit – findet überall statt, nicht nur auf Leinwänden und im Museum. Der legendäre Howard Hughes notierte 1951 zur Darstellung der Brüste von Jane Russell im Film: »Ich wünsche einen tiefen Ausschnitt, so daß das Publikum den Teil von Russell sehen kann, für den es bezahlt . . . !« Sicher eine, und zwar seine sehr persönliche, Sicht der Dinge und der Schönheit von Jane Russell im besonderen.

Wer richtig sehen kann, sagt der Meister, ist blind für das, was den Blick verstellt. Leinwände in Museen beispielsweise zeigen nicht die Schönheit, die hinter den Bildern steht – den Gedanken, den Ursprung. Im Kino ist die Illusion so perfekt, daß jeder Blick zu einer Falltür wird. Das ist allerdings eine sehr schöne Vorstellung.

ZENario:
Entdecken Sie den Reiz ungeliebter Gegenden. Gehen Sie durch eine Region mit Abrißhäusern, über einen Müllplatz. Betrachten Sie eine zerstörte Telefonzelle. Sehen Sie hinter die Dinge.

CHARME IST HONIG FÜR DAS HERZ.

Charmeur Jopi

Eine gefährlich klebrige Bemerkung, die wir da aufs Blatt und Brot schmieren. In Verbindung mit der Milch der frommen Denkungsart sogar eine sättigende Mahlzeit. In Verbindung mit geistvollen Gesprächen am Frühstückstisch könnten nun alle den Charme als alternativen Brotaufstrich über die Klinge springen lassen. Es sei denn, Sie löffeln lieber gesund. Dann allerdings sind Honig und Milch nur noch ein rührender Anblick im Müesli auf dem Küchentisch. Ein Tisch, der übrigens beim Meister aus einer Sperrmüllaktion stammt. Ein hoch und runter kurbelbarer Familien-Ausziehtisch mit vielen Gebrauchsspuren.

Ein Herzstück in der Küche des Meisters und der Anblick Honig für das Herz. Man sieht daran aber, daß auch der Meister ein ganz normaler Mensch ist. So werden Tische zu Zeichen. Tischflächen zu Grabplatten.

Hier schaltet sich der Meister schmunzelnd ein: Und gleichzeitig suchen wir immer wieder verzweifelt Stühle.

ZENario:
Bedecken Sie ein Möbel in Ihrer Wohnung vollständig mit einem bunten Tuch. Geben Sie der Truhe, dem Schrank, dem Tisch oder dem Stuhl einen neuen Platz. Lassen Sie die Verhüllung solange, wie Sie Ihnen auffällt. Wenn der Anblick zur Gewohnheit wird, entdecken Sie, was daruntersteckt.

LASS DIR DEN WEG ZEIGEN – ABER DU MUSST IHN GEHEN.

ZEN

Schließlich haben wir inzwischen alle gelernt: der Weg ist das Ziel. So gehen wir also weiter im Kreis, bis wir unseren Irrtum erkennen und vorsichtig nach Seitenstraßen suchen. Das ist wie bei Lieblingsspeisen. Man hat alle Rezepte und kennt doch alle Lokale, in denen man die Gerichte bekommt. Zurück zum Weg und zum Mann im Mond, zum Astronauten der ersten Stunde. Das ist zwar Lichtjahre, und dennoch gar nicht so lange her. Damals wollten drei Astronauten auf den Mond, Steine sammeln.

Der Meister erzählt die Geschichte gern so weiter: Verfolgst Du nur irgendeinen Weg, so kommst du nirgends an. Suchst du einen Weg, dann kommst du nirgends hin. Das wäre zusammengenommen ja dann wohl ein Dilemma? fragt darauf ein Unwissender vorlaut. Genau! Das ist der richtige Weg, antwortet der Meister.

ZENario:
Suchen Sie sich einen kleinen Spazierweg, eine Strecke, die Sie im Kreis führt. Gehen Sie diese Strecke so oft es Ihnen möglich ist. Am besten gleich mehrmals hintereinander. Gehen Sie und entdecken Sie immer wieder etwas Neues.

WA(H)RE LIEBE

Titel einer Fernsehsendung

Sehr geehrter Herr Kolle, und auch die Damen Orlowski und Veronika F. – aufgemerkt! Sex ist nicht aufs Abendprogramm beschränkt. Sex kann 24 Stunden eine Revolution sein. Für viele ist es die letzte Möglichkeit, dem real existierenden Frust eine kurzzeitige Perspektive abzuringen. Die Reproduktionskraft ist das schweißtreibende Kapital der Besitzlosen, wie es der Meister schmunzelnd formuliert. Das einzige Produktionsmittel, das ohne Steuererklärung einen Mehrwert erzeugt.

Wir sollten uns eindeutiger zur reinen Liebe bekennen. Dem Kuß der Erleuchtung. Der wa(h)ren Liebe, so der Meister, fehlt meist etwas ganz Entscheidendes: die Liebe zum Detail!

ZENario:
Gehen Sie heute mal in eine Buchhandlung. Suchen Sie sich ein Thema, das Sie interessieren könnte. Lesen Sie einige Bücher an. Gehen Sie dann mit einem Buch an die Kasse. Verwickeln Sie den oder die Verkäufer(in) in ein Gespräch über das Thema. Versuchen Sie, so viel wie möglich darüber zu erfahren. Lassen Sie sich auf das Thema so ein, daß Sie Lust verspüren, sich in nächster Zeit damit auseinanderzusetzen. Geben Sie das Buch zurück, bevor Sie es bezahlt haben.

DAS ZIEL DES LEHRENS IST NICHT LERNEN, SONDERN LEBEN.

Pädagogen-Sprichwort

Die einen füllen sich mit Wissen ab und andere mit Ouzo – was auch zu Erkenntnissen führen soll. Auf der nach oben offenen Skala der Eitelkeiten kommt das Leben nicht vor, weil es nicht gelehrt wird. Lernen und arbeiten hat seit ora et labora – und das ist nun schon einige Jahrhunderte her – viel bewirkt. Auch viel Nützliches. Aber wer lehrt uns das Leben? Ein guter Yogi hortet nicht – noch nicht einmal Wissen. Ein guter Yogi weiß – und das ist mehr als genug. Wer allerdings behauptet, daß er alles weiß, weiß mehr oder weniger gar nichts. . . schon gar nicht vom Leben.

ZENario:
Wissen ist nicht nur Macht. Es macht unter bestimmten Umständen machtlos. Machen wir also heute das Beste daraus. Machen wir unser Wissen entbehrlich. So wie es im ZEN verlangt wird: Sei innerlich leer – das ist alles.

DU KANNST DICH NICHT AUF DEINE AUGEN VERLASSEN, WENN DEINE VORSTELLUNGEN UNSCHARF SIND.

Mark Twain

Bei plus 30 Grad Celsius in einem Kino (können Sie sich das im April vorstellen?) kann Gänsehaut angenehm sein. Gänsehaut ist so eine Art Sex ohne Gesetzmäßigkeiten, mit tropfenden Gefühlen ins Schmalztöpfchen der inneren Leinwand. Das innere Auge arbeitet dabei sehr zuverlässig und so scharf, daß das zuweilen schmerzhaft werden kann.

Der Meister öffnet seine Augen und schärft unseren Blick: Vision ist doch lediglich ein Klappstuhl im Kino. Weich gepolstert, umgeben von Dunkelheit. Die Vorstellungen sind ein unscharfer Augenblick, der wie eine Mehlspeise Größe erlangt und beim Heraustreten aus der Wärme in sich zusammenfällt.

ZENario:
Nehmen Sie (oder leihen Sie sich) eine Video-Kamera. Drehen Sie einen 3-Minuten-Film über ein beliebiges Thema, das Sie interessiert oder aktuell ist. Stellen Sie eine Liste von 10 oder mehr Freunden auf, die möglichst auch eine Video-Kamera besitzen. Schicken Sie Ihren Film mit einem Begleitbrief und den Adressen der weiteren Empfänger los. Nach einigen Wochen haben Sie ein Zeitdokument, das nach zwei, drei Jahren sehr viel über Ihre Bekannten, Ihre Lebensweise usw. aussagt.

MEISTER: WORIN BESTEHT DEINE UNRUHE?
SCHÜLER: AUS DER SUCHE NACH DER RUHE,
DEM FRIEDEN IN MIR.
MEISTER: ABER DER FRIEDEN WIRD DIR
NUR UNRUHE BRINGEN.
SCHÜLER: DAS BEUNRUHIGT MICH . . .
MEISTER: DANN KANN ICH DICH IN ALLER
RUHE ALLEINE LASSEN!

Laotse

Zen heißt, sich mit dem Leben fortbewegen. Mehr muß man dazu nicht sagen.

ZENario:
Kaufen Sie sich grünen Tee. Trinken Sie heute grünen Tee. Tauchen Sie Ihre Gedanken in grünen Tee.

DIESER TAG MACHT NICHT REICHER – ABER GLÜCKLICHER.

Sprichwort

Wir haben alle etwas verloren: die Liebe! Den Liebeszauber, den einige auch als Schmetterlinge im Bauch beschreiben. Mit Ruhe und Gelassenheit und im Laufe unserer eigenen wie der Weltgeschichte kehrt das Glück in die Fingerspitzen zurück. Wie ein Camembert schmilzt es zwischen den Fingern. Alle werden auf uns blicken. Ein Mensch mit einer glücklichen Nase hat also immer einen Camembert im Haus. Und mit einer Packung Lätta im Kühlschrank sind dann auch die anderen Glückshormone in greifbare Nähe gerückt.

Der Meister beschreibt die Wirkung gern mit dem Bild eines scheinbar tumben Menschen, der mit offenem Mund recht blöde in die Welt schaut. Aber wenn der Mund offen steht, kann mehr reinkommen, durch Augen, Ohren, Nase und Mund. Das macht uns reich. Mit diesem Gedanken hat der Meister wieder mal liebevoll den Boden der Tatsachen bereitet.

ZENario:

Schreiben Sie auf einen großen Zettel nur ein Wort. Es soll für das stehen, was Sie in den nächsten Jahren erreichen wollen. Hängen Sie den Zettel so auf, daß Sie ihn schon morgens beim Aufwachen erblicken. Lassen Sie den Zauber wirken. Sollten Sie nach zwei, drei Stunden oder Tagen entdecken, daß Ihr Wort keine gute Idee war – bitteschön.

ICH KANNTE EINEN BLINDEN, DER WAR HELLSEHER.
SEIN DUNKELSTES KAPITEL WAREN DIE STUNDEN
IN DER MITTAGSSONNE. *Yoshi*

Sehen ohne zu sehen. Hören ohne zuzuhören und fühlen ohne Gefühl sind schwere Krankheiten. Eigentlich die Ursache für andere Leiden.
Eine sehr ernste Angelegenheit, sagt der Meister. Es nimmt sie aber keiner so richtig ernst. Selbst in der Mittagssonne frösteln wir gelegentlich. Alf – ja der! – hat eine Lösung gefunden. Nachts läßt er den Trockner laufen, damit ein bißchen Leben um ihn ist. Aber Alf weiß auch: Es ist nichts vorbei, bevor es vorüber ist.

ZENario:
Machen Sie ein Kinderspiel mit Hintersinn. Lassen Sie sich die Augen verbinden. Ihr Partner, Ihre Freunde (man kann das auch sehr schön in Gesellschaft spielen, wenn es Freunde sind, die noch Sinn für Kindereien haben) halten Ihnen alles mögliche aus Küche und Haushalt unter die Nase. Erraten Sie, was es ist. Fangen Sie nicht gleich mit dem Käse an, es gibt Überraschenderes für Nasen, die sonst hauptsächlich sehen statt riechen.

14. April

Ich liebe grosse Sachen. Wenn ich einmal tot bin, wünsche ich mir einen grossen Sarg, damit ich mich gemütlich umdrehen kann. *Arsenio Hall*

Wer so große Erwartungen hat, sollte auch sein Leben lang Größe zeigen. Das Steak also in Zukunft nicht Medium, sondern XXL bestellen – das ist das mindeste. Zeigen Sie Größe auch in kleinen Dingen. Zum Beispiel die Damen mit einem Wonderbra und die Herren im gepolsterten Slip. Das Leben braucht Konturen und Tonsuren. Und gerade oben sollte man hin und wieder Hohlräume ausstopfen oder mit Lorbeer kaschieren. Das hilft gegen Panik und Profilneurosen und bringt ausreichend Gesprächsstoff für die späteren Tage im Underground (vulgo: Grabstelle). Mit anderen Worten: leben Sie. Aber leben Sie XXL. Sie wissen doch, Leben passiert meist noch, bevor man sich umdrehen kann.

ZENario:
Pflanzen Sie im Garten oder in einem Blumenkasten Blumen, Gräser oder Kräuter. Kümmern Sie sich täglich um Ihren kleinen Garten. Trocknen Sie einige der Pflanzen zwischen Buchseiten. Kleben Sie sie dann auf einen Karton, und mit der Jahreszahl als Titel hängen Sie Ihr Stilleben in einen Rahmen.

LEBEN IST WIE EIN BOOT ÜBER EINER UNTIEFE.
NICHT DIE SEGEL ZÄHLEN, SONDERN DER TIEFGANG.

Peer Amir

Oder wie es Gorch Fock (oder war es doch ein anderer kluger Kopf?) noch schöner gesagt hat: Man kann sein Leben weder verbreitern noch erhöhen, man kann es nur vertiefen. Wer also tief sinkt, müßte ein wertvoller Mensch sein. Das widerspricht jedoch der allgemeinen Erkenntnislage. Wer so tief gesunken ist wie ein Penner, ein alkoholabhängiger Prominenter oder ehemaliger TV-Star, ist für uns meist nicht mehr tragbar. Wir dürfen demnach nicht sinken, sondern müssen uns auf andere Weise in die Tiefe begeben. Zum Beispiel wie es die Kölner mit dem Fahrstuhl in die Römerzeit propagieren. Oder einfach wegtauchen mit Jacques Cousteau. Man lernt daraus, daß zu tiefgreifenden gesellschaftlichen Erkenntnissen nicht Segel verhelfen, sondern Kompaß und Karten, die mögliche Auswege ausloten.

ZENario:
Wo ist der nächste See, der nächste Bootsverleih? Irgendwo in Ihrer Nähe gibt es bestimmt einen Ruder- oder Tretbootverleih. Fahren Sie in die Mitte des Sees oder Gewässers, und lassen Sie sich treiben. Wohin auch immer. Sie werden Land sehen und viel Zeit und Kraft aufbringen müssen, um zurückzukommen.

WER WEISS SCHON, WIEVIEL ER WISSEN MUSS,
UM ZU WISSEN, DASS ER NOCH ZU WENIG WEISS.

unbekannt

Vorbei am Mainstream. Hinein ins Vergnügen. Laß die Doofen singen, klare Gedanken haben noch nie geschadet. Nicht mit öden Gemeinplätzen, sondern überzeugenden Ideen. Verzichten Sie auf die Kegeltour, und schieben Sie eine ruhige Kugel mit einem Buch, das Sie auf neue Gedanken bringt. Nehmen Sie das Recht in Anspruch, anders zu sein. Jeder, der das an Ihnen kritisiert, gehört aus Ihrem Telefonbuch gestrichen. Leben Sie auf dem Highway und nicht im geistigen Downtown. Verabschieden Sie sich aus der allgemeinen Schwimmstaffel und ziehen Sie Ihre eigenen Kreise.

Aber Vorsicht! warnt der Meister, it's cool! Und bevor sich das Ego verkühlt, innerlich gut anwärmen!

ZENario:
Räumen Sie Ihr Bücherregal auf. Stellen Sie alle Bücher, die Sie noch nicht gelesen haben, zusammen. Mindestens drei davon sollten Sie in den nächsten Tagen oder Wochen lesen. Sollten Sie keine Bücher haben, die noch darauf warten, gelesen zu werden, gehen Sie in eine Buchhandlung.

MAN IST NUR FREI, WENN MAN NICHTS WILL.
WOZU WILL MAN FREI SEIN?

Elias Canetti

Schon der Zwang, der von einem Grapefruitlöffel ausgeht, beraubt uns jeder Freiheit. Eine Grapefruit ließe sich ja auch schlürfen, beispielsweise. Ein Sektquirl überzeugt durch die gleichen Eigentümlichkeiten, wenn man den Quirl an sich und die Funktion im besonderen betrachtet. Wer sich davon frei macht, ist eben nicht frei, sondern gefangen in seinem Wissen, daß man eine Grapefruit nicht schlürft, sondern löffelt, und daß man Gulasch nicht mit den Fingern, aber mit dem Besteck zu sich nimmt. Die wirkliche Freiheit beginnt dort, wo niemand zusieht. Dann kann man sich noch ganz andere Erkenntnisse aus der Nase ziehen.

ZENario:
Lassen Sie es heute »fließen«, aber nicht »laufen«, wie der Volksmund sagt. Lassen Sie sich auf alles und nichts ein. Bleiben Sie ganz gelassen. Stellen Sie Ihre Wünsche zurück. Auf freiwilliger Basis dürfen Sie heute alles.

DAS SCHICKSAL IST WIE EIN BAUERNMÄDCHEN.
AM SCHÖNSTEN IST ES UNGESCHMINKT.

Oskar Kokoschka

Eine Meinung, ein Einzelschicksal. Durch nichts bewiesen und letztendlich kein Ersatz für das Kosmetiktäschchen. Das Schicksal hingegen könnte ein Bauernmädchen sein. Es läßt sich aber nicht unter den Rock blicken, und so rätseln wir weiter, bis wir die ungeschminkte Wahrheit entdecken. Auf dem Land, das wir betreten und mit Staub an den Füßen wieder verlassen. Niemand tut das ungeschminkt. Heutzutage ist noch die schlechteste Kosmetik der beste Schutz vor dem Erkennungsdienst Gottes. Das Schicksal ist kein Bauernmädchen, das man zufällig trifft. Das Schicksal ist ganz anders, und niemand kann es sich ausmalen, Herr Kokoschka!

ZENario:
Bringen Sie in Erfahrung, wo in Ihrer Nähe ein Zirkus gastiert oder in nächster Zeit gastieren wird. Bestellen Sie Karten, und lassen Sie sich verzaubern oder enttäuschen. Es wird alles ganz schicksalhaft verlaufen. Der Sprung des Tigers, wie das Lachen der Clowns. Der Trapezakt, wie die Knoblauchfahne Ihres Nachbarn.

NIRGENDS IST, WER ÜBERALL IST.

Seneca

Wenn sich Rucksackmentalität breitmacht und das Gefühl aufkommt, man müsse überall dabei sein, um nicht in Vergessenheit zu geraten, sollte man schleunigst noch mal die Beatles auflegen, und zwar: »He's a real nowhere man, sitting in his nowhere land, making all his nowhere plans for nobody«.

Die Meinung, unentbehrlich zu sein, hat oft etwas damit zu tun, gerade dort zu sein, wo sich am wenigsten Widerspruch regt. Derartige Begegnungen sind wie Soufflés. Die leichtesten sind die süßesten.

Der Meister nickt: Beneidenswert finde ich auch eingeschlafene Füße. Nirgends ist mehr los!

ZENario:
Keine Aufgabe heißt heute die Aufgabe.

MAN MUSS IN VIELEN SPRACHEN NEIN SAGEN KÖNNEN – DAS GENÜGT.

Anonym

Ein »Das tue ich für mich« ist eine wichtige Erkenntnis. Neben den bekannten Ja-Sagern ist die Spezies derer, die hin und wieder Nein sagen, eher gering. Ein tägliches, wunderschönes klares NEIN ist allerdings hilfreich. In der Schlange im Supermarkt und im Disput mit einem Vorgesetzten. Beim Spülen und beim Atmen! Der erste entscheidende Schritt zu einem klaren Ja, zu sich selbst, ist das klare Nein zur rechten Zeit. Das Nein ist wie einen Berg besteigen, statt den Lift zu nehmen.

ZENario:
Gehen Sie spazieren. Sammeln Sie Fundstücke. Einen Fetzen von einem Plakat. Ein kleines Blechteil usw. Sammeln Sie die verlorenen Dinge des Lebens. Setzen Sie eine Figur oder ein Bild daraus zusammen, bauen Sie einen Gebrauchsgegenstand, und vergleichen Sie die Lebendigkeit Ihrer Erfindung mit einem maschinell gefertigten Gegenstand aus Plastik.

WER NICHTS WEISS, MUSS ALLES GLAUBEN.

Marie von Ebner-Eschenbach

Heißt das, wer glaubt, irrt? Lehrsätze klingen nicht von ungefähr wie Leersätze. Könnten wir also dann auch zu der Überlegung kommen, daß, wenn der Klügere nachgibt, die Dummen das Regiment übernehmen? Wissen und Glauben sind schon zwei seltsame Phänomene. Nicht immer greifbar, aber immer angreifbar. Je nachdem, von welcher Position aus man sich auf sie zubewegt. Und wenn Glaube Berge versetzen kann, kann dann ein Berg glaubwürdig nachweisen, daß er in früheren Zeiten woanders gestanden hat?

Wissen und Glaube machen das Absurdeste möglich – glauben Sie mir!

ZENario:

Suchen Sie sich einen Fetisch. Einen Gegenstand, der Ihnen ab heute mehr bedeutet als nur seine Form. Ein Kieselstein, ein Stück Holz oder was auch immer von Ihnen für würdig befunden wird, als Fetisch Ihren Glauben zu stärken. Denn was es bedeutet, wissen nur Sie.

Seid mühsam! Kreiert Dramen!

Ginie Sayles (»How to marry the rich«)

Ja, ja, wie sagte schon Helmut Kohl: »Die Frau gibt Heimat.« Das führt schnell zu unkontrollierten Handlungen, und das Drama nimmt schnell seinen Lauf. Dabei wird auf Teufel komm raus geantwortet, ohne daß überhaupt Fragen gestellt wurden. Wie der begnadete Fragen- und Fallensteller Kant mit seinem »Was darf ich hoffen?« Es bleibt die große Frage: »Bringt uns das weiter?« Generell und insbesondere an dieser Stelle natürlich nicht.

Aber ein bißchen mehr fragen, täte nicht schaden, weiß der Meister zu scherzen. Ob es allerdings auch zu Antworten führt, weiß niemand. Sicherheitshalber stelle man deshalb keine Schicksalsfragen.

ZENario:
Kaufen Sie sich eine neue Zahnbürste. Karies und Plaque bedürfen erhöhter Aufmerksamkeit, damit Sie auch in Zukunft noch die Zähne zusammenbeißen können, wenn es erforderlich wird.

ES GIBT KEINE PROBLEME – NUR LÖSUNGEN.

Anonym

Ganz einfach: die Lösung des Gummis ist die Gummilösung. Oder auch: beim Flachdach ist das Dach flach. So scherzt es sich anspruchslos. Das ist die reine und praktisch unverdorbene Vernunft des gnadenlosen Humors. Er entzieht sich einer kritischen Betrachtung, weil dies nur Probleme aufwerfen würde. Da das Leben aber auf Lösungen wartet, lauschen wir erst einmal nachdenklich einem Largo (welchem auch immer) und gehen so gestählt in die nächsten Überlegungen. Unterstützt von einem linksgedrehten Quarkkuchen mit allen Zutaten, die keine Verdauungsprobleme aufwerfen, sondern im Backofen aufgehen. Ein schöner Gesamteindruck, der unsere sechs Sinne anregt.

Das sinnvollste, sagt der Meister, ist allemal, die Probleme lautlos ins Gras fallen zu lassen und die Lösungen zu mähen, zu trocknen und zu verfüttern.

ZENario:
Machen Sie eine Nachtwanderung und nehmen Sie als Begleitung eine Taschenlampe mit. Folgen Sie dem Lichtstrahl. Lassen Sie sich davon leiten, und beobachten Sie den Lichtkegel, wie er über Wände, Bäume, Gegenstände, Wege etc. tastet. Erkennen Sie Ähnlichkeiten?

ALLEN IST DAS DENKEN ERLAUBT.
VIELEN BLEIBT ES ERSPART.

Curt Götz

Darum ist das oberste Ziel des ZEN nicht die Heiligkeit, sondern die Helligkeit, die Leere. Eine Leere, die nichts mit geistiger Leere gemein hat. Die Leere ist der tiefere Sinn, mit dem Ziel, ein erfülltes Leben zu erreichen.

Die Antwort des Meisters auf die Frage, was das nun für einen Sinn machen soll: Keinen Sinn! Es ist in sich zwecklos. Ohne Absicht, ohne Sinn, was nichts anderes bedeutet als Leere. Meditation ist folglich eine Leerstunde... Wer mehr Glück als Verstand hat, dem bleibt es möglicherweise erspart.

ZENario:
Denken Sie sich heute nicht Ihren Teil, sondern den Ihres Gegenübers. Was denkt er? Was denkt sie? Und fragen Sie ihn oder sie ganz direkt. Denken ist kein Geheimnis, jeder kann es hören, wenn man fragt.

ES IST IN DIR, SCHAUE DICH UM.

ZEN-Weisheit

Der Blick für das Wesentliche braucht anscheinend etwas Unwesentliches: das lautlose Lächeln. Das kann beim Platzkonzert einer Blaskapelle über uns kommen oder beim Verzehr einer geräucherten Entenbrust mit Limonenscheiben. Erst durch die Zugabe des Lächelns wird es in uns zu dem, was es sein sollte: ein ganz normaler Augenblick, im Leben eines ganz unbedeutenden Besuchers des o.g. Konzertes zum Beispiel. Erst dann hören und sehen wir die nackte Wirklichkeit. In allen Spielarten des schlechten Geschmacks. Schaut Euch um und höret die Signale. Platzkonzerte tragen zu Recht diesen Namen.

Der Meister murmelte beim Hinausgehen immer wieder: his masters voice, his masters voice. . . .

ZENario:
Holen Sie Ihren Schallplattenspieler aus dem Keller. Hauchen Sie ihm neues Leben ein, indem Sie alte Schallplatten auflegen. Eine Woche ohne CDs, und eine knisternde Spannung wird den Raum erfüllen.

ICH HALTE VIEL VON BEETHOVEN.
VOR ALLEM VON SEINEN GEDICHTEN.

Ringo Starr

Wie wir wissen, kennt Intelligenz Grenzen – Dummheit nicht. Es gibt aber keine generelle Primitivität unter Prominenten. Das ist nur ein gern verwendetes Vorurteil bestimmter Zeitungsgenossen, die uns eben den ersten Teil des Zitats in Großbuchstaben verkünden. Dabei lieben alle die Gedichte von Beethoven. Vor allem das neunte. Mit anderen Worten, Prominenz ist kein Privileg, sondern oft genug die Strafe für ein Leben unter Niveau. Wenn Sie jetzt immer noch dazugehören wollen, halten Sie es mit dem Meister: »Bei denen, die dazugehören, weiß eigentlich niemand so richtig, wer wirklich dazugehört.«

ZENario:
Schreiben Sie einem Prominenten, und bitten Sie ihn um ein Autogramm. Hängen Sie ein gleichgroßes Bild von sich mit Ihrer Unterschrift daneben. Es ist ganz leicht, berühmt zu werden.

AM ANFANG WAR DAS STAUNEN.

Volksweisheit

Beispielsweise vor einem Stilleben mit Fisch. Erstaunlich, daß so ein stinkender Fisch die höheren Weihen der Kunst erhält, während manch frische Idee auf dem Kunstmarkt den Bach runtergeht. Sei's drum! Das Staunen ist eine Tätigkeit, die immer mehr verkümmert. Ein notleidendes Bedürfnis der ganz besonderen Art. Das Staunen ist in die Jahre gekommen – übrigens seit Jahren schon. Aber was hilft's? Offenes Staunen gibt es schon lange nicht mehr, nicht mal hinter vorgehaltener Hand. Wir geben Millionen für alles mögliche aus, aber für das Staunen haben wir keinen Pfennig übrig. Nehmen Sie doch das Staunen wieder auf. Geben Sie ihm eine Chance. Sie werden erstaunt sein, was Sie alles wiederentdecken.

ZENario:

Besuchen Sie am Wochenende ein Museum der anderen Art. Keines, das voller Bilder hängt. Nein, ein Museum, das klein und anders daherkommt. Ein Erotik-Museum, ein Puppen-Museum, ein Industrie-Museum, ein Holographie-Museum. Suchen Sie sich ein Museum, das Sie noch nie besucht haben. Staunen Sie über die Dinge, für die Sie sich bislang nicht besonders oder gar nicht interessiert haben.

WENN ICH GUT BIN, BIN ICH GUT. BIN ICH SCHLECHT, BIN ICH SPITZE.

Diana Ross

Bin ich Spitze, bin ich geschmacklos, provozierend und damit nicht zu übersehen. Ich falle jedenfalls auf und nicht durch. Das ist das ganze Geheimnis. Eine ältere Dame, die ein Seminar des Meisters besuchte, trug einen kleinen Knochen um den Hals. Es war ein Knochen des Zeigefingers der rechten Hand ihres verstorbenen Mannes. »So nehme ich ihn bei der Hand und lasse ihn teilnehmen. So wie er immer an dem, was ich tat, teilgenommen hat.«

Der Meister dachte einen Augenblick nach. Dann legte er seine Hände ineinander, wie man es in der Meditationshaltung tut, um die Energie fließen zu lassen. Dabei murmelte er die kaum verständliche Frage: Ein Fingerzeig des Himmels?

ZENario:
Sehen Sie heute fern. Ohne Ton, aber mit voller Aufmerksamkeit. Entscheiden Sie, was gleich stattfinden wird. Spielen Sie Cutter und Regisseur. Denken Sie sich Dialoge zu den Gebärden der Schauspieler aus. Schreiben Sie das Drehbuch zum medialen Leben.

ZU VIELE MÄNNER TRAGEN DIE GLEICHEN KRAWATTEN.

Der Krawattenmuffel
(Werbefigur aus den 60er Jahren)

Wer sich stets neue Krawatten oder Kostüme oder was auch immer an Bekleidung zulegt, läuft gegen eine Wand. Der Versuch, damit der Austauschbarkeit auszuweichen, mißlingt so sicher wie bei dem Mann, der sich gegen die Waggontür in einem Personenzug stemmt, um die Geschwindigkeit zu erhöhen. Alles was er erreicht, tritt er einen Schritt zurück, ist, daß sich sein Arm nach der Anstrengung wie von selbst hebt und er über das Phänomen nachdenkt, statt über die Ursache. Klappstühle haben ein ähnliches Schicksal. Aber das steht auf einem anderen Notizblock. Meistens beobachtet man herrenlose Krawatten, die gelangweilt über Lehnen hängen.

ZENario:
Weg mit dem Kram! Heute sortieren Sie mal Ihren Kleiderschrank aus. Weg mit den Lumpen, die Sie noch nie tragen wollten und aus finanzieller Pietät im Schrank halten. Wenn es Ihnen bei den Kleidern nicht möglich ist, konsequent vorzugehen, beginnen Sie wenigstens mit dem Schuhschrank!

LETZTLICH SIND WIR ALLE IRGENDWANN TOT.

John Maynard Keynes

Davor schützen auch nicht so wundervolle Sendungen wie Medizin nach Noten. Unabhängig von der Tonart soll hier jedes Zipperlein, das den Körper peinigt, geheilt werden. Ehrenamtlich versteht sich. Man sieht schon, das kann nicht funktionieren. Oder wie der Mensch von Welt weiß: was nichts kostet, ist auch nichts. Im Strudel der Geigen entfaltet sich eine innere Harmonie, die den Schließmuskel der Erkenntnis entspannt zum Zucken bringt. Aber letztlich sind wir irgendwann tot, und nur die Melodien werden uns überleben. Der Gesang der Elfen des Hintergrund-Chores wird wie eine Grabplatte über die Ohren gleiten.

Kann der Meister dann noch helfen? »Sicher«, antwortet er, »ich helfe, wo ich kann. Hört nur auf mein Lachen.«

ZENario:
Spenden Sie Blut. Es gibt genügend Organisationen, die dringend darum bitten. Letztendlich ist es eine lebensrettende Maßnahme – im ungünstigsten Fall sogar eines Tages für Sie selbst.

Mai

AUCH DAS LACHEN HAT IMMER ZWEI SEITEN.
EINE LACHENDE UND EINE WEINENDE.

unbekannter Humorist

Do-it-yourself. Keep smiling. Know-how.

Drei wichtige englische Lebensregeln

Meist ist es eine grelle Neonwelt, die es uns ermöglicht, zum Beherrscher von Raum und Technik zu werden. Gemeint sind die allerorten gut besuchten Baumärkte. Mit Drillbohrer-Mentalität und unverbesserlichem Optimismus wird hier bereits im Kopf geschraubt und genagelt, daß es die reine Freude für den gut sortierten Erste-Hilfe-Kasten und das renovierte Leben ist. Drei englische Weisheiten (s.o.) zeigen uns den Weg in die Vorschlaghammer- und Preßspanplatten-Philosophie. Kurzum: Wir bauen an unserer kleinen Welt und verbauen uns den Blick nach innen. So werden wir nie begreifen, daß wir nichts bauen können, daß »der Boden, auf dem wir stehen, nicht größer sein kann, als die zwei Füße, die ihn bedecken«. Sagte übrigens nicht der Meister, sondern Franz Kafka.

Wir brauchen also nur uns selbst, ein Lächeln und etwas ganz wichtiges: Know-how. Das der Meister mit Erkenntnis übersetzt.

ZENario:
Versuchen Sie sich zu reduzieren, Überflüssiges zu entfernen. Die ganze selbstgebastelte Bildergalerie im Wohnzimmer dahin zu räumen, wo sie schon lange hingehört. Weiße Wände sind die überraschendsten Bilder, leere Tische und Pinnwände ein hörbares Aufatmen.

DAS HÄUFIGSTE EIGENTUMSDELIKT IST, DASS MAN EINEM ANDEREN DIE SCHAU STIEHLT.

Jerry Lewis

Da ist die aufgedrehte Meinung führender Friseure zu loben, die sich selbst genauso gern in Szene setzen wie ihre Kundschaft. Aufgeregt huschen die Kreationen aus dem Salon der Eitelkeiten. Begegnen sich Schöpfer und Opfer auf der Party bei Konsuls später wieder, erklatscht der Meister mit Worten sein Werk und begeht ein Eigentumsdelikt der ganz perfiden Art. Immerhin hat er seinen Lohn schon erhalten. Wer sein Haupt in die Hände solcher Zauberer legt, dem können unter Umständen kurz darauf die Haare zu Berge stehen. Gerade die schneidigen Ideen der Selbstdarstellung sind leicht zu zerstören. Übrigens: Auch wer bescheidener durchs Leben geht, ist nicht frei von solchen Eigentumsdelikten.

Halb gewonnen, lächelt der Meister mit einem Augenzwinkern, ist logischerweise auch immer halb verloren!

ZENario:
Lesen Sie heute ausführlich gute Heiratsanzeigen (zu empfehlen sind beispielsweise die in einem Szeneblatt). Verlieben Sie sich in Ihre Phantasie für kurze Zeit.

Mich interessiert das Feuer unter dem Eis.

Benoit Jacquot

Es interessieren Sie Erkenntnisse statt Vergnügungen, Bedeutungen statt Banalitäten? Also das Feuer unter dem Eis? Die freie Markt- und Medienwirtschaft hält zahlreiche Gelegenheiten bereit. Vom Wunschfilm der Woche über den Super-Saalkandidaten bis zur Wahl Heriberts als Tor des Monats. Brennende Fragen, die Feuer versprechen, aufglühen und schon kurz danach erlöschen. So verabschieden wir an dieser Stelle Beispiele dieser zweifelhaften Art und suchen bessere. Vergeblich, denn es gibt kein Feuer mehr unter dem Eis. Zwangshandlungen haben die Flammen erstickt. Jetzt nähren wir unsere Hoffnungen mit Preisschildern, die uns Wärme versprechen.

Aber jeder Preis hat seinen Preis, sagt der Meister. Und die Preise sollten nicht von der Suche nach dem Feuer abhalten. Gebt euch einfach mehr hin. Beispielsweise dem Quietschen einer Tür – das kann wie Feuer sein, und man erfährt, was dahinter steckt.

ZENario:

Klatschen Sie heute in die Hände. In unterschiedlichen, in überraschenden Situationen und verschiedenen Räumen. Horchen Sie darauf, was Ihnen der Klang sagt. Das Klatschen spricht zu Ihnen, wenn Sie wirklich zuhören.

MAN KANN DIE WELT ÄNDERN ODER SICH SELBST.
DAS ZWEITE IST SCHWIERIGER.

Mark Twain

In unserer auf Wohlbefinden ausgerichteten Mentalität suchen wir Aufgaben, die es uns leichter machen, in Saus und Braus zu leben. Das »Wir ändern die Zustände« kostet nicht viel. Dem einen eine Patenschaft in Indien und dem anderen eine zerrissene Bluse beim Angriff eines ängstlichen Polizisten während eines Kesseltreibens. Gerade finanziell glückliche Menschen widmen sich zunehmend der Armut. Das ist so schön, wie einst Rabattmarken sammeln, kleben und einlösen. Im christlichen Sinne wird da in die Zukunft gedacht.

Gute Taten und ein heißes Bad sind sehr entspannend, sagt der Meister. Vor allem ein heißes Bad sollte man sich gönnen. Dann ist jedermann erfahrungsgemäß um eine Illusion wärmer und einen Badezusatz weicher.

ZENario:
Entdecken Sie heute eine neue Eigenschaft an sich. Die Fähigkeit, Rezepte aus Resten zu entwickeln oder beim Heimwerken als Hammerwerfer in die olympische Geschichte der Werkzeugkästen einzugehen. Hauptsache, Sie sind ein Mensch mit der Fähigkeit, auf Entdeckungsreisen zu gehen. Und das nicht zu knapp, sondern oft und auch viel.

DAS UNECHTE LEHRT UNS DAS ECHTE.

Walter Reuter

Das Leben ist ein Daumenkino. Es lehrt uns die Mechanik des vorgezeichneten Zufalls. Das einzig wahre (echte) Leben ist eine Last-picture-Show mit Spezialeffekten. Ein Abreißblock für die Ereignislosigkeit jenseits der Supermarkt-Kassen. Wir schreiten gemäßigten Schrittes vorbei an endlosen Kühlregalen, während unsere Herzen frieren. Mit Prosecco-Angeboten versucht dann ein Probierstand, die Gefühle aufzutauen. Es schmerzt und behindert die wahren Gefühle. Der Unterschied zwischen echt und unecht besteht eben nur aus zwei Buchstaben.

ZENario:
Sammeln Sie Zweige und stellen Sie sich einen Herbststrauß zusammen. Blättern Sie noch mal in Büchern, die Sie vor langer Zeit gelesen haben. Erinnern Sie sich, was Sie im letzten Jahr um diese Zeit getan haben.

AH JETZT JA, EINE INSEL! AH JETZT JA, EINE INSEL!

Jim Knopf, Lummerland

Für einige steckt die ganze Welt mit ihren Sehenswürdigkeiten in einem schwarzen Dokumentenkoffer oder in einem Briefkasten auf Jersey. Die Insel der Glückseligen liegt also dort oder in einer Augsburger Puppenkiste. Mit einer Lokomotive namens Emma und einem König, der ganz im Sinne vieler Umweltorganisationen Alfons der Viertel vor Zwölfte heißt. Wir lernen, wer sich mit Inseln beschäftigt, findet auch welche. Aber niemand ist ein Insel (auch wenn ähnlich klingende Romantitel versuchen, so etwas zu suggerieren). Wir alle sind nur schwimmfähig auf dem Festland, mit kleinen oder größeren Budgets. Mit dem, was wir nicht haben oder nicht ausgeben. Ständiger Verzicht und ständiges Wünschen hält uns schwimmend über dem Wasserstand, der langsam steigt und manchmal schon bis unter die Nasenspitze reicht. Das ist dann so etwas wie die Spitze des Eisbergs, die kühn wie eine Insel aus dem Wasser ragt, auf der Suche nach dem Festland.

Und immer, sagt der Meister, sieht es so aus, als sei es nicht weit bis zum Rand der Welt. Also lassen wir uns dorthin treiben – eiskalt als einsame kleine Insel, die dann irgendwann in ein Kiste gepackt wird.

ZENario:
Es spricht ja nichts dagegen – aber auch nichts dafür. Hauptsache, es spricht jemand mit Dir.

WIR KÖNNEN NUR DIE SCHATTEN UNSERER TRÄUME VERWIRKLICHEN.

Emil Jannings

Wir müssen also der Tatsache ins Auge sehen, daß wir letztendlich nur ein Schattendasein führen (So sind wir der Schatten von wem eigentlich, wenn diese Frage erlaubt ist?). Deshalb haben wohl auch Ereignisse – vornehmlich große – immer ihren Schatten vorausgeworfen. Hin und wieder waren das auch kleinere, wie wir es bei Napoleon annehmen dürfen. Wir wissen, daß er nach der Verwirklichung seiner Träume und möglicherweise anschließender Alpträume auf Elba im Schatten südlicher Mauern saß und träumte.

Das Nichtstun im Schatten kann sehr bedeutungsvoll sein. Zumindest in der Bewertung der Nachwelt. Wie bei den Frauen, die irgendwann aus dem Schatten ihrer berühmten Männer herausgetreten sind und die Schatten ihrer Träume verwirklicht haben.

Das ist wie die große Kunst des Schattenboxens, sagt der Meister. Die Kunst besteht darin, den Punkt zu erreichen, wo Schatten und Traum eins werden. Männlich und weiblich verschmelzen zu einem gemeinsamen Schatten. Aber hier auf der nördlichen Halbkugel sollte man im Schatten achtgeben, daß man auch seinen Schatten findet.

ZENario:
Wenn wir diese ZENtenzen regelmäßig lesen, müßten wir zumindest eins gelernt haben: ein Lächeln kann ein Lächeln hervorrufen. Und ein Schatten braucht immer auch ein Licht.

ZEIT IST DER FLUSS, IN DEM ICH ANGLE.

Henry David Thoreau

Wer die Tage wie eine Stechuhr erlebt, verbringt seine Zeit, ohne zu leben. Der ständige Blick auf die Uhr ist das beste Zeichen dafür, daß wir mit uns nichts anzufangen wissen. Selbst, wenn man sich immer wieder etwas vornimmt. Man bleibt oft genug im Handeln weit hinter dem zurück, was man sich gewünscht hat. Unsere Möglichkeiten nutzen wir wie Gefängnisinsassen. Den meisten geht es gut, und deshalb geht es anderen schlecht. Wir brauchen nicht mehr Zeit, sondern eine andere Technik des Angelns am Fluß. Auch einen neuen Blick für das Wesentliche. Vielleicht ist es gar nicht die Zeit, die den Bach runtergeht? Denn was doch allen gehört, läßt sich nicht so einfach angeln.

ZENario:

Machen Sie es wie die Mutter der Regensburger Schmutzspatzen, werfen Sie die Megapearls vor die Säue. Legen Sie einen Waschtag ein. Ein Reinigungsritual für alles, was in den kommenden Monaten einen sauberen Eindruck machen soll.

DIE ZEIT IST EINE GERÄUSCHLOSE FEILE.

Italienisches Sprichwort

Keine Intrige kann die Zeit stoppen. Sie ist immer auf der Höhe. Dabei müssen wir nur Vertrauen fassen, grenzenloses Vertrauen. Die Zeit nicht als eine Art Hetzkampagne erleben, sondern als Grundlage des persönlichen Glücks, das dummerweise in Sekundenbruchteilen weniger wird. Die Zeit ist – so man will und länger darüber sinniert – der geräuschlose Wahnsinn.

Der Meister zitiert dazu gern folgende Kalenderweisheit: Nicht vergessen, die Zeit ist begrenzt, das Leben kurz. Dann fügt er schmunzelnd hinzu: Machen wir uns also nicht zu oft in die Hose, sonst fühlt man sich zeitweise so beschissen...

ZENario:
Stehen Sie in den nächsten Tagen – solange Sie wollen – jeden Tag eine Stunde früher als gewöhnlich auf. Möglichst noch bevor die Alltagsgeräusche beginnen. Stellen Sie sich mit einer Tasse Tee oder Kaffee ans Fenster und hören Sie, wie der Tag erwacht.

WITZ OHNE ERNST IST NUR EIN NIESEN DES VERSTANDES.

Heinrich Heine

Kalendersprüche versprechen uns jährlich aufs neue: alles hat einen ernsten Hintergrund. Das Lächeln der Mona Lisa beispielsweise eine italienische Landschaft. Deshalb also niest die Dame nicht. Jeder einigermaßen intelligente Hund hat ein Herrchen, sonst würde er nicht vor einer Hi-Fi-Box sitzend der Stimme lauschen. Was ja immer noch besser ist, als sein Leben damit zu verbringen, Frauen, Wohnplätze und Religionen, aber unter Beibehaltung der Schweizer Nummernkonten, zu wechseln. Nach Anhäufung dieser gesellschaftlich sanktionierten Tugenden kommt nun die alles entscheidende Wendung zum Ausgangspunkt: hat der Witz genossen oder Genossen? Braucht das Niesen des Verstandes ein Taschentuch?

Dazu die Erkenntnis des Meisters, daß nicht alles, was witzig scheint, erzählt werden muß. Und nicht alles, was mit einem Lachen erzählt wird, unbedingt zum Witz taugt.

ZENario:
Meist sind die Mienen starr wie Steifftiere. Treten Sie heute vor den nächsten Spiegel und ziehen Sie Grimassen. Üben Sie den Ausdruck der Augen, der Wangen, der Falten und aller beweglichen Muskelgruppen im Gesicht. Lassen Sie Ihr Gesicht sprechen.

LIPPENBEKENNTNISSE MÜSSEN KEINE KÜSSE SEIN.

Volksmund

Der internationale Gesangswettbewerb führender Stimmen liegt uns noch in den Ohren, da geht es uns schon wieder um den guten Ton. Riskieren andere sogleich wieder eine Lippe. Die Kosmetikindustrie sponsert den öffentlichen Wettbewerb. Eitelkeiten werden als Lippenbekenntnisse vorgetragen von Margret Astor und Elizabeth Arden. Bekannte Arien, auch die Kußhändchen der Herrenausstatter von den Rängen. Das Feld der Bewerber ist wie immer kußfest in weiblicher Hand. Männer werden nur als geistiger Knutschfleck zugelassen.

Der Meister hat sich vor einem Urteil erst einmal einen Kosmetikspiegel bestellt. Mit dem nicht zu überhörenden Hinweis: Schaue genauer hin, ob deine Gedanken kußecht sind, nicht verschmieren und nicht nur Lippenbekenntnisse sind.

ZENario:

Spielen Sie heute mal privat oder unter Gleichgesinnten Ihr Yin oder Ihr Yang. Je nachdem, ob Sie Mann oder Frau sind. Tragen Sie als Frau einen Anzug. Schmücken Sie sich als Mann mit Strapsen und Schminke. Nein, nein, das ist nicht verrückt. Das bringt Einsichten.

Der Duft der grossen weiten Welt.

Alter Peter-Stuyvesant-Slogan

Seit den Tagen des hemmungslosen Verdampfens kleiner Tabakkrümel in gerolltem Papier hat sich die Welt gedreht. Man verduftet mit immer neuen Flakons, statt sich hinter qualmenden Köpfen in einem Denkanspruch zu verlieren. Aus der weltoffenen Geste mit Zigarette wurde der weltweite Gestank aus allen Flakons.

Nicht alles, was machbar ist, sollte auch hergestellt werden. Nicht für alles, was nach nichts riecht, muß man Duftwolken aufziehen lassen. Sonst dürfte der Wetterfrosch bald schon im Rahmen von Verkaufsaktionen in bestimmten Gebieten vor größeren Parfümwolken warnen.

Der Meister hat eine Nase für Irrwege. Dieses Spiel der Düfte wird niemals zu einem Ende kommen. Es wird zur Besessenheit. So wird das Eigentliche von uns im wahrsten Sinne des Wortes verfliegen. Wir werden verduften und nichts bleibt.

ZENario:
Was bietet sich an? Natürlich eine Zeit ohne chemische Kampfstoffe. Ohne Parfüms, Raumsprays, Sticks und ähnlichen Unfug. Duschen mit Wasser und neutralem Hautöl und unparfümierter Seife. Aber die Nase im Wind. Beispielsweise bei einem Spaziergang oder beim Betreten eines Blumengeschäfts.

WENN DU ES NICHT GELEBT HAST, KOMMT ES NICHT HERAUS AUS DEINEM HORN.

Charlie Parker

Horn hat Charlie gesagt, nicht Hirn. Aber gemeint hat er genau das. Wenn Tun und Wissen den Bund fürs Leben schließen, kommt nicht unbedingt immer ein harmonischer Klang heraus. Eine andere Erklärung für »nur wenn Leben reinkommt, kommt auch Leben raus«. Ein Leben, so seltsam, daß man sich stets von jedem falschen Ton gleich ins Bockshorn jagen läßt. Andererseits die beste Voraussetzung, um in Depression zu fallen. Also das Leben ignorieren, um es dann irgendwie zum Ausdruck zu bringen.

Der Meister hebt warnend den Finger: Lebe um dein Leben. Sonst erlebst du keine Wunder und findest nicht einmal den richtigen Ton.

ZENario:
Heute wollen wir mal was Ordentliches erleben. Z.B. Bügeln von Hemden, Blusen und Bügelfalten. Da ist ordentlich was los, wenn man dazu ein Gläschen Sekt und die richtige Musik hat.

PHANTASIE IST WICHTIGER ALS WISSEN.

Albert Einstein

Was sich auch auf letzte Erkenntnisse anwenden läßt. Auf Gedanken, die wir meist nicht zum Lachen finden, obwohl das, wenn wir denn den christlichen Versprechungen Glauben schenken, eine Erlösung sein soll. Jeder Gedanke an den Tod wird von uns als Hindernis empfunden. Also spricht niemand über den Tod – und auch nicht über das Leben danach. Ausgenommen die, die dafür bezahlt werden. Die haben dafür auch eine Kanzel und man blickt zu ihnen auf. Ist es dann passiert, blicken alle nach unten und wir haben keine Chance, noch mal kritische Fragen zu stellen. Und jahrelang haben wir mit vorbereiten, vorbereiten, vorbereiten eine tägliche Geschäftigkeit vorgetäuscht. Wozu hat das geführt?

Der Meister wackelt bedeutungsvoll mit dem Kopf: Dahin, daß die meisten von uns dem Tod völlig unvorbereitet gegenüberstehen.

ZENario:

Bekanntermaßen liegen Chemie und Wahnsinn nah beieinander. So wie Taschentuch und Kopftuch. Wir können uns zwar öffentlich das Ja-Wort geben, uns dem Beischlaf aber in aller Stille hingeben. Oder das Absurde zur Normalität machen.

DIE SEELE SOLLTE SINGEN – NICHT DER KÖRPER.

Luciano Pavarotti

Was nicht unbedingt etwas mit dem Körpergewicht zu tun hat. Aber zur Erklärung einige Anmerkungen, die der Tagespresse nicht so ohne weiteres zu entnehmen sind. Mustang erinnert den einen beispielsweise an Pferde, den anderen an legendäre amerikanische PS-Stärken. Den Meister erinnert es an eine tibetanische Region. Abgeschieden und nur in langen Reiseetappen zu erreichen. Eine Reise, die sich lohnt. Man weiß, wohin es geht. Man weiß aber nicht genau, wo man ankommt. Verblüfft stellt man nach Jahren fest, wie löchrig nicht nur die Schuhe geworden sind. Versuche, diese Tatsache zu leugnen und die Schuhe zu wechseln, sind allerdings sinnlos.

Der Meister macht einen Schritt nach vorn und blickt auf den Boden: Wenn die Seele nicht singt, hört man den Weg nicht.

ZENario:

ZEN betreiben wir eigentlich täglich. Wenn wir Fernsehen, eine Kaffeemaschine reparieren oder miteinander schlafen. Wir konzentrieren uns ganz auf das, was wir da gerade tun. Dieser Vorgang beinhaltet zweierlei: uns selbst und den betreffenden Gegenstand bzw. die Person. Beides verschmilzt zu einem, das wir nicht benennen können. Wir sollten uns einfach hin und wieder völlig vergessen.

WER STERNE SIEHT, LÜGT DAS BLAUE VOM HIMMEL.

Harald J.

Auch der beliebte und meist in geistiger Umnachtung (insbesondere von Männern) benutzte Ausspruch: »Ich hole dir die Sterne vom Himmel«, ist schlicht doof. Es liegt doch schon genug hier herum. Und das Fernsehen bietet pausenlos auf allen Kanälen Sternstunden. Warum also Anstrengungen der höheren Art unternehmen, die doch nicht ausreichend honoriert werden.

Das alles ist, sagt der Meister, wie ein Glas Mineralwasser. Je weniger wir darin rühren, desto mehr Luftbläschen bilden sich am Rand, und schon nach kurzer Zeit sprudeln die Bläschen nicht mehr durch das Glas, sondern die Klarheit des Wassers kommt zum Vorschein. Der Meister hält grinsend das Glas gegen den Himmel und ruft entzückt: Ich sehe Sterne!

ZENario:
Machen Sie einen Abendspaziergang und betrachten Sie (wenn der Himmel klar ist) die Sterne. Ein Blick nach oben kann zu einem schwebenden Gefühl verhelfen, ohne den Boden unter den Beinen zu verlieren. Bleiben Sie stehen, das hilft Ihnen. Sollte der nächtliche Himmel von Wolken verhangen sein, erkennen Sie, daß auch da oben nicht immer alles perfekt läuft.

WAS WÄRE ES DOCH FÜR EIN SEGEN, WENN WIR DIE OHREN SO MÜHELOS AUF- UND ZUMACHEN KÖNNTEN WIE DIE AUGEN! *G. C. Lichtenberg*

Wir trennen den Müll schon im Innenohr. Sortieren fremde Gedanken, wie die bunten Streusel beim Plätzchenbacken. Ein Intelligenzspiel für zwei und mehr Ohren und der Gewißheit, daß auch auf diesen Mai ein November folgt. Ja, ja, wir heißen euch hoffen, um es prosaisch ins Ohr zu rücken. Denn Ohren und Augen sind wie Nilpferd und Walfisch. Beides Bewohner der mehr oder weniger gleichen Region und doch weit voneinander entfernt in ihrer Wahrnehmung. Nicht zuletzt, weil der Walfisch nicht klettern kann, das Nilpferd nicht so tief tauchen. Zusammen wären sie ein ideales Paar – aber leider ist das nicht oft so. Zwei gewichtige Erkenntnisse, die bei Gott unter Naturschutz gestellt wurden.

Wenn Sie jetzt vermuten, der Meister und diese Gedanken wären nun doch etwas ins Schwimmen gekommen, so haben Sie recht. Absolut! Aber deshalb werden Sie nicht herausfinden, warum Sie, wenn Sie sehen, trotzdem nicht hören, und wenn Sie hören, möglicherweise etwas übersehen.

ZENario:
Suchen Sie nicht nur nach einem Luftloch, um sich für einen Augenblick fallen zu lassen.

W. CHURCHILL BETRAT DAS PODIUM. SCHRITT ZUM REDNERPULT UND SAGTE NUR EINEN SATZ: »YOUNG MEN, NEVER GIVE UP!« DANN NAHM ER EINEN SCHLUCK WASSER UND TRAT AB.

Winston Churchill

Eine Art Kriegserklärung an die innere Faulheit und an nachlassende Energien, wenn alles aussichtslos erscheint. Aber ungewöhnliche Erwartungen erfordern ebenso ungewöhnliche Anstrengungen. Mit anderen Worten: never give up! Auch nicht bei der sogenannten Erleuchtung. Würden wir nur einen Bruchteil der Zeit, die wir darauf verwenden, Geld zu verdienen, oder Mann oder Frau hinterherzuhecheln, für die Praxis der Meditation verwenden, dann wären wir in wenigen Jahren erleuchtet.

Und auf die Frage, was ist Erleuchtung, könnten wir gedankenverloren wie der Meister antworten: Wenn ich von einer Brücke, die schwankt, einen Kaugummi ins Wasser spucke und kurz darauf ein Goldfisch auftaucht und den Kaugummi ausspuckt.

ZENario:

Don't imitate – innovate, sagt Hugo (Boss). Ein Werbeslogan, der erkenntnisreich sein kann. Auch wenn dieser persönlich mir unbekannte Hugo nur imitiert, indem er weiterhin Jacken und Hosen schneidert, somit alten Ideen bloß neue Farben und Etiketten gibt. Dennoch: Don't imitate – innovate. Ein Beispiel wäre das Tragen zweier unterschiedlicher Schuhe zum gleichen Anlaß.

Liebe ist nur ein Boogie-Woogie der Hormone.

Henry Miller

Der Mann kannte sich bei rhythmischen Bewegungen aus. Und doch stolperte er wie viele andere mit den ersten Ermüdungserscheinungen über freilaufende weibliche Schnürsenkel. Dabei sind bekanntermaßen Boogie-Woogie Stücke nicht länger als drei Minuten. Auch der Taumel der Hormone dauert unwesentlich länger, aber das Ergebnis ist bekannt: die Kreuzung aus dem Wendekreis eines Lastzuges und dem des Krebses. In fulminanter Weise zu einer menschlichen Einheit verschmolzen, die uns hier und heute überhaupt nicht weiterhilft.

Es sei denn mit einer Anmerkung des Meisters: Man sollte sich nicht nur auf den Boogie-Woogie konzentrieren. Der Woogie-Boogie eröffnet evtl. neue belebende Entdeckungen für die Hormonie.

ZENario:
Für alle, die es genau wissen wollen. Schauen Sie auf die nächste Uhr und halten Sie die Zeit für einen Augenblick fest. Was halten Sie danach in der Hand?

GENAUIGKEIT IST NICHT WAHRHEIT.

Henry Matisse

Und die Buchstabenkombination Karriere nur ein zweifelhaftes Wort für unser tägliches Tun, wie Adorno es so schön formulierte: »Eitelkeit ist die Dummheit der Intellektuellen.« Und das Wort Genauigkeit, läßt sich hinzufügen, die brutalste Form der Geistlosigkeit. Genaugenommen ist alles nur exakt und immer wieder haarscharf daneben. Die Weinkönigin ist dann ganz im Gegensatz zu ihrem Titel ein lebenslustiges Kind ohne Traurigkeit. Es dreht sich immer nur um die Entscheidung zwischen Camembert und Ernie und Bert. Zwischen Genauigkeit und Wahrheit.

Das ist das Entscheidende, sagt der Meister, die immer wiederkehrende Entscheidung. Und vermeide herumzuzappeln, das ist wie das Herumsitzen und Schneiden von Weidenruten, die zur Züchtigung benutzt werden.

ZENario:
Gehen Sie für einige Zeit – es können Stunden sein – in ein Straßencafé. Setzen Sie sich an einen Tisch, und beobachten Sie bei einer Tasse Kaffee oder Tee, was alles passiert. Unterscheiden Sie die Handlungen der Passanten und sonstigen Gäste nach Genauigkeit und Wahrheit.

ES GIBT NUR EIN TEMPO, UND DAS IST DAS RICHTIGE.

Wilhelm Furtwängler

Was ohne Unterschied für Schildkröten und Porschefahrer gilt, um die Unwichtigsten unter den Betroffenen zu nennen. Aber das Tempo bestimmt nicht die PS-Zahl, nicht der Regierungspräsident und keine sonstige Macht. Das eigene Unvermögen treibt den Motor auf Tempo, zu Höchstleistungen und dem damit verbundenen Verschleiß. Und alles mit dem zweifelhaften Ziel, als erster anzukommen, um als letzter nichts zu verpassen. Was dann zur Folge hat, besonders schnell weiterfahren zu müssen, um wieder als erster anzukommen. Das sind unerkannte und behandlungswürdige Selbstmordsehnsüchte. Nur einer hat hierzu alle Berechtigung, der eilige Vater, der oft genug landebahnverdächtig schnell zu Erkenntnissen kommt, die uns das Fürchten lehren. Jungfräuliche Gedanken, die nur vermeintlich das richtige Tempo haben.

Pragmatisch vom Meister angemerkt die Worte: Wie komme ich am schnellsten weiter – spirituell gesprochen? Die Antwort: Im Stillstand!

ZENario:
Gehen Sie heute ausschließlich zu Fuß. Langsam und bedächtig. Im Gesundschritt tief durchatmend und stuhlgangfördernd.

STRESS SIND DIE HANDSCHELLEN,
DIE MAN AM HERZEN TRÄGT.

Helmut Qualtinger

Geschmiedet aus diesem immerwährenden halbbewußten Zwang, Unsterbliches zu hinterlassen. Von Kindern über Kunstwerke bis zu Briefmarkensammlungen. Der Künstler Hans Arp hatte dazu einen schönen Gedanken: »So wenig wie die Erde das Gras signiert, das aus ihr wächst, sollte der Künstler signieren, was ihm aus den Händen kommt. . .« Und da Joseph Beuys alle zu Künstlern erklärte, ist also die logische Konsequenz, daß ich und du, er und sie, quasi jedermann mit diesen Handschellen durchs Leben läuft. Dabei schlürfen wir uns die Unendlichkeit aus der Seele und fuchteln mit dem Unvermögen, wie mit einem Damoklesschwert. Wehmut zieht wie Küchenduft durch die Räume, ebenso wie alte Lieder von Dylan und Ginsberg, verheißen Unsterblichkeit als Trost. Irgendwann wird die Schwerkraft aufgehoben. Der Streß hat ein Ende, und man ist am Anfang, so man will.

Moment noch, wirft der Meister ein. Ein paar kurze Notizen noch aus der chinesischen Provinz: Das eigentlich Fesselnde am Leben sind nicht die Fesseln, sondern die Vorstellung, wie es ohne sie sein könnte.

ZENario:
Werfen Sie Ballast ab. Ein Wochenende lang aufräumen. Trennen und recyceln Sie Ihren Haushalt. Oder beginnen Sie mit einer Schublade, die Sie schon seit langem aufräumen wollten. Werfen Sie in jedem Fall Ballast ab.

AUS DER SCHULZEIT SIND MIR NUR DIE BILDUNGSLÜCKEN IN ERINNERUNG GEBLIEBEN.

Oskar Kokoschka

Gut so, denn beliebt sind in jedem Fall die Lücken, wie es viele Rätselhefte des alltäglichen Kiosklebens eindrucksvoll beweisen. Der oft geschmähte Lückenfüller ist demnach gar nicht so negativ, er kann hingegen zur Erkenntnis führen. Die Lücke in Bierd. . ..ckel ist ein grandioses Beispiel. Der eine schreibt ein ›e‹, der andere ein ›a‹. Unter vollem Einsatz der Erinnerung malte sich auch Oskar K. sein lückenhaftes Wissen aus. Mit bildschönem Erfolg, wie wir alle wissen.

Erinnerungen, so der Meister, sind wie alte Fernseher. Sie können uns nur eine vage und verschwommene Antwort geben.

ZENario:
Sie sehen nicht nur aus wie ein Hobby-Imker, Sie sind es von Natur aus. Furchtlos, unbestechlich und beim Frühstück unentbehrlich. Das ist Doping auf die ganz plumpe Art. Aber honigsüß haben wir uns alle soo lieb!

FORTSCHRITT IST BEWEGUNG. ABER BEWEGUNG ALLEIN BRINGT NOCH KEINEN PERSÖNLICHEN FORTSCHRITT.

Jules Parker

Eine ruhige Minute kann mehr in Bewegung setzen, als der Glaube an den Fortschritt. Es gibt Menschen, die sich darüber freuen, daß eine Rose Dornen hat. Andere darüber, daß die Dornen Rosen haben. Der Fortschritt besteht nun darin, beides wahrzunehmen. Ein zustimmendes Kopfnicken ist allerdings noch kein Fortschritt, der etwas bewegt. Solche Erkenntnisse sind wie der Klang eines großen Gongs. Er ist wunderbar und hilft, aufmerksam zu bleiben.

Dazu zitiert der Meister gern den Ausspruch eines Astronauten: Wer auf dem Mond gewesen ist, für den gibt es auf der Erde keine Ziele mehr. Fortschritt ist eine moderne Variante der Bewegungstherapie. Allerdings mit bekannten Risiken und Nebenwirkungen. Bleiben Sie mondsüchtig!

ZENario:
Kaufen Sie sich ein Puzzle. Kleben Sie den Karton kunstvoll zu, so daß ein ansehnliches Schmuckstück daraus wird. Legen Sie das dekorative Stück gut sichtbar irgendwo in Ihre Wohnung. Wenn Sie daran vorbeikommen, täglich dreimal, schütteln Sie die Schachtel und achten einige Augenblicke darauf, wie sich das Puzzle in Ihrem Kopf zusammensetzt.

Wer ist da? Nur ich. Oh, das ist überflüssig genug.

G. C. Lichtenberg

Der Künstler, befragt nach seinem Erfolgsgeheimnis, antwortet überraschend: »Das Weglassen!« Was bleibt dann noch, ist die automatisch darauffolgende Frage. »Das, was ist!« Und was ist das, fragt eine weitere Stimme. »Das, was bleibt!« Dabei blicken alle auf den verhüllten Körper einer Statue. Ein besonders wissensdurstiger Schüler fragt: »Das Holz ist viele Jahre gewachsen, wie deine Schüler. Was tust du mit ihnen?«

Der Meister blickt auf sein Werkzeug und antwortet: «Ich schlage alles ab, was nicht wie ein verhüllter Körper aussieht. Ich entferne alles, was nicht klar die Form zeigt.«

ZENario:

Stellen Sie sich vor, Sie hätten nur noch 6 Wochen zu leben. Schreiben Sie auf, was Ihnen in dieser Zeit wichtig wäre, was Sie noch erledigen und erleben wollen. Erleben und erledigen Sie es in dem Bewußtsein, Ihr Leben zu verlängern.

DER UNTERSCHIED ZWISCHEN MÖGLICH UND UNMÖGLICH BESTEHT BLOSS AUS ZWEI BUCHSTABEN.

N. N.

Ein Funke Überirdisches ist unentbehrlich für den Triebsatz zündender Ideen. Das sind die Möglichkeiten, die aus dem scheinbar Unmöglichen entstehen. So kann aus einem ganz normalen Ticket eine Eintrittskarte in die Zukunft werden. Aus einem anfangs unbedeutenden Gedanken eine Riesenidee. So war es möglich, daß Ringo Starr seine Bewunderung für Beethoven zum Ausdruck brachte. Und wir fanden es dann einfach unmöglich, daß er dabei nur an Beethovens Gedichte dachte.

Wenn man ein anderes Land betritt, aber nicht tief genug eindringt, spricht man von leichtem Gelände. Der Meister rührt, während er diese alte chinesische Kriegsweisheit zitiert, einen Joghurt, in Ermanglung eines Löffels mit seinem rechten Zeigefinger. Dann hält er den Finger in die Luft und wartet darauf, daß das Unmögliche geschieht.

ZENario:
Legen Sie heute kleine Pausen ein. Drücken Sie den Daumennagel gegen die Unterseite des Zeigefingers. So kräftig, daß ein leichter Schmerz entsteht. Dann zählen Sie von 10 bis 0 und lassen dabei den Druck langsam nach. Atmen Sie zugleich tief ein und aus. Konzentrieren Sie sich auf das Zählen und Atmen. Sie ganz allein haben Ihre Entspannung in der Hand. . .

ICH WAR DER BESTE, DEN ICH JEMALS HATTE.

Woody Allen

Eine gesunde Selbstüberschätzung hat noch nie geschadet. Vorausgesetzt, sie wird von vielen Menschen Ihrer Umgebung wahrgenommen und gewürdigt. Andererseits schaden Sie sich nur selbst. Und versäumen Sie nicht, wenn Sie sich in Tagen der Selbstüberschätzung für den Besten halten, auch den Schlechtesten zu suchen – Ihr Gegenüber. Ohne diese Person sind Sie unvollständig. Ganz sicher werden Sie von Zeit zu Zeit auch die Rollen tauschen. Niemand reagiert auf das, was tatsächlich geschieht. Die Vorstellungen machen die Wahrheit aus, bis sie durch eine neue Wahrheit ersetzt werden. Das Beste ist, man begibt sich rechtzeitig auf eine lange Reise – fort von der Insel, die Ego heißt.

ZENario:

Nehmen Sie ein Lexikon und blättern Sie durch die Namen und Erfindungen, die darin erwähnt und erklärt werden. Betrachten Sie sich und Ihre Leistungen aus einem neuen Blickwinkel.

DER MENSCH HAT NUR ZWEI BREMSEN: DIE SCHAM UND DIE POLIZEI.

Earl Carter

Schamlos hingegen, was uns an Nachrichten aus dem Fuckingham Palace erreicht. Nicht der oder Di bewegen die Gemüter. Nein, es ist die erotische Bremsspur einer gewissen Fergie. Jene Dame, die vom Geheimdienst ihrer Majestät überprüft wurde, ob sie auch eine virgo intacta besaß. Dann kam »Donnerschenkel« mit der Bemerkung über den Sex ihres Gatten ins Gerede: »Sein Sex ist der beste. Er hat noch immer sehr viel Phantasie, aber eher wie eine Maschine, die nie aufhört.« Die Polizei hält sich da raus, und Spötter erwähnen nur den sprichwörtlichen Gummiknüppel. Bekanntermaßen ist ja ein Bobby in England nur damit bewaffnet.

Es ist wie bei jenen Menschen, sagt der Meister – übrigens very amused –, die aus dem Leben in den Sex flüchten. Menschen, die sich eigentlich vor ihren Schritten fürchten. Die es vermeiden, zu gehen. Die ab sofort laufen, womit sie ihre Schritte vermehren, um gleichzeitig die Spur zu verringern. In Wirklichkeit aber bleiben sie stehen. Schamlos und mit ungebremstem Schaum...

ZENario:
Genießen Sie heute einen ausgewählt guten Tropfen. Es kann Wein, aber auch Champagner sein – ganz nach Ihrem Geschmack. Und fragen Sie sich dann einmal ernsthaft: Haben längere Korken einen tieferen Sinn?

DISNEYLAND IST DIE GRÖSSTE MAUSEFALLE, DIE EIN MENSCH JE GEBAUT HAT.

Anonym

»Cheese!« ist dabei nicht nur wichtiger Bestandteil führender Mausefallen, sondern auch das Wort hinter und vor klickenden Kameras. Wie klingt dagegen ein deutsches Scheiße, das niemand gern sagt, nur um den weltberühmten grimassierenden Effekt in die Mundwinkel zu bekommen. Aber so ist das mit dem Lachen und dem Lächeln. Das ganze Leben als amerikanische Mausefalle. Große Ohren machen und die Gefühle watscheln lassen, bis alle in der Falle sitzen. Wenn wir zum Beispiel die kleine Computer-Maus in die Hand nehmen. Das ist die multimediale Mausefalle. Wir müssen nur das Denken einstellen, und schon sind wir gefangen. Die klassische Form der Mausefalle ist aber immer noch, wenn die Gedanken zuschnappen und das Papier auffressen. Zwischen Mäusen und Menschen besteht darin also kein Unterschied. Die Fallen sehen nur anders aus.

ZENario:
Wie geht man, ohne daß es ungesunde Folgen hat, in die Fallen des täglichen Lebens? Mit aufrechter Körperhaltung und dem richtigen Atem. So einfach kann es sein. Schwerer ist das schon im Lotus-Sitz. Die Autofans wissen natürlich, daß auch in einem Lotus-Sportwagen zu sitzen, etwas Schönes sein kann.

AM LIEBSTEN BIN ICH RATLOS.

Dieter Kronzucker

Wir wissen ja alle seit den späten Sechzigern und frühen Siebzigern: Ratschläge sind auch Schläge. Selbst Panzerglas-Gefühle können sich letztlich dieser Gesetzmäßigkeit nicht entziehen. Auch eine diskret angebrachte 220-Volt-Leitung führt dabei zu keiner weiterreichenden Erleuchtung. Denn wo keine Lampe ist, scheint auch kein Licht im Tunnel. Also stehen wir ratlos im Dunkeln der Gefühle und kommen wie Millionen rechtschaffender Menschen zu spät und vom übermäßigen Genuß fremder Gedanken übermüdet ins Büro. So ein bißchen ratlos ist wie ein bißchen schwanger, wie Sperma light: macht schwanger, aber nicht dick!

Ratlosigkeit ist die beste Voraussetzung für die Erleuchtung, sagt der Meister. Ratlosigkeit ist wie geistige Schwangerschaft. Meist folgt eine Geburt.

ZENario:
Kaufen Sie sich in einer gut sortierten Buchhandlung einen Ratgeber. »Schöner in 5 Minuten« oder: »Besser reden, besser schlafen«. Es gibt so viele Möglichkeiten, der Ratlosigkeit ein Schnippchen zu schlagen. Beraten Sie sich, wo Ihre Ratlosigkeit mit welchem Sachbuch gut beraten sein könnte.

UNTERLEGEN IST MAN IM LEBEN ERST DANN, WENN MAN SEINE SELBSTACHTUNG DEFINITIV VERLOREN HAT.

Marcel Proust

Ein winziger Anlaß genügt, und schon zeigt das Ego lächerlich und gefährlich seine wahren Schwächen. Der Mythos vom starken Mann oder der starken Frau löst sich auf, und zum Vorschein kommt das Auslaufmodell der Mittelklasse. Sprachlosigkeit verschafft sich dann mit unkontrolliertem Herumprügeln auf der Selbstachtung und dem definitiven Verlust zur Selbsthilfe Ausdruck. Man fühlt sich unterlegen und spürt die Überlegenheit der Gefühle. Was ist passiert? Nichts, außer daß unser Hormonhaushalt nun von der Seele regiert wird. Die Selbstachtung ist folglich eine wilde Gebärde gegenüber der eigenen Schwäche. Sorgen wir also für Stärke zu allen Zeiten. Sonst ist es so, als wenn man den Verstand verloren hat.

Oder wie der Meister es beschreibt: Wir funktionieren zu digital, also: entweder – oder. Was uns fehlt, ist ein Schieberegler für die Gefühle.

ZENario:
Fasten Sie nur einen Tag. Spüren Sie alle körperlichen Reaktionen, die damit verbunden sind. Ihr Bewußtseinszustand wird ein anderer sein. Kleiner Nebeneffekt: Auch die Waage in Ihrem Badezimmer zeigt Bewegung an.

Juni

HUMOR IST DER KNOPF, DER VERHINDERT,
DASS UNS DER KRAGEN PLATZT.

Joachim Ringelnatz

OBEN GEHÖRE ICH DEM ZDF, UNTEN GEHÖRE ICH MIR.

Ulrike von Möllendorf

Es gibt Menschen, die gewähren tiefe Einblicke in ihr Seelenleben. So wie Mr. Gillette, der einen sozialistischen Reformentwurf im Jahre 1894 veröffentlichte und baden ging. Naßrasierer sollten ihm dafür dankbar sein. Denn so erfand er den Rasierapparat mit Wegwerfklinge. Menschlicher Geist ist eben zu vielem fähig. Beim ZDF und anderswo. Wir wissen, daß viele Damen dazu neigen, die Körperhaare z.B. von den Beinen zu entfernen. Es wäre sinnvoll, darüber nachzudenken, ob ein derartiges Ritual nicht auch für den einen oder andern Gedanken ganz praktisch wäre. Das Denken an sich ist ja nichts Schlimmes, aber was teilweise dabei herauskommt, gehört wirklich nicht ins Fernsehen, mit spitzem Mund abgelesen und zu Gehör gebracht. All denen, die oben noch sich selbst gehören und unten über eingeschlafene Füße lamentieren, kann man nur empfehlen, das Programm zu wechseln.

ZENario:
Im Sinne des Altbundeskanzlers Schmidt legen wir heute mal einen Radiotag ein. Wer gut zuhört, muß nicht fernsehen.

DIE VERNUNFT SPRICHT LEISE.

Vilim Vasa

Da gibt es zahllose laute Neuigkeiten, die uns den Eindruck vermitteln sollen, daß wir das Wichtigste verpassen. Von interaktiven Cyberspace-Toiletten bis zum Mehrfrucht-Camembert auf CD-Rom. All das kommt laut tönend daher und nicht der leiseste Zweifel wird zugelassen. Das ist heute und Zweifler sind von gestern. Wer aber keine Zweifel mehr anmeldet, wird irgendwann zugeben müssen, daß er gedanklich pleite ist. Denn die ganze Zeit war da noch ein vernünftiges Wort im Raum. Nicht visionär, sondern von gestern und von Theodor Fontane: Man muß das Neue ja nicht lieben. Aber man muß es leben! So wünschen wir Tag für Tag unseren PC's – leise – einen guten Morgen, und danach spricht niemand mehr – geschweige denn die Vernunft.

ZENario:
Greifen Sie zur Flasche. Hochprozentiger Isopropyl-Alkohol wird für mehr Durchblick sorgen. Reinigen Sie damit den Monitor Ihres Computers oder den Schirm Ihres TV-Gerätes. Besitzen Sie weder das eine noch das andere, reinigen Sie Ihre Brille. . . wie bitte? – Aber eine Sonnenbrille werden Sie doch wenigstens haben?!

MAN SOLLTE NICHT ALLES TUN, WAS LEICHT ZU TUN IST.

Voltaire

Im Mantel und mit Schal dem Winter trotzen ist natürlich leicht. Aber wie ein Yogi nackt im Schnee sitzen (was innerorts ohnehin schwierig sein dürfte), erfordert Überwindung. Kraft, die nicht allen gegeben ist. Nur robusten Naturen kann dazu geraten werden. Hingegen ist es ganz leicht, das Leben eiskalt zu meistern. Vorausgesetzt, man konzentriert sich mit einer Leichtigkeit auf alles, was dabei nicht hinderlich ist. Aber nicht alles, was das Leben erleichtert, sollte unser Leben bestimmen. Wenn der Wind heult, sollte man nicht gleich einstimmen, sondern hin und wieder auch mal kräftig dagegenblasen. Nicht alles, was sich anbietet, empfiehlt sich auch. Beim blinden Vorwärtsdrang könnte man Wichtiges übersehen – insbesondere beim Umgehen von Hindernissen.

Der Meister legt den Kopf zur Seite und fragt: Aber warum soll ich mir das Leben schwer machen, wenn es auch ganz leicht danebengehen kann?

ZENario:
Lassen Sie heute ein paar der üblichen Annehmlichkeiten bewußt ausfallen. Gehen Sie nicht essen – kochen Sie selbst. Ihnen fallen bestimmt noch andere Dinge ein, auf die man gut und gerne gelegentlich verzichten kann.

KUNST SOLL NICHT DAS SICHTBARE ABBILDEN;
ES SOLL SICHTBAR MACHEN.

Paul Klee

Die Kunst besteht nun darin, nicht das Bekannte zu zeigen, sondern es nicht sichtbar werden zu lassen durch das, was man zeigt. So kann man das betonen, was man eigentlich sehen soll. Oder einfach und praktisch ausgedrückt, stellen Sie sich Museen, Bilder, Rahmen vor, die keine Bilder zeigen, sondern Worte der Beschreibung. So können die schönsten Bilder entstehen. Jeder wandert beim Betrachten durch sein eigenes Museum. Nehmen wir als Beispiel folgendes Bild: Marylin Monroe auf einem U-Bahn-Schacht stehend. Spüren Sie den Windhauch, fliegen Ihre Gedanken? Sie sind der Regisseur.

Der Meister dreht gern an seinem Fernseher Farbe, Kontrast und Helligkeit weg. Der Ton läuft dann zu einem Film im Kopf. Kleine Meisterwerke, die unser Innerstes bildschön sichtbar machen.

ZENario:
Verbinden Sie sich für eine Stunde die Augen. Machen Sie dann so weiter wie bisher. Tun Sie all die Dinge, die Sie ohnehin erledigen wollten. Vom Spülen bis zum Fernsehen. Sie werden »sehen«, daß Sie mehr sehen und gleichzeitig eine wichtige Übung zur »neuen OHRientierung« erleben.

ABER RENNEN SIE DOCH BITTE NICHT DAUERND ÜBER DIE TANZFLÄCHE.

Ansager auf einem Ball der einsamen Herzen

Beachten Sie bitte die paarweise vorgeschriebene Schrittfolge. Und benutzen Sie die Telefone auf Ihren Tischen zur Kontaktaufnahme. Schönen Abend noch! So kann es gehen – oder aber besser nicht. Gefühle zum Abtanzen ab 56 und älter. Breite Scheitel und alte Schlager mischen sich unter die Feinripp-Pärchen beim Ententanz. Ja jetzt wird wieder in die Hände gespuckt! Haben Sie diese Szenen erlebt oder zumindest erzählt bekommen? So entstehen Visionen, die uns später einmal den Weg versperren, um noch ein bißchen zu leben. Wer heute keine Lurexkleider mag, kann dennoch morgen das Tanzen lernen. Lassen wir uns nicht von irgendwelchen Kapellmeistern den Takt vorschreiben. Da, wo wir sind, spielt die Musik, und mag sie noch so schräg sein. Und da, wo wir gehen, geht die Post ab. Einsame Herzen kennen keinen Weinzwang. Taschentücher bleiben zu Hause.

ZENario:

Gönnen Sie sich heute einen schönen Tag. Einen ganz normalen Tag. Beginnen Sie am Morgen vor dem Spiegel mit den Worten: Schön, daß Sie da sind! Begegnen Sie sich den restlichen Tag ebenfalls in respektvoller Distanz.

GERÜCHTE SIND DIE RAUCHFAHNEN DER WAHRHEIT.

Anonym

Das gemeine Gerücht ist wie ein Kinofilm. Es läuft kurze Zeit mit mehr oder weniger Erfolg. Bietet die Möglichkeit, mehrere Bilder pro Sekunde zu betrachten und ist immer gut genug, um im Dunkeln für neue Gerüchte zu sorgen. Entzündet sich nun ein Gedanke an diesem Zelluloid der Gehässigkeiten, fängt Feuer und verbrennt laut knisternd und stinkend zum Himmel, entsteht eine Rauchfahne, die weithin zu sehen ist. Soweit die Theorie. Die Wahrheit ist, der Hinweis auf eine Rauchfahne könnte ein Gerücht sein und die Suche danach die Wahrheit. Der Wunsch nach einem Gerücht kann jederzeit erfüllt werden. Auch als Rauchfahne, so setzte der italienische Dichter D'Annunzio die Nachricht seines Todes publikumswirksam als Gerücht ein. Mark Twain hingegen kommentierte ähnliches folgendermaßen: Die Gerüchte über mein Ableben sind stark übertrieben.

Hinweis des Meisters: Hauptsache, die Wahrheit verschwindet nicht im Nebel der Rauchfahnen.

ZENario:
Bei wem müssen Sie sich noch entschuldigen? Eine beliebte Zeile aus Fragebogen für Prominente. Also bei wem? Reden Sie sich nicht damit heraus, Sie seien nicht prominent genug, um sich zu entschuldigen.

DER WEISHEIT ANFANG IST DER ZWEIFEL.

Aristoteles

Wer sein Wissen bei jeder Gelegenheit unter die Leute bringt, wird von ihnen wie hinter Milchglas wahrgenommen. Keiner ist wissensdurstig, alle wollen nur trinken, um nicht zu verdursten. Es gilt also zu entdecken, daß Weisheit wie nasser Asphalt glänzt. Die eigentliche Weisheit liegt am Ende der Straße, irgendwo dahinten, wo die geistige Kurzatmigkeit einem tiefen Durchatmen gewichen ist. Aber bleiben wir schön hier vorne am Straßenrand und skelettieren uns wie beim Fischessen mit anfänglichen Selbstzweifeln. Am Ende können wir trotzdem sagen, es hat gemundet.

Zweifelsohne, fügt der Meister hinzu, zweifelsohne!

ZENario:

Die Kurzform des Zweifels ist bekanntlich die Eifel. Ein schönes Mittelgebirge hinter Köln. Damit Sie nicht verzweifeln bei meinem Appell, in die Berge zu fahren und einen Gipfel zu erstürmen, darf es auch der Hügel gleich nebenan sein. Aber ein Gipfel sollte es schon sein. Dort oben ist man für Augenblicke der Weisheit näher.

WER NACH DEN STERNEN GREIFEN WILL, MUSS SICH AUF DIE ZEHENSPITZEN STELLEN.

Hobby-Astronom

Das zeugt von Größe. Auch lohnt es sich, am Champagner-Regal weit nach oben zu greifen. Dort, wo der Hausherr die besseren Tropfen deponiert, bis eine ihm genehme Sternstunde anbricht. Aber Vorsicht bei Unterarmschweiß und feuchten Fingern. Das Risiko, nach den Sternen zu greifen, ist immer sehr hoch. Aber selbst die amerikanischen Astronauten kamen nur bis zum Mond und nicht bis zu den Sternen. Eine Erfahrung, die um Lichtjahre zurückwerfen kann. Und dann beginnt wieder alles von vorn. Ein Trost ist, daß, wer Sterne sieht, unter Umständen nichts mehr im Griff hat.

ZENario:
Entwerfen Sie sich eine Visitenkarte. Falls Sie noch keine haben, wird es Zeit. Haben Sie schon eine, versuchen Sie es mit einem neuen Format oder einer anderen Schrift. Machen Sie sich bemerkbar. Jeder neue Tag tut es auch, wenn die Sonne aufgeht.

EIN FRAUENHAAR ZIEHT MEHR ALS EIN OCHSENGESPANN.

Italienisches Sprichwort

Das werden Männer mit Erfahrung bestätigen wollen. Besonders nach der gemeinsamen Verkostung von flüssigem »Stöffche« mit 42 Umdrehungen bei Kerzenlicht. Für unkundige Thekenfreunde, es handelt sich um Hochprozentiges. Da ziehen viele Frauen mehr, als dem anwesenden Herrn gesund tut. Später finden beide dann kein Haar mehr in der Suppe – und den Ausgang meistens auch nicht. Ein Spiel, das von führenden Machos, nüchtern betrachtet, am nächsten Morgen Trivial-Pursuit genannt wird. Also ein weiterer Band aus der Sammlung Lebenslügen. So ein Frauenhaar zieht eben vieles nach sich. Auch in der Hühnersuppe beim mittäglichen Debakel deutscher Küchenkunst.

Aber was ziehen wir nun für eine wichtige Erkenntnis aus diesen verwirrenden Worten, Meister? Seine Antwort ist eindeutig: Iß die Hühnersuppe, und suche nicht immer nach einem Haar.

ZENario:
Versuchen Sie, sich eine Woche besonders gesund zu ernähren. Mit Müsli und Bio-Brot, mit allem, was Naturkost-Apostel empfehlen. Gehen Sie in einen entsprechenden Laden und kaufen Sie ein, was Ihre Zunge an Neuem entdecken kann. Freuen Sie sich mit Heißhunger dann auf das dicke Steak nächste Woche.

DIE HÖLLE IST EIN ORT, WO FRAUEN OHNE SPIEGEL, MÄNNER OHNE SELBSTACHTUNG UND UHREN OHNE ZEIGER AUSKOMMEN. *Jean-Paul Sartre*

Dazu eine kleine Geschichte:
Eine alte Standuhr beruhigte seit Jahren mit dem Geräusch der Glocke beim Schlagen der Stunden. Bei jedem Glockenschlag spürten alle die Geschichte, die in dieser Uhr wohnte. Und jeder begegnete diesem Erbstück mit Respekt. Bis Ungenauigkeiten mehr Komplikationen brachten, als gemeinhin von einer Uhr zu erwarten sind. Die Beschwerden der Familienmitglieder führten letztlich dazu, daß eines Morgens ein Zettel auf dem Zifferblatt klebte. Die handschriftliche Aufschrift: Repariert! Nach dem Entfernen des Zettels fielen die Blicke auf das Zifferblatt ohne Zeiger. Mit einem dicken Stift war quer darübergeschrieben: Es ist Zeit!

ZENario:
Bereiten Sie sich oder Freunden ein Candlelight-Dinner. Mit mehreren Gängen, die nicht nur leicht zuzubereiten sind, sondern im wahrsten Sinne light überzeugen. Sie können das Ganze dann auch ein Bindestrich-Dinner nennen.

DAS WICHTIGSTE IM FILM IST DAS, WAS MAN NICHT ZEIGT.

Claude Chabrol

Das ist im richtigen Leben nicht anders. Während das Fräulein Tochter in gutgehenden Familien abendlich pianiert, übt sich der Herr des Hauses – was man nicht sieht – in Laubsägearbeiten. So sägt sich die Idylle durch das Jahr, und dahinter steckt ein Regisseur, der sich das mit brutaler Humorgewalt ausgedacht hat. Wir, das Publikum, unterhalten uns köstlich und treten danach tief unbefriedigt hinaus auf die Lindenstraße, um im schwachen Schein einer Straßenlaterne zu erkennen: Das Leben ist tatsächlich so. Aber warum ist das Leben nicht fernsehtauglich und das Fernsehen so leblos? Fragen über Fragen, die in Filmen beantwortet werden. So wie von der Spül- und Zugeh-Frau Somat, die wieder mal unverfroren was Tolles vom Nachbarn und seinen sauberen Gläsern erzählt. Ganz lebensnah, bis es der Regisseur im Off mit einem verräterischen »Gestorben« beendet! Ja, das Leben ist für viele schon ein überraschendes Surrogat-Extrakt.

ZENario:
Stellen Sie heute mal ungewöhnliche Fragen, die andere aus der Routine bringen. Den Metzger mit der Frage, warum der Stempel auf dem Fleisch blau ist. Den Postbeamten mit dem Hinweis, er möge doch den Preis von der Briefmarke entfernen, es solle ein Geschenk sein. Raus aus der Routine – rein ins Vergnügen, das Leben heißt!

UNKRAUT JÄTEN IST ZENSUR AN DER NATUR.

Oskar Kokoschka

Krümel sind Delikatessen für Oskar aus der Sesamstraße und ein Greuel für die züchtige Hausfrau. Diese Weisheit ist aber Unkraut für die Frauenbewegung. Der Gedanke würde bei Alice und Emma selbstmurmelnd der Zensur zur Schere fallen. Rhythmus, Schnitt und Tempo der Weltgeschichte um Mann und Frau sind wie Unkraut, Zensur und Natur. Eine Art Dreispitz der Zufälligkeiten, bei dem jeder sein Plätzchen bekommt. Vernichtet also nicht Unkraut oder Chauvies. Übt keine Zensur. Das richtet sich alles, wie das Unkraut im Wind, von selbst wieder auf.

Allerdings, sagt der Meister, bei allen Scherzen, der Mond ist weiblich in den zivilisierteren Sprachen!

ZENario:
Vor einer Pistole sind alle Menschen gleich, hat einmal ein kluger Mensch oder Mafiosi gesagt. Den Tag beginnen ebenfalls alle gleich, mit Erwartung. Aber nicht alle liegen am Abend erschossen vor dem Fernseher.

DU HAST IMMER DEN FEHLER GEMACHT,
IMMER DU SELBST ZU SEIN.

Eugène Ionesco

Dabei könnte eine andere Rolle zu ganz neuen Erkenntnissen führen. Es muß zwar nicht gleich die Prinzenrolle mit Haselnüssen sein (obwohl die ja bekanntlich »geil« schmeckt). Es kann schon ein kleiner Seitenwechsel den Blick nach vorn öffnen. Sich von liebgewordenen Denkgewohnheiten (dem du selbst sein) verabschieden und mal von außen betrachten. Muß denn immer die Anstrengung darin bestehen, fehlerlos zu erscheinen? Könnte nicht das ungeschminkte Gesicht oder die Hose ohne Bügelfalte so unwichtig wie nur was sein? Wenn der Papst stets und überall von Kondomen abrät, dann ist das sein Problem. Er wird schon merken, was er davon hat. Der Mann arbeitet mit vollem Risiko! Wir hingegen gummieren jeden Gedanken mit Sex. So (k)lebt es sich besser und sicherer.

Der Meister bricht in Lachen aus und sagt: Ich dachte gerade, der Finger, der die Nase trifft, sollte der eigene sein.

ZENario:
Bereiten Sie sich auf den Winter vor, auch wenn die Herbstsonne noch wärmt. Nehmen Sie sich ein Beispiel an der Tierwelt. Die erfriert auch nicht in letzter Minute, sondern sorgt vor. Gehen Sie nicht über Ihren Bankauszug, gehen Sie gleich los. Kaufen Sie Wärmendes: Alkoholika, Kleidung und ein gutes Buch voller Ratschläge, die Sie ohne seelische Erfrierungen über den Winter bingen.

DIE LIEBE IST EIN STERN IN EINEM HAUFEN MIST.

Heinrich Heine

Frauen werden Herrn Heine recht geben, wenn sie gerade mal wieder einen typischen Mistkerl vor die Tür gesetzt haben. Und die Herren, die so gern von einem Miststück sprechen, werden auch wissen, warum die Liebe hin und wieder hinfällt. Beim Aufschlag sieht man dann Sterne, und das ist förderlich für die Hoffnung auf eine neue Liebe. Letztendlich wird der Misthaufen unseres Lebens so immer größer. Und irgendwann stehen wir bis zum Hals in der Scheiße. Meist ist es dann aber wieder die Frau bzw. der Mann, die uns da herausziehen.

Der Meister hat sich übrigens nie verliebt. Aber viel Mist produziert, sagt er. Und Mist produziert neben Gestank auch viel Wärme. Das ist das beste daran und wird meist vergessen.

ZENario:
Trennen Sie sich von etwas, das Sie in rauhen Mengen haben. Eine Streichholzsammlung, Schallplatten, Hotelhandtücher oder was sich für Sie anbietet. Schmuck- oder Uhrensammlungen sollten Sie, statt im Mülleimer oder auf dem Flohmarkt, bei einer Person Ihres Vertrauens deponieren. Manche Dinge sind um so schöner, je länger man darauf verzichtet.

DENKEN IST REDEN MIT SICH SELBST.

Immanuel Kant

Diese Fähigkeit ist wie eine Überquerung des eigenen Äquators. Aber nur dann, wenn man es bewußt und nicht zufällig tut. Eine ganz normale Form der Selbsterfahrung. Beispielsweise wenn Sie vor der Entscheidung stehen, ob Sie sich eine Tätowierung zulegen oder einen Ohrring. Die Diskussion mit sich zum Thema Ohrring beginnen Sie mit der Frage, welches Ohr dafür geeignet wäre. Tragen Sie dann nach langen inneren Kämpfen und Überlegungen eines Tages den Ring im rechten Ohr und erfahren, daß das ein Erkennungszeichen unter schwulen Männern ist, können Sie Ihr Leben ändern. Oder in eine tiefe Depression fallen, die Geldausgabe bereuen und den Ring nicht mehr tragen. Überqueren Sie allerdings ganz gezielt Ihren inneren Äquator, könnte die Antwort auch lauten: Ich schlafe meist auf dem linken Ohr.

Und was ist mit der Tätowierung, fragt der Meister?

ZENario:

Überlegen Sie sich Gründe, warum Sie eine Tätowierung brauchen. Entscheiden Sie über die Stelle Ihres Körpers, die schon immer darauf gewartet hat, betont zu werden. Kaufen Sie sich ein Abzieh-Tattoo und kleben Sie es dort auf.

WER STROPHEN LIEBT, DER LIEBT AUCH KATASTROPHEN;
WER FÜR STATUEN IST, MUSS AUCH FÜR TRÜMMER SEIN.

Gottfried Benn

Schicksalsschläge können Träume zertrümmern und Bilder versinken lassen. So wie ein Fleck auf der Tischdecke die Ordnung aufheben kann. Wir sollten aber mit besonderen Situationen gelegentlich auch besonders umgehen. Warum nicht Größe zeigen im Schmerz und damit ein Gesehenwerden erreichen? Also sich nicht unter den Trümmern verkriechen und die nächsten »Einschläge« abwarten. Das Entscheidende nämlich ist, alles zu sehen – das Vorher und das Jetzt. Marlene im Blauen Engel und als alte, ungenießbare Diva. Katastrophen und Trümmer liegen zu lassen ist eine besondere Kunst. Wer verlangt denn, daß wir immer gleich alles beiseite räumen? Der Fleck auf der Decke ist auch ein Stück Überleben. Und zwei Strophen der Fischer-Chöre können eine schöne Katastrophe sein.

ZENario:
Zerstören Sie heute etwas, das Sie schon lange begleitet. Eine Vase, ein Poster, ein Ärgernis. Trennen Sie sich von Statuen Ihres Alltags und legen Sie die innere Verbindung in Trümmer. Tun Sie es mit einem befreienden Lachen.

MAN SPRICHT SELTEN ÜBER DAS SUCHEN. ABER OFT ÜBER DAS, WAS MAN MEINT, GEFUNDEN ZU HABEN.

Yoshi

So findet man dies nicht gut und jenes nicht richtig. Diesen Film schlecht und einen anderen phänomenal. Erkenntnisse, zu denen man gekommen ist, weil man sie per Zufall gefunden hat. Dennoch war es bis dahin ein weiter Weg. Ein Schriftsteller wurde gefragt, wie lange er gebraucht hat, die 500 Seiten seines Bestsellers zu schreiben. Die Antwort beschrieb die Suche. Ich mußte zur Schule gehen und schreiben lernen, lesen lernen, denken lernen, so gut es ging, und viel erleben, bis ich jetzt mit 45 Jahren diese 500 Seiten füllen konnte. Also habe ich 45 Jahre benötigt, um das Buch zu schreiben.

Ja, ja, schmunzelt der Meister. Das ist wie beim Fußnägelbeißen. Man muß dabei in Kauf nehmen, daß man sich in die Zehen beißt. Aber Erkenntnisse wachsen nicht auf Bäumen, sonst bräuchte man ja nur die Hand auszustrecken.

ZENario:
Machen Sie heute eine Wettervorhersage. Beobachten Sie den Himmel, die Temperatur, das Barometer. Schreiben Sie Ihre Wettervorhersage auf, und prüfen Sie am nächsten Tag, wie recht Sie haben. Ab übermorgen machen Sie das immer so. Dann wissen Sie auch, was kommt, und müssen sich nicht auf fremde Leute verlassen.

NICHTS GESCHIEHT OHNE RISIKO. ABER OHNE RISIKO GESCHIEHT AUCH NICHTS.

Walter Scheel

»Erich, aufstehen – Karriere machen!« soll die Frau eines Freien Demokraten ihren Mann stets geweckt haben. Überlegte Äußerungen machten also die Liberalen zu aufgeweckten Demokraten. Nun zeigt sich aber gerade an diesem Beispiel, daß eine erhöhte Risikobereitschaft auf Dauer Folgen hat – wenn auch nicht immer die besten. Risiko ist nichts anderes als Un-Mut. Ein Wort, das verlorengegangen zu sein scheint, ebenso wie Mut. Die Erklärung dafür: klare Vorstellungen erzeugen eine klare Sprache. Und das ist nicht nur in der Politik ein Risiko. Bevor es dann endgültig ausgesprochen wird, oder man nicht weiter weiß, macht der eine oder andere lieber drei Punkte am Ende der Aussage. Die Freien Demokraten (damit wären wir nach dieser geistigen Linkskurve wieder beim Thema) haben diese drei Punkte zum Programm gemacht.

Der Meister lächelt über diese westliche Form der Sprachlosigkeit.

ZENario:
Planen Sie einen Urlaub! Ein Wochenende oder drei Wochen lang. Es gilt keine Ausrede. Planen Sie sofort, und gehen Sie das kleine Risiko ein, aus einem Traum zu erwachen. Bringen Sie es auf den Punkt.

ALLER GUTEN DINGE SIND DREI: TÄUSCHUNG, SEHNSUCHT, ANALYSE.

Anonym

Und alles gut gemixt mit einer Prise Risiko. Getäuscht von den eigenen Erwartungen, entwickeln wir Sehnsüchte, die wiederum oftmals in Täuschungen enden. Das alles führt zu einer Analyse des eigenen Verhaltens und einem kritischen Blick zurück. Man verlangt Antworten und bekommt erschreckende Erkenntnisse. Jetzt nur nicht die Sprache verlieren, um Fragen zu stellen. Denn die Fragen zeigen, wer du bist, wo du stehst und im Augenblick auch, wo du sitzt. Formuliere deine Erwartungen, Fragen und Wünsche. Und riskiere das zweite Risiko: Deine Fragen könnten beantwortet, dein Wunsch erfüllt werden.

Dann hast du ein Problem, ergänzt der Meister. Du weißt nicht, ist es eine Täuschung, weckt es neue Sehnsüchte oder taugt es nur zu einer Analyse.

ZENario:
Wenn aller guten Dinge drei sind, sollten Sie mal drei Dinge lassen: Rauchen, Alkohol und Fett. Und das in jeder Form, zu jeder Zeit, für eine ganze Weile.

FLIEGEN AUF WEISSEN HEMDEN SIND OFT NUR WARTESCHLEIFEN.

W. E. Schneider-Mombaur

Unser Leben ist eine einzige Warteschlange. An der Straßenbahn morgens, vor dem Kino abends. Beim Kaufmann an der Kasse und beim Haareschneiden. Wir warten zu oft, statt voranzuschreiten. Damit ist nicht nur die körperliche Beweglichkeit gemeint. Auch das Warten im Kopf schlägt die Zeit tot. Aber wenn der Kopf weiter ist als die Beine, stolpern bequeme Angewohnheiten. Das ist das beste, was uns passieren kann. Darauf kann man jedoch nicht ewig warten. Es sei denn, man lebt als Herr der Fliegen und betrachtet das Leben summa summarum abwartend aus der Sicht des sich Gleitenlassens, ohne das Wesentliche aus dem Blick zu verlieren.

ZENario:
Sehen Sie sich heute abend auf einem der zahlreichen Fernsehkanäle einen alten Schwarzweißfilm an. Den ältesten, den Sie finden. Notieren Sie sich währenddessen Sätze (die sie bewußter wahrnehmen als andere) aus Dialogen oder Monologen. Zum Schluß entscheiden Sie sich für einen Satz. Denken Sie beim Einschlafen über die Bedeutung der Worte nach, unabhängig von der dazugehörigen Szene. Beschäftigen Sie sich auch in den folgenden Tagen noch damit. Sie werden sehen, Fernsehen kann sehr spannend sein.

ES GIBT NICHTS ZU VERLIEREN. NUR DIE ANGST.

Thimothy Leary

Das Gegengift kann »Sex and Drugs and Rock'n'Roll« heißen. Und Thimothy, diese Legende der Kulturrevolution in der Welt der 68er, war lebenslang auf einem Trip, der zumindest dem Anschein nach von beängstigender Angstlosigkeit war. Noch kurz vor seinem Tod sah er nicht ängstlich, sondern mit Neugier auf diesen letzten großen Trip. »Wenn man die 50 erst mal überschritten hat, ist der Tod das nächste große Ereignis.« Dabei erinnern wir uns, daß von seiner Kandidatur zur Gouverneurswahl in Kalifornien – gegen Ronald Reagan übrigens, der ihn einbuchten ließ (wg. Marihuana) – nur ein Lied übrigblieb. Ein Wahlkampfsong für Leary von John Lennon: Come together. Ob das die Droge Stuyvesant gewußt hat, als sie damit auf Plakaten Werbung betrieb? Aber jeder bekommt den Thimothy Leary, den er verdient, sagt Timothy Leary. Und so könnte man Angst bekommen, wenn man sieht, wie furchtlos alles sein kann.

ZENario:

Stellen Sie heute mal einen Sender ein, der ausschließlich Songs der 60er spielt. Oder legen Sie selbst Musik aus dieser Zeit auf. Sie werden schnell merken, daß viele Ideen von damals heute schon wieder den Ton angeben.

IN VIELEN FÄLLEN ERWEIST SICH DIE AUFFORDERUNG »ERKENNE DICH SELBST« ALS FALSCH. BESSER MAN ERKENNT DIE ANDEREN. *Menander*

Dazu eine berühmte Zen-Geschichte. Als der Vater nach einer längeren Geschäftsreise zurückkehrte, beschwerte er sich bei seiner kleinen Tochter, als er zur Begrüßung keinen Kuß bekam: »Ich reise unermüdlich für meine kleine Tochter durch die böse weite Welt, und was bekomme ich dafür?« Die Tochter antwortete mit kindlicher Weisheit: »Keinen Kuß. Wer so lange durch die böse weite Welt reist, bringt auch etwas mit – die böse weite Welt.« Kinder sehen eben klarer, als Erwachsene oft denken.

ZENario:
Kramen Sie ein altes Spielzeug aus Ihrer Kindheit hervor. Erleben Sie beim Betrachten, was Ihre Erinnerung hergibt. Ordnen Sie die Bilder nach Ihrem heutigen Wissen. Setzen Sie sie in Beziehung zu mittlerweile typischen Verhaltensweisen von Ihnen. Für spielerische Selbsterkenntnis ist es nie zu spät.

SORGEN ERTRINKEN NICHT IM ALKOHOL.
SIE KÖNNEN SCHWIMMEN.

Heinz Rühmann

Alkohol ist eine Sackgasse der besonderen Art. Allerdings auch eine legale Verkehrsader im menschlichen Dahingurken. Eine Sackgasse im wahrsten Sinne des Wortes, wenn wir zum Beispiel den Sunbrook Drive in Beverly Hills nehmen. Hier in den Canyons über Los Angeles ist der Pool mit viel Sonne, Elend und Alkohol gefüllt. Drumherum befinden sich die dahinwelkenden Wunschvorstellungen und erfüllten Wünsche großer Namen und kleiner Gemeinheiten. Eigentlich ist es wie überall auf der Welt. Die meisten verfallen dem Wahn, sich selbst zu ernst zu nehmen, und das ist eine ernste Bedrohung für denjenigen selbst und für die Laune aller um ihn.

Geistiges Zubetonieren, nennt es der Meister. Eine Verhärtung der Stoßdämpfer des Lebens. Der Sp(i)rit bewegt zwar den Motor, und es läuft eigentlich alles bestens. Aber die Bremsspur ist meist häßlich lang und laut. Von lebensgefährlichen Unfällen mal ganz abgesehen.

ZENario:
Wo wir gerade beim Thema sind. Entscheiden Sie sich doch mal wieder für eine Woche ohne Alkohol. Wie immer gilt das auch für die neue Mon-Cherie-Saison ab September. Stoff beiseite. Hochprozentiges Fasten bringt nackte Stimmung.

Wer hat Ihnen denn so mitgespielt?

Rheinische Hausfrau und Hobby-Golferin

Was auch beim Golf nicht unerheblich ist. Der Meister nach seinen Ambitionen bei dieser Sportart befragt: Alles verläuft ganz schicksalhaft. Und solange nicht der ferngelenkte Ball erfunden wird, schlage ich mich lieber so durch. Der Versuch, das Spiel des Lebens zu verlängern, scheitert am Schluß oft genug an technischen Fehlern, und dann fallen wir in ein schwarzes Loch. Gott ist perfekt, aber die Medizin-Maschinen haben nur begrenzte Möglichkeiten.

Ich verlasse mich, sagt der Meister, auf meine Rolle, die ich nicht kenne, aber versuche perfekt zu spielen. Das Publikum ist ohnehin viel zu sehr mit dem Auswendiglernen des Programmhefts beschäftigt. Meine Fehler fallen also gar nicht so ins Gewicht.

ZENario:

Nehmen Sie sich ein Langzeitprojekt vor. Ein Modell-Segelschiff zu bauen, ein Ölbild zu malen, einen Garten anzulegen etc. Entscheidend ist, daß Sie sich regelmäßig (täglich, wöchentlich mehrmals) damit beschäftigen. Nicht auf das Ziel, auf die Vollendung kommt es an. Der Weg ist das Ziel, wie wir schon oft gehört haben. Nun sollten wir die ersten Schritte darauf zugehen.

LACHEN IST DIE EINZIG ECHTE FORM DER ZUSTIMMUNG.

Jean Genet

Gute Clowns haben die Fähigkeit, uns Tränen abzulocken. Tränen der Freude. Wenn wir nur lachen, fehlt die Nachdenklichkeit. Eine Eigenschaft, die im Verlauf der Jahrhunderte beim Menschen ins Verborgene gerückt ist. Erst hemmungsloses Lachen kann sie sichtbar werden lassen. Dann kommt die große Zustimmung. Eine Art Gewitter der Gefühle. Eine kleine Katastrophe für alle, die meinen, das Lachen erfunden zu haben. Und Erfinder haben nun mal die unangenehme Eigenschaft, bereits gut funktionierende Dinge noch verbessern zu wollen. Warum also wurde der Lachsack erfunden? Noch nicht einmal der Erfinder selbst konnte am Ende darüber lachen, weil er damit beschäftigt war, neue Ideen zu erfinden. Behalten wir unser Lachen aus der Kinderzeit, unsere Toys ›R‹ Us Mentalität.

Die Meisterschaft sieht so aus: Zwischen Rippenbogen und Bauchnabel muß es leicht kribbeln und eine Rückmeldung von oben erfolgen. Dann wird es ein brüllendes Vergnügen gepaart mit innerer Zustimmung.

ZENario:
Jetzt könnten wir das Kochen von Kichererbsen verordnen. Aber statt dieser Kalauer-Variante ein Hinweis, der ebenfalls lustig machen kann: Gurken oder Hanf. Jute-Tüten sind übrigens very out!

DAS GUTE AN DER MASTURBATION IST, DASS MAN SICH DAFÜR NICHT EXTRA FEIN ANZIEHEN MUSS.

Truman Capote

Beim ersten Akt tut's immer weh. Das weiß jeder Schauspieler. Und Masturbation und Schauspiel haben eine Menge gemein. Nur der Text ist verschieden. Das Berauschende an diesem Vorgang ist nämlich, daß man selbst Bühne und Stück bestimmt. Das Theater im Kopf hat viele Vorhänge. Sie sind Regisseur und Kritiker zugleich. Ihre Auftrittsmöglichkeiten werden nicht von der Umgebung festgelegt. Die Wüste eignet sich ebenso wie der Italiener um die Ecke. An dieser Stelle sollten wir vielleicht den Begriff Masturbation durch das schöne Wörtchen Selbstdarstellung ersetzen. Dazu kleiden wir uns so, wie es uns angemessen erscheint. Meist in sprichwörtlichen Seifenblasen. Dergestalt fällt es dann auch leichter, sich den Mund abzuwaschen. Oder als Zuhörer die Ohren zu reinigen.

ZENario:
Setzen Sie sich in ein Café, in eine Bücherei oder in einen Park, und beobachten Sie Menschen. Beobachten Sie, wie Sie mit Kindern und Hunden umgehen. In welcher Körperhaltung Sie gehen, sich setzen und um sich schauen. Wie ruhig Sie wirken oder auch nicht. Beobachten Sie also sich selbst.

ÜBERALL IST ES BESSER, WO WIR NICHT SIND.

Filmtitel

Eine Standortbestimmung der infamen Art. Aber für die Knatsch- und Knautschmentalität des modernen Globetrottels ein nicht unwichtiger Hinweis zur Orientierungslosigkeit. Meist sind wir ohnehin dort, wo nichts rechtes los ist. Energie und Tatkraft sind zumindest die sich mitteilenden Eigenschaften des modernen Reisenden, der zwar überall anzutreffen, aber eigentlich nie da ist bzw. nie ankommt. So ist es auch mit den Menschen, die den richtigen Weg noch suchen und beim Meditieren einen richtigen Ort gefunden zu haben glauben.

Aber auch dieser Standort ist unbestimmt, weiß der Meister mit einem Beispiel zu berichten. Denn würde der Meditierende nach seinem Wohin gefragt, so müßte er wie ein Taxifahrer antworten: So genau weiß ich das nicht. Aber ich fahre so schnell ich kann.

ZENario:

Suchen Sie sich eine verrückte Idee, die Sie dann auch tatsächlich umsetzen. Bauchtanz im Sauerland, Nudeldrehen in der Toskana. Nichts ist unmöglich. Ein bißchen Stöbern in Reise-Kleinanzeigen der Wochenendpresse und in Zielgruppenzeitschriften wie zum Thema Astrologie, Psychologie bringt tolle und absurde Angebote an Land. Machen Sie einmal am Wochenende etwas ganz Verrücktes. Beachten Sie aber, daß die anderen es sehr ernst meinen.

WAS EINER RECHT AUFFÄLLIG INS FENSTER LEGT,
DAS FÜHRT ER GAR NICHT.

Kurt Tucholsky

Ein schönes Beispiel dafür ist derzeit der Wonderbra. (Der entsprechende Männerslip hat sich noch nicht so durchgesetzt.) Die tollsten Versprechungen und nur Schaumstoff dahinter. Aber so fallen die Erwartungen wenigstens schön weich. Das zeigt, der Mensch kann alles mögliche vortäuschen, außer auf einem Stacheldraht zu sitzen. Auffallend ist, daß das auch niemand tut. Wohl weil kein Fenster vorhanden ist, in dem man gesehen wird.

Der Meister legt den Kopf nachdenklich zur Seite: Vielleicht ist das ja bald schon der letzte Schrei. . .

ZENario:
Verändern Sie Ihr Auftreten. Kleiden Sie sich anders als üblich. Sie werden überrascht sein, wie Sie auffallen. Und Sie werden ehrlich hören, was manchen an Ihnen schon immer gestört hat. Von einem, der sich auszog, die Wahrheit zu hören.

DIE WAHRHEIT WIRD ALT, ABER SIE STIRBT NICHT.

Sprichwort

Die Wahrheit ist keine Radautüte. Lautlos schleicht sie sich von hinten an und umschlingt die Herzen. Deshalb ist die Wahrheit spürbar und nicht sichtbar. Wer auf der Suche nach der Wahrheit ist, was selten geschieht, sollte sich nach einer Arbeit umsehen, die ihn beschäftigt. Die Suche ist dabei das Frühstück, die Erkenntnis das Mittagessen, und die Wahrheit fällt meist aus.

Denn wir wissen doch, sagt der Meister, daß warme Mahlzeiten am Abend dick machen. Wer also der Wahrheit nicht schon beim Frühstück begegnet, dem ist nicht zu helfen.

ZENario:
Nehmen Sie Ihre Tageszeitung und sortieren Sie die Meldungen nach wahr und unwahr. Suchen Sie nach Meldungen, die echt sind. Also Nachrichten, die nicht versuchen, in die eine oder andere Richtung zu beeinflussen. Haben Sie welche gefunden?

HEBT MAN DEN BLICK, SO SIEHT MAN KEINE GRENZEN.

Japanisches Sprichwort

Oder um Udo Lindenberg in diesem Zusammenhang zu zitieren: »Hinterm Horizont geht's weiter«. Was nicht nur von Weitblick zeugt, sondern auch von einem Gefühl, das man ihm gar nicht zugetraut hätte. Aber zurück nach Japan. Jeder Tag ist wie eine Agentur für unbekannte Ereignisse. Gedanken, die wie Rauchwolken erst den Blick vernebeln, und dann, wenn man durchblickt, völlig neue Perspektiven eröffnen. Und wer sehen kann, geht weiter. Immer dem grenzenlosen Horizont entgegen. Ein Mensch, der sieht, ein echter Lebenskünstler, stirbt nicht im Sitzen, sondern in ausgetretenen und bequemen Schuhen. Vorausgesetzt, die Bedingungen sind nicht gut, sondern langsam, sonst erreicht man zu schnell seine Grenzen.

Der Meister nennt diesen Zustand die Flamme der Verwirrung. Aber auch dann beginnt jede Reise, und sei sie noch so weit, mit einem kleinen Schritt.

ZENario:

Gehen Sie baden. In einen Pool bei Freunden, in ein öffentliches Schwimmbad oder in einen Fluß oder See in der Nähe. Lassen Sie sich treiben. Eine erfrischende Erfahrung und ein vitales Erlebnis. Wenn Sie im Urlaub sind, empfinden Sie das Trocknen der Haut in der Sonne intensiv bis zum letzten Tropfen. Ein Handtuch ist – wie der Name schon sagt – ja nur für die Hände ...

Juli

»Humor ist eins der besten Kleidungsstücke,
die man in Gesellschaft tragen kann.«

William M. Thackeray

DIE BESTEN WITZE SIND DIE, DIE ICH NICHT VERSTEHE.

Andy Warhol

So wie der Wetterbericht über San Francisco: sonnig und warm. Der postmoderne Mensch neigt vermehrt wieder von anfänglichem Grinsen zu nachhaltigem Lachen. So lassen sich dann einige der vermeintlichen Phänomene des Lebens ganz neu verstehen. Zumindest mit einem Lächeln leichter ertragen. Denn nach jeder Pointe ist es, wie schon Sepp Herberger erkannte: »Nach dem Spiel ist immer vor dem Spiel.« Nach dem Lachen ist also immer vor dem Lachen.

Der Meister würde sagen: Der Witz ist nur, der Witz des Lebens kann von außen kommen. Das Lachen aber muß schon in dir stecken.

ZENario:

Nehmen Sie Ihren Fotoapparat und fotografieren Sie einen ganzen Film Ihr Lachen, Lächeln und andere mögliche Ausdrucksformen Ihres Gesichts. Die entwickelten Fotos stellen Sie aufrecht in einen kleinen Karton oder Bilderhalter. Jeden Morgen nehmen Sie nun das Bild, das Ihrem Gemütszustand am nächsten kommt. Am Abend etwa vergleichen Sie das Bild mit Ihrer aktuellen Befindlichkeit. Sie können das Spiel auch umgekehrt beginnen. Stellen Sie das Bild auf, das am Morgen am wenigsten Ihren Gemütszustand spiegelt. Die meisten Menschen sollten dafür allerdings ausschließlich lächelnde Portraits von sich anfertigen.

DIE SCHAM SITZT IM HEMD.

Clemens von Alexandrien

Die falsche Kleidung führt zu Vertrauensverlust. Wenn der Bankbeamte ohne Krawatte den Überziehungskredit kündigt, oder mit Krawatte demonstriert, daß auch sein Institut beim Abkassieren den Hals nicht vollkriegt. Wo ist die Instanz, die solchen Damen und Herren die Schamgrenzen aufzeigt? Wer gebietet den gesammelten Ungereimtheiten Einhalt? Auch ein kabarettistisches »Haut die Couture – aber kräftig« kann da nicht viel bewirken. Denn Scham empfindet der Beobachter, selten der Träger fataler Ausrutscher. Doch können wir denn gar nichts tun?

Der Meister weiß, es gibt einen Weg zwischen Schambein und Yamamoto-Zwirn am Abend modischer Erkenntnisse. Der Meister rät: Hinsetzen, einfach ruhig hinsetzen, bis die nackte Angst vorüber ist, die in uns wohnt. Wenn man sich das noch zutraut.

ZENario:
Geben Sie ab sofort etwas auf, von dem Sie ohnehin wissen, daß es nicht gut für Sie ist. Mal abgesehen vom Rauchen und Trinken. Beispielsweise die Tür zu öffnen, wenn das Ehepaar nebenan streitet, um auch jedes Wort mitzubekommen. Den Kaugummi in die Dusche zu kleben, wenn Sie im Hotel übernachten. Jeden Morgen ein weichgekochtes Ei zu essen usw. Die Möglichkeiten, Verzicht zu üben, sind zahlreich. Sie können dabei nur gewinnen.

ETWAS VERBORGENES. GEH UND FINDE ES. GEH UND SCHAU JENSEITS DER GEBIRGE – JENSEITS DER GEBIRGE, WO ETWAS VERLOREN IST. VERLOREN UND AUF DICH WARTET. GEH!

Rudyard Kipling in »The Explorer«

Das meint nichts anderes als die Aufforderung, das Fliegen zu lernen, Hindernisse zu überwinden. Alles, was wir normalerweise tun, ist im Vergleich dazu ein müdes Flügelschlagen. Es fehlt die Ernsthaftigkeit, Dinge erreichen zu wollen, die uns tatsächlich weiterhelfen. Nehmen wir einen Underberg, der hilft übern Berg, wie die Werbung verspricht. Oder ein Milky way, das tatsächlich in der Milch schwimmt, während rundum der gute Geschmack untergeht. Oder Jesus light – der sogar übers Wasser geht. Kurzum, um verborgene Geheimnisse zu finden, braucht es ein Schneewittchen und Sieben Zwerge. Aber man muß losgehen, um die Sieben Berge zu entdecken.

ZENario:

Wann waren Sie das letzte Mal im Keller, auf dem Dachboden, im Zirkus, auf einem Segelboot? Tun Sie Dinge, die Sie schon lange nicht mehr getan haben und entdecken Sie dabei Verlorengegangenes. Finden Sie Dinge wieder, die unter dem täglichen Müll verborgen liegen und nur darauf warten, wieder entdeckt zu werden.

ORIGINALITÄT IST DIE KUNST, SEINE URSPRÜNGE ZU VERBERGEN.

s.z.m.s.

Als Bauer in Feldafing brauche ich keinen Kuhdamm. Als Segler auf dem Wannsee muß ich nicht unbedingt Willy Kuhweide (Olympia-Segler) persönlich kennen. Bauer und Segler haben aber etwas gemeinsam: Beide spielen Lotto. Was das eine mit dem anderen zu tun hat? Nun ja, das ist Zen. Unerwartete Zusammenhänge entdecken. Auf das Unmögliche hoffen, damit sich die Möglichkeiten erweitern und möglicherweise etwas passiert. Das Prinzip des Surrealismus verfolgt ein ähnliches Ziel: »Das unerwartete Zusammentreffen einer Nähmaschine und eines Regenschirms auf dem Operationstisch«. Und um diese Zentenz noch um eine populäre Variante zu ergänzen: Wir werden alle als Original geboren und enden als Kopie.

Unsere Einzigartigkeit ist oft nur noch auf einen Fingerabdruck reduziert. So bleibt kein Eindruck, sondern ein Abdruck, wie der Meister lachend erklärt.

ZENario:
Gehen Sie an einen See oder Teich in Ihrer Nähe. Suchen Sie flache Steine, und werfen Sie diese auf die glatte Wasseroberfläche. Beobachten Sie die Kreise, die übers Wasser ziehen und die Spiegelungen im Wasser. Atmen Sie tief durch, vorausgesetzt, Sie haben nicht eine Pfütze im örtlichen Kreisverkehr aufgesucht.

WER VERZWEIFELT, IST EIN VERDAMMTER NARR.

Mae West

»Immeärrrrrr lustieeeeg!«, wie es der angeblich »lustige Bosniak« am Spieß beim Jugoslawen um die Ecke versprach (bevor er den Krieg ausrief). Am Ende muß mit dem Mut der Verzweiflung auch noch auf der nach oben offenen Ouzo-Skala multikulturelle Freundschaft runtergekippt werden. Es war wieder ein schöner Abend. Die Tapeten zu Hause waren so blau wie die Gäste, und die Verzweiflung trug in den Nachtstunden eine rote Nase und eine Narrenkappe. Denn Knoblauch und Verzweiflung haben die dumme Eigenschaft, die Zeit zu beschleunigen. Schlaf hat hingegen die angenehme Nebenwirkung, zu bremsen. Ein Abend beim Jugoslawen, Griechen oder Italiener garantiert die unschätzbare Erkenntnis, daß man nicht allein ist auf der Welt. Überall gibt es Narren, aber keiner ist so verzweifelt wie die Narretei der Einbildung.

ZENario:
Kaufen Sie sich eine Postkarte. Schreiben Sie Urlaubsgrüße aus dem Alltag oder von Balkonien. Überraschen Sie einen Freund oder eine Freundin, die Humor hat, mit dieser Karte. Vielleicht entsteht so ein reger Briefwechsel aus den täglichen Urlaubsorten Ihrer Wunschträume. Zwischen Grillorten im Süden und Eistorten im Norden – wer weiß?

DAS SOLL KAFFEE SEIN, BRINGEN SIE MIR BITTE TEE; SOLLTE DIES TEE SEIN, BRINGEN SIE MIR BITTE KAFFEE.

Abraham Lincoln

Für viele Kinder ist der Fernseher eine Art Erziehungsberechtigter. Es ist also nicht verwunderlich, wenn kritische Reaktionen zustande kommen wie bei Herrn Lincoln. Nörgeleien, die selbst einem Präsidenten nicht fremd sind. Auch wenn es damals noch kein Fernsehen gab. Auf jeden Fall hat auch Abraham sehr früh gelernt, daß man sich nicht ein X für ein U vormachen lassen sollte. Und der Qualitätsanspruch schon beim Tee beginnt und der keineswegs kalter Kaffee ist. Entscheidend ist, immer im richtigen Augenblick die Sache auf den Punkt zu bringen.

So wie der Meister bei einer Nachtmeditation. Wenn er mit dem Finger zum Firmament weist, dann konzentrieren sich erfahrene Schüler auf seinen Finger und nicht auf zu weit entfernte Sterne.

ZENario:

Legen Sie die Finger Ihrer Hände aneinander – auch die Daumen. Konzentrieren Sie sich auf die Energieströme. Leiten Sie die Energie auf einen Punkt Ihres Körpers, der Ihnen zu schaffen macht. Auf den schmerzenden Rückenwirbel, die Narbe am Bein, den Kopfschmerz und ähnliches. Versuchen Sie mit äußerster Konzentration, Ihre heilende Energie dorthin zu lenken. Sollte es wirklich helfen, schreiben Sie mir. . .

SCHWEIGEN IST BEWEISFÜHRUNG MIT ANDEREN MITTELN.

Che Guevara

Schweigen kann tatsächlich revolutionär sein. Zumal wenn Vielschwätzer einem die Sprache verschlagen. Irgendwann kommen aber auch solche Wortakrobaten zu einem Ende. Die dann eintretende Pause, wenn man beispielsweise nicht antwortet, sondern dem Gegenüber bloß ins Gesicht schaut, sagt genug. So wie die Erleuchtung die bequemste Art des Reisens ist. Reisen ohne sich fortzubewegen. Schweigen ist die Fortsetzung eines Gesprächs mit anderen Mitteln. Ein unerwartetes Mittel für jene, die nur das Gegenteil kennen. Und es ist heutzutage schon geradezu revolutionär, wortlos Recht zu behalten.

ZENario:
Versuchen Sie, wofür Esoterik-Zirkel gelegentlich leider unter dubiosen und hochesoterischen Namen viel Geld verlangen. Schweigen Sie einen ganzen Sonntag lang. Falls Sie erst einmal üben wollen, nehmen Sie jede Mahlzeit zum Anlaß, zu schweigen und nur zu essen. Wortlos zu genießen. Das Knacken von Salatblättern kann eine wohlschmeckende Erleuchtung sein.

ICH REDE VOR ALLEM IM SCHONGANG.
DAS IST IRGENDWIE MENSCHLICHER.

P. R. Woll

Wie gehen Sie mit Ihren Freunden und Feinden um? Was sagt Ihre Sprache über Ihr Verhalten und über Ihre Emotionen aus? Wir überhören uns zu leicht! Es fehlt uns das dritte Ohr. Das Ohr, mit dem wir unsere innere Stimme wahrnehmen. Denn die innere Stimme ist das, was man von uns hört. Nicht die Worte sind es, die Menschen auf uns reagieren lassen. Es ist der Tonfall, die Schwingungen. Vergleichen Sie ein und dasselbe Musikstück, von unterschiedlichen Pianisten gespielt. Jeder von ihnen hat eine andere Sprache. Das eine spricht uns an – das andere überhören wir vielleicht.

Bevor wir also Gedanken Flügel geben, so der Meister, sollten wir das Fliegen lernen. Es gibt Sätze, die wie Tiefflieger wirken. Sätze, die wie Satelliten um den richtigen Ton kreisen.

ZENario:
Sagen Sie Ja, wenn Sie Ja sagen wollen. Und Nein, wenn Sie Nein meinen. Lassen Sie sich nicht aufgrund von Abhängigkeiten manipulieren, von Vorgesetzten einschüchtern. Seien Sie ganz Sie selbst. Sie werden das Gefühl haben, zu wachsen. Um Ihren Weg zu gehen, sollten Sie sich nicht überflüssige Geschwindigkeitsbeschränkungen einrichten. Ein klares Ja oder Nein schont Ihre Gefühle.

Der Tag, eine Gabe oder Aufgabe?

nach Voltaire

Sie sitzen morgens allein vor Ihrer Milchtüte. Blicken glasig auf das Rührstück aus Eiern. Im Blick die lebensnotwendigen Vitamine und Ballaststoffe, die Beschreibung der ausgewählten Zutaten bis hin zu den ungeschwefelten Rosinen. Schön, was wir taumelnd vor Hunger da zu lesen bekommen. Es ist jedem möglich, zu früher Stunde die Einsamkeit zu überwinden. Und – mal ehrlich – irgendwie ist man zu dieser Zeit sich selbst der Liebste. Ist es nicht so? Dazu ein Gläschen Rückbesinnung auf die Essig-Essenz des Lebens. Abgefüllt von einem gewissen Appolinaire in Gedichtform oder als -naris in Flaschen.

Klares Wasser und kleine Gedichte. Eine erfrischende Idee, wie der Meister findet. Auf jeden Fall ein selbstredendes Zeugnis aus dem Pfandflaschenlager morgendlichen Menschwerdens. Kurz gesagt: Wachen Sie auf!

ZENario:
Trinken Sie heute mal eine Flasche Champagner.
Feiern Sie ohne Anlaß. Feiern Sie sich. Versuchen Sie, mit sich und der Welt im Einklang zu sein. Verzichten Sie auf eine Magnum-Flasche. Sonst dreht sich alles um Sie. Und das ist nicht das Ziel.

WENN MAN NICHT WEISS, WOHIN MAN WILL,
KOMMT MAN AM WEITESTEN.

William Shakespeare

Es ist heutzutage ja fast schon kultisch, wenn man klar und entschieden seinen Weg macht, Umwege eingerechnet. Da ist es geradezu wohltuend, auf den einen oder anderen zu treffen, der seinen Weg nicht kennt. Der sein Ziel noch sucht. Schritt für Schritt tastend und auch mal im Zick-Zack-Kurs. Und wer dabei ausrutscht und wieder aufsteht, gehört nicht zu den Schlechtesten. Die Glücksrad-Mentalität hat viele Neider. Fast alle wünschten sich, mit dieser Einstellung durchs Leben zu gehen. Nur wenige aber haben den Mut, die Fähigkeit und das richtige Schuhwerk, um es zu tun. Vielleicht ist es hilfreich, gelegentlich anzuhalten und die Richtung zu ändern. Ganz Mutige drehen sich solange bis sie die Orientierung verlieren. Der klare Kopf kommt dann ganz von selbst wieder.

ZENario:
Setzen Sie Ihren Körper mal bewußt in Bewegung. Mit einem ausgedehnten Spaziergang oder einer Achterbahnfahrt. Das ist allerdings nur die Vorbereitung. Ihre eigentliche Aufgabe besteht darin, in den Stunden danach die Entspannung sämtlicher Muskeln und Fasern zu genießen. Das entspannte Gefühl, bevor Sie der Muskelkater am nächsten Tag einholt.

WIR HABEN DIE KUNST, DAMIT WIR NICHT AN DER WAHRHEIT ZUGRUNDE GEHEN.

Friedrich Nietzsche

»Phantasie ist wichtiger als Wissen«, wußte schon Einstein. Und aus der Phantasie können so wunderbare Dinge entstehen wie Ölsardinen in Dosen, Kurtaxen ohne Räder oder Zitronenfalter für die feine Küche. Da die Kunst frei ist, haben wir alle Möglichkeiten, unseren Phantasien Ausdruck zu verleihen. In Essig und Öl, mit Bleistift und Pinsel. Die eigentliche Kunst besteht nun darin, die Norm zu vergessen und eigene Maßstäbe zu setzen. Sie ist zugleich die schönste Möglichkeit, die Wahrheit zu verlassen und sich selbst zu betrügen. Der wahre Selbstbetrug aber ist eine ganz besondere Kunstform, die nur wenige beherrschen. Das kunstvolle Klöppeln ist dabei genauso zulässig wie Trommeln in der Männergruppe. Aber bitte nennt es nicht Kreativität. Die inflationäre Verwendung dieses Begriffs hat schon den Mut vieler schwinden lassen, die Wahrheit in der Phantasie zu suchen.

ZENario:
Eröffnen Sie die französische Woche. Essen Sie zum Frühstück ein Croissant und trinken Sie Café au lait. Entdecken Sie französischen Rotwein beim Mittagessen. Und vergessen Sie nicht den Käse vor dem Dessert. Verbringen Sie – wenn es Ihnen Freude macht – den Abend mit einem Pariser ...

DIE SCHÖNSTEN DINGE AUF DER WELT
SIND DIE NUTZLOSESTEN.

John Ruskin

Überflüssig anzumerken, daß auch jede Art von Höchstleistung dazuzählt. Dauerduschen beispielsweise kann sehr schön sein, ist aber vollkommen nutzlos, wenn man nicht schmutzig oder verschwitzt ist. Die Nutzlosigkeit vieler unserer Handlungen ist statistisch die größte Verschwendung. Der Aufruf, Steuern zu spenden statt zu zahlen, ist so nutzlos wie der Versuch, sexuell erregt das Matterhorn zu besteigen. Oder das Schnarchen, um ein weiteres nutzloses Beispiel anzuführen.

Der Meister hat natürlich die Nutzlosigkeit erkannt. Auch seine eigene. So antwortet er auf die Frage, was denn wirklich nutzlos sei: »In allem einen Nutzen zu sehen!«

ZENario:
Trinken Sie heute keinen Kaffee, keinen Tee, keine aufputschenden Getränke. Versuchen Sie, in Momenten der Müdigkeit durch Konzentration Ihre körperlichen Kräfte und Reserven zu aktivieren. Tiefes Durchatmen ist dafür die wichtigste Übung.

JE DUNKLER DER HIMMEL IST, DESTO HELLER LEUCHTEN DIE STERNE.

Leonardo da Vinci

Wernher von Braun blickte fasziniert auf den hellen Mond, der erste Astronaut auf die von der Sonne beleuchtete Erde. Aber nicht der Standpunkt allein ist entscheidend. Wenn eine Kerze neben der Sonne steht, wird sie kein Licht geben. Am Abend aber ist die Kerze heller als die untergehende Sonne. Das Licht am Ende des Tunnels ist ein Lichtblick, und das Dunkel im Tunnel Voraussetzung, das Licht zu sehen. Das Licht hat dabei immer eine andere Funktion. Es fragt uns: »Bist du wirklich bei Bewußtsein?« Und nur um darauf eine Antwort zu bekommen, laufen wir dem Licht hinterher und vergessen, daß alle Antworten im Dunkeln liegen.

ZENario:
Machen Sie sich ein Mixgetränk. Setzen Sie sich ins Dunkel, und genießen Sie den Geschmack. Entdecken Sie die dunklen Geheimnisse exotischer oder heimischer Früchte. Durch intensives Schmecken werden Sie ganz neue Aspekte entdecken. Den Alkoholgehalt sollten Sie reduziert halten, falls Sie auf den reinen Geschmack kommen wollen.

NICHTS IST RISKANTER, ALS MODERN ZU SEIN. MAN LÄUFT GEFAHR, PLÖTZLICH MIT EINEM SCHLAG ALTMODISCH ZU SEIN.
Oscar Wilde

Wer dem Zeitgeist hinterherläuft, hat vielleicht keinen. Oder keine Zeit, sich eine eigene Meinung zu bilden. Trends sind wie die Kohlensäurebläschen im Sprudel des Lebens. Sie gehen runter wie nichts, steigen auf und verursachen Aufstoßen. Der Rest geht dann über kurz oder lang in die Kanalisation. Gehaltvollere Getränke verursachen zumindest noch Kopfschmerzen und den Griff nach einem ordentlichen Schmerzmittel. Das spülen Sie dann gut aufgelöst mit Sprudel runter usw. Ein riskantes Spiel. Ein Kreislauf, aus dem man irgendwann aussteigt vor Schwindel. Und dann erschreckt feststellt, daß man aus Altersgründen nicht mehr aufspringen kann, auf den Zug der Zeit.

Die Frage nach der Zeit beantwortet der Meister mit den Worten: »Zeit, welche Zeit? Ist Zeit nicht das, was wir aus dem Handgelenk schütteln?«

ZENario:
Nehmen Sie sich heute die Zeit, die Sie sonst nie haben. Kaufen Sie weder Eis aus der Tiefkühltruhe noch Fertigkuchen. Machen Sie ein Parfait, backen Sie einen Kuchen, und genießen Sie den Geruch, der beim Backen Ihr Haus erfüllt. So entwickeln Sie eine Nase für den wahren Genuß.

DIE FARBE IST DER ORT, WO UNSER GEHIRN UND DAS WELTALL SICH BEGEGNEN.

Paul Cézanne

Die Farbe ist das Ausatmen der Phantasie. Ein Ausatmen in kleinen Stößen. Wie farbige Wölkchen, die sich über den Tag legen. Wieder so ein Tag, bei dem man mehrmals kurz innehält und Pausen einlegt. Wenn dann die Augen fest geschlossen sind, sieht man Farbkombinationen. Bilder, bei denen sich Seele und Weltall in der Netzhaut spiegeln. Das Medium ist dabei die Imaginationskraft, ähnlich dem Träumen. Menschen, die behaupten, Sie würden nur in schwarzweiß träumen, haben die falsche Betrachtungsweise. Schwarzweiß läßt mehr Farbe zu, als alle Farben zusammen. Vorausgesetzt, man hat das Sehen mit geschlossenen Augen gelernt.

ZENario:
Fahren Sie heute mit dem Fahrrad durch ein nahes Waldstück. Ganz entspannt und mit einem gelegentlichen Blick in die Baumwipfel und ins frische Grün des Sommers. Fühlen Sie sich so frei und beschwingt wie bei Ihrer ersten Fahrradtour als Kind. Freuen Sie sich über die Leichtigkeit der Bewegung, den Fahrtwind oder auch die Regentropfen. Eine Kettenreaktion, die Sie weiterbringt.

ICH SUCHE NICHT, ICH FINDE!

Pablo Picasso

Der Mensch handelt in vielem unbewußt. Oft läßt ihn erst die Handlung bewußt werden, was er zuvor gedacht hat. Gedankenloses Tun in höchster Konzentration setzt Energien frei, die Neues auffinden, ohne daß man sich anstrengen muß. Das Suchen ist so ein spielerischer Vorgang. Das Finden die Belohnung. Im Zen wird dieser Zustand gefördert und zu seiner höchsten Form gebracht. Sich aus den gegebenen Formen zu lösen, ist das Ziel. Picasso hat es erreicht. Er nannte es nicht Zen. Für ihn war es sein Weg. Andere nannten das Kubismus.

Suche nicht, sagt der Meister, finde! Und finde dich suchend.

ZENario:
Fahren Sie einige Stationen mit der S-Bahn oder einem Intercity. Achten Sie nicht auf die Fahrgäste. Schließen Sie die Augen, und schwingen Sie mit im Geräusch des Schienengeratters. Versuchen Sie, den Rhythmus aufzunehmen. Schwingen Sie mit Ihrem ganzen Körper. Eine andere gute Übung dafür ist eine Hängematte. Wenn Sie die Möglichkeit haben, eine Hängematte in der Wohnung aufzuhängen, wiegen Sie sich darin.

PHANTASIE IST WICHTIGER ALS WISSEN.

Albert Einstein

Beobachten Sie mal Menschen, die Lodenmäntel tragen. Oder fransige Halstücher, bedruckt mit Jagdszenen aus Niederösterreich. Beobachten Sie diese Menschen bei ihren Spaziergängen in Berlin, Düsseldorf, Hamburg oder auf der Insel Rügen. Oder stellen Sie sich die Szene einfach vor. Sie ist dennoch grausame Realität und so absurd wie ein Bayer auf Rügen im Kostüm einer bretonischen Volkstanzgruppe. Geht nun die Phantasie mit diesen Zeitgenossen durch oder haben sie gar keine und versuchen bloß, sich mit Phantasielosigkeit aus der Volksmusik-Boutiquen-Hitparade zu verkleiden? Würden Sie in der Kapitänsuniform der Hamburg-Amerika-Linie oder im Taucheranzug auf die Zugspitze wandern? In der Bäckerhose ins Bergwerk einfahren (außer in einen Stollen zur Weihnachtszeit)? Sie sehen, Phantasie ist alles – man muß es nur wissen.

Wie schon Bagwahn-Selig sagte: Sei verrückter als die Verrückten! Das ist das ganze Wissen.

ZENario:
Spielen Sie heute abend mal einen Fernsehspot nach. Mit so schönen Sätzen wie: »Die Leute, die diese Binde entwickelt haben, die haben sich wirklich etwas dabei gedacht.« Oder: »Die Leute von Villabajo sind schon fertig, als man in . . .« usw. Ein Spiel ohne Grenzen und garantiert ein lustiger Abend.

NEIN, ICH BEREUE NICHTS.

Edith Piaf

Instant-Provokationen schüttle ich wie Maggi - pardon - wie Magie in die Suppe des Lebens. So bleibt man unvergessen. Genauso wie sich am Flughafen ausrufen zu lassen oder ins Theater zu spät zu kommen – so wird man bekannt! Und trotz der steten Versuche, möglichst angenehm aufzufallen, sind auch mißlungene Auftritte in irgendeiner Weise angenehm als ein weiterer Versuch, durchs Labyrinth zu kommen. Es ist wie im ZEN. Da wartet man ebenfalls ständig auf ein Ereignis (Kensho genannt). Und sobald man ein Gefühl der Leichtigkeit erfährt, glaubt man, den Gipfel erreicht zu haben, und ruft: »Das ist es!« Nur zwischen dem, was man sieht, und dem, was man als »Erleuchteter zu sehen bekommt«, besteht ein himmelweiter Unterschied. Aber alles, was auf dem Weg dorthin getan werden muß, ist richtig. Und wenn es mit Überzeugung getan wird, kann man sagen: Nein, ich bereue nichts!

ZENario:
Putzen Sie heute Ihre Schuhe. Schon meine Großmutter wußte zu bemerken: »Es gibt Menschen, die haben glänzende Schuhe. Und es gibt Menschen, die haben glänzende Ideen.« Heute haben Sie beides. Übrigens gibt es Zeitgenossen, die blicken zuerst auf die Schuhe und wählen danach ihren Partner aus. Ist das nicht putzig?

SELBST GOTT BRAUCHT DIE WERBUNG. ER HAT GLOCKEN.

Aurélien Scholl

Vor der Messe oder Sonntag abend nach dem Dessert dröhnen die himmlischen Rufe über uns hinweg. Ist die nächste Kirche weiter entfernt, sorgt der viertelstündliche Werbeblock in Ihrem Fernsehprogramm für Unterbrechung – als öffentliches Gebet der Markenartikelindustrie, wenn man so will. Wenn wir also zu tieferer Erkenntnis kommen wollen, müssen wir die Möglichkeiten nutzen, auf uns aufmerksam zu machen. Aber bitte dezent, damit der Meister nicht so reagiert, wie bei einem Zen-Novizen.

Ihn bat er, den Lärm, den die Leute verursachen, genauer zu untersuchen. Den Lärm, den die Menschen machen, zu verstehen. Den Lärm, den der Novize selbst machte, zu hinterfragen. Dahinter wirst du nichts als lärmende Leere finden. Die klingenden Glöckchen tibetanischer Mönche klingen lauter und nachhaltiger in den Köpfen, als jede gegossene Glocke, die elektrische Motoren oder viel Kraft erfordert, um gehört zu werden.

ZENario:

Hören Sie heute besonders gut zu. Achten Sie nicht auf Ihre innere Stimme, die ständig einen Kommentar abgeben will. Hören Sie nur auf Stimmen um sich herum. Im Büro, auf der Parkbank, im Café oder Restaurant. Hören Sie zu. Achten Sie auf die Stimmen und schweigen Sie.

DAS GEHEIMNISVOLLE DER SCHRIFT IST, DASS SIE REDET.

Paul Claudel

Wer nicht die Kunst des Geradeausfliegens beherrscht, neigt zwangsläufig dazu, in Kurven zu denken. Und das, erklärte der Meister einmal, ist nichts anderes als lesen. Wenn fremde Gedanken mit dir sprechen, verhältst du dich wie ein Bogenschütze. Du versuchst, ein Ziel mit einem Pfeil zu treffen, der geradlinig auf einen Gegenstand zufliegt, steckenbleibt und das Ziel markiert. Stets landet der Pfeil im Zentrum. Die verblüffend einfache Erklärung dafür ist, daß der Schütze die Kreise im nachhinein gezeichnet hat. Entscheide dich, ob du etwas vorher oder nachher bedenkst. Wer allerdings weiterdenkt, wird auch weiterkommen.

ZENario:
Seien Sie heute – auch wenn es normalerweise nicht Ihre Art sein sollte – besonders höflich und freundlich zu allen, mit denen Sie zu tun haben. Sie werden überrascht sein, welche Reaktionen das hervorruft. Betonen Sie Bitte und Danke, und bleiben Sie auch bei unangenehmen Auseinandersetzungen oder in Streßsituationen ausnehmend ruhig und unerwartet höflich. Das gibt das Gefühl, als ob Sie in einem Ruderboot den Atlantik überquert hätten. Sie rudern dann zwar nicht mehr, aber Sie schlagen Wellen.

DIE ZUKUNFT BERUHIGT UNS, DIE VERGANGENHEIT HÄLT UNS FEST, UND DIE GEGENWART ENTGEHT UNS DESHALB.

Gustave Flaubert

Oder hält uns die Gegenwart gefangen, und die Zukunft macht uns Angst, während die Vergangenheit Sehnsucht heißt? Es kommt auf den Standpunkt an. Ob man sein Leben rückblickend, vorausschauend oder zukunftsweisend betrachtet. Entscheiden Sie sich zwischen 10 neuen Ofenrohren oder 15 gebrauchten Blockflöten. Sie haben nichts zu bieten außer sich selbst. Mal ganz unter uns, viele haben mit weniger angefangen. Sicher, mit 10 Champagnerflaschen oder 7 Goldkettchen gehört man heute schneller zum Nabel der Halbwelt. Aber man muß seine begrenzten Möglichkeiten nutzen, denn andere hat man nicht. Das beruhigt für die Zukunft, löst von der Vergangenheit und bringt eine Aufgabe für die Gegenwart.

Nicht der Zeitpunkt ist entscheidend, sagt der Meister, sondern der Moment, den wir leben. Und das Leben findet immer in der Gegenwart, der Zukunft und der Vergangenheit statt.

ZENario:
Wissen Sie, wieviel Zeit Sie in Ihrem Leben schon verschenkt haben? Verschenken Sie heute keine Minute. Seien Sie effizient bis in die letzte Sekunde. Betrachten Sie es als ein Spiel. Erleben Sie, wie viele Projekte Sie in kürzester Zeit konzentriert voran oder sogar zum Abschluß bringen können. Entdecken Sie immer neue Wege, Erfolge zu verbuchen.

ES IST NICHT JEDER EIN MUSIKANT, DER EINE GEIGE AUF DEM RÜCKEN TRÄGT.

Abraham a Santa Clara

Diese Erkenntnis wird uns so richtig schön anschaulich, wenn wir singend und schunkelnd zur besten Zeit vor dem heimischen Fernseher sitzen. Wenn wir uns selbst begegnen im Trachtenland zwischen Fachwerk, Eichen und linden Lüften. Brunnen vor dem Tore und glühende Alpenrosen mit Madeln im Dirndl und Männer im Designer-Jankerl. Da steht der Mensch, so soll es sein! Die Kapelle klatscht sich taktvoll auf die Schenkel, und Skilehrer, Tankwarte und geistige Müllmänner rühren den allgemeinen Gemütsstau zu Tränen. Wir sind tief betroffen, und ehrfürchtig lauschen wir den Klängen.

Der Meister war zunächst sprachlos. Ein Schüler fragte: Ist das Leben? Der Meister lachte: Die Gefühle der Menschen bedürfen der Tonleiter. Das wahre Leben hat jedoch nur einen Bogen.

ZENario:

Machen Sie einen Waldspaziergang. Sammeln Sie kleine Äste. Bauen Sie sich daraus eine Leiter, die Sie in Ihrer Lieblingsfarbe anstreichen. Basteln Sie eine Gipsplatte oder nehmen Sie einen dicken Karton, wo Sie die Füße der Leiter eindrücken können, damit die Leiter in den Himmel zeigt. Steigen Sie in Gedanken auf Ihre Leiter, und geben Sie Ihren Träumen Flügel.

WENN ES NUR EINE EINZIGE WAHRHEIT GÄBE, KÖNNTE MAN NICHT HUNDERT BILDER ÜBER DASSELBE THEMA MALEN.

Pablo Picasso

Das Bild einer einzigen Wahrheit ist eine geschickte Lüge. Eine Art Nachruf auf etwas, das es nie gab. Das Land der Reinheit, wie es Buddha sah, liegt heute in Henkelhausen bei Düsseldorf. Megagroße Perlen für die Säue und »Miele, Miele, sprach die Tante, die alle Waschprogramme kannte« verbünden sich zu einer sauberen Großfamilie. Ein Art Poona der Reinlichkeit, wobei alle wissen, daß zwischen Wahrheit und Lüge ein steter Wechsel besteht. Man muß die Lüge naß aufhängen, dann kann man auch mit einem Tröpfchen Wahrheit rechnen. Wie bei dieser – auf den ersten Blick – geistigen Buntwäsche.

Die Bilder wechseln – der Meister bleibt. Wie wahr, wie wahr!

ZENario:
Entpuppen Sie sich wie ein Schmetterling. Wenn Sie nicht Sie wären, wer wären Sie dann? In wessen Haut möchten Sie stecken? Wessen Leben möchten Sie führen? Begeben Sie sich gedanklich in eine andere Welt. Folgen Sie Ihren Gedanken, und entdecken Sie nach Ihrer Rückbesinnung die positiven Seiten Ihres Lebens. Sie wissen doch: Das schöne Gefühl, Geld zu haben, ist bei weitem nicht so spannend, wie das beschissene Gefühl, kein Geld zu haben und Ideen entwickeln zu müssen, die den Monat verkürzen oder die Mark verlängern.

DAS WASSER, DAS DAS SCHIFF TRÄGT, IST AUCH DAS WASSER, DAS ES VERSCHLINGT.

Chinesisches Sprichwort

Man sagt, aus Feinden werden Freunde. Und man sagt, aus Freunden werden ebenso schnell Feinde. Man behauptet heute dies und morgen das Gegenteil. Man spricht eben zuviel. Worte treiben wie Schiffe und rosten still vor sich hin. Gewaltige Wellen schaukeln sie hoch und höher, bis das Wasser des Vergessens sie verschlingt. Zu lyrisch? Lieber klar und deutlich? Es wird zuviel gequatscht. Und das bleibt sogar eine Gewißheit, sogar nach der Jahrtausendwende. Personell, programmlich und geschmacklich wird alles beim alten bleiben. Wasser, Schiff und Verschlingen werden sich treu bleiben.

ZENario:
Lassen Sie sich treiben. Steigen Sie in die Bahn, Straßenbahn oder in Ihr Auto, und fahren Sie ziellos für einige Stunden umher. Betrachten Sie neue Gegenden und beobachten Sie dabei Ihre Gefühle. Steigen Sie aus – irgendwo, irgendwann. Steigen Sie mit neuen Energien wieder ein. Irgendwann, irgendwo. Lassen Sie sich treiben.

FREIZEIT IST DAS OPIUM DER MASSEN.

Malcolm Muggeridge

Biergartenseligkeit, Small-talk-Parties und Langeweile sind es, die Kegelbrüder und -schwestern zwischen Pudel, Pittermännchen und Pfannkuchen mit Speck ins Koma gleiten lassen. Gefangen in den Ritualen der Freizeit, wie alle. Und das Fett der Republik verhält sich nach alter Mafia-Weisheit: Ein totes Schwein fürchtet kein kochendes Wasser. Während es also um uns verdächtig brodelt, blickt die Einfalt stier vor sich hin. Serienweise liegen Massen vor dem Kasten. Herr Kopernikus, es macht zwar alles einen runden Eindruck, aber die Welt ist erst heute eine Scheibe.

Eine Mattscheibe, von der auch der Meister kopfschüttelnd sagt: Ich bin platt. Wenn man nur etwas Geist hineingießen könnte. Denn was wir Freizeit nennen, ist verschärfte Einzelhaft unter genormten Bedingungen.

ZENario:
Wenn Sie heute etwas nervt oder aufregt, behalten Sie nicht die Fassung. Gehen Sie aus sich heraus. Wenn Sie etwas streßt oder ärgert, zeigen Sie Gefühle. Schreien Sie sich den Ärger von der Seele. Befreien Sie sich, indem Sie einen Gegenstand (möglichst nicht die wertvolle Mingvase) zu Bruch hauen oder einen mißlungenen Brief oder ein selbstgemaltes Bild in Asche legen. Tägliches Zähneputzen schützt vor Karies. Ein Gefühlsgewitter wäscht jedoch die Seele.

GESICHTER KÖNNEN LÜGEN, HINTERN NICHT.

Yoko Ono

Im Gegensatz dazu reagieren die Ohren ganz anders. Das Ohr, eine sensible erogene Zone, kann schon durch gezieltes Anhauchen zu unkontrollierten Handlungen führen. Bereits Marquis de Sade unterstrich diese Erkenntnis: »Das wichtigste Organ für die Wollust ist das Ohr!« Und Marlene Dietrich fügte dem Jahre später hinzu: »Wenn man schöne Beine behalten will, muß man sie von den Blicken der Männer massieren lassen!« Widersprüchliches, Gegensätzliches? Es kann wie die Kußhand zum Wegweiser werden. Das alles ist nämlich »für'n Arsch«, wenn man der Wahrheit auf der Spur ist. Der Hintern zeigt immer sein wahres Gesicht.

Im Umfeld moderner Ballungsräume zeigt sich der nackte Po als das, was er immer war und sein wird: das wahrhaftige Ausdrucksmittel gesichtsloser Körper, die Kehrseite der menschlichen Existenz.

Kleine Warnung des Meisters: Es gehört mehr als Hinterfotzigkeit dazu, die Hosen runterzulassen.

ZENario:
Legen Sie heute einen Obst-Tag ein. Schulen Sie Ihre Geschmacksnerven (Rauchen für einen Tag oder ganz einstellen). Schälen und zerteilen Sie die verschiedenen Früchte der Saison mit Sorgfalt. Essen Sie nicht – schmecken Sie!

DER ZUFALL IST DER EINZIGE LEGITIME HERRSCHER DES UNIVERSUMS.

Napoleon I.

Ganz gleich, ob Sie nun die zahnärztliche Ambulanz für Hunde leiten oder als Oberköllner Altbier ausschenken. Der Zufall ist überall und nirgends. Das macht ihn ja gerade aus. Nehmen wir Zufallsbekanntschaften, die es ja heute, durchgeplant wie wir sind, kaum mehr geben dürfte. Zufallsbekanntschaften sind rein zufällig inzwischen sogar ein Untersuchungsgegenstand. Sozusagen das Objekt der Begierde eines wissenschaftlich hochintelligenten, aber zwischenmenschlich unterentwickelten Akademikers. Was ich damit andeuten will? Die Zufälligkeit an sich ist nicht zufällig. Das Wesen des Zufalls ist dennoch die scheinbare Sinnlosigkeit. Das alles macht nur Sinn, wenn man den Zufall sucht. So entsteht aus s.Z.m.s.* ein »soviel Zufall muß sein«. Und im Universum herrscht wieder geordnetes Chaos.

ZENario:
Durchbrechen Sie eine Ihrer Gewohnheiten für einen Tag oder eine Woche. Gehen Sie nicht an die Tiefkühltruhe, sondern bereiten Sie frisches Gemüse zu. Knabbern Sie nicht an einem Bleistift, während Sie denken. Schalten Sie nicht pünktlich um 19.00 Uhr den Fernseher wegen der Nachrichten an. Springen Sie über Ihren Schatten!

* soviel ZEN muß sein

Es gibt tausend Krankheiten, aber nur eine Gesundheit.

Ludwig Börne

Es gibt Tausende, die vor Angst sterben, aber nur ein Teil davon ist ernsthaft krank. Wir begrenzen unsere gesunden Bewegungen mit geistigen Mauern. Mit Ängsten und negativen Schwingungen. Mit Flugangst und Eis-Phobie. Das gefrorene Wasser könnte Bakterien enthalten. Also bestellt die Angst Getränke mit: NO ICE! in Amerika. Es ist schon erstaunlich, wie ungesund wir unsere Phantasie benutzen. Sollte sie krank sein?

ZENario:
Lesen Sie heute die (Tages)Zeitung, die Ihnen noch nie gefallen hat. Sie werden viel erfahren über das, was andere Menschen bewegt. Sie werden neue Einblicke gewinnen und eine Gegenmeinung kennenlernen. Lesen Sie statt der FAZ heute die taz. Statt der Bildzeitung die Titanic. Sehen Sie statt einer Vorabendserie ein Kinderprogramm. Hören Sie Radio statt fernzusehen. Machen Sie heute einfach das Gegenteil.

LEBEN IST DAS, WAS PASSIERT, WÄHREND DU ANDERE DINGE IM KOPF HAST.

John Lennon

Ein Tankerkönig wollte die Reaktionsfähigkeit seiner Technik-Crew prüfen. Er befahl: volle Kraft voraus! Nach einiger Zeit kam sein Befehl: volle Kraft zurück! Wer weiß, wie schwerfällig Riesentanker reagieren, den verwundert nicht, daß solch ein Koloß erst nach 5 Kilometern zum Stillstand kommt. Sein voreiliges Lob der prompten Reaktion war fatal. Kurz darauf hörte man das Krachen der Kaimauer.

Merke: Bei Befehlen nach unten sollte man auch oben die Kontrolle behalten. Vermeintlicher Tiefgang ersetzt keine Weitsicht.

ZENario:
Malen Sie ein Bild von Ihrem letzten Urlaubsort. Eine Szene, einen Blick, der für Sie Urlaubsstimmung vermittelt. Malen Sie mit Bleistift, Farben oder so, daß es niemand sieht hinter Ihrer Stirn.

EITELKEIT IST DIE HAUT DER SEELE.

Friedrich Nietzsche

Ja, bei dieser Aussage sind einige von uns ganz aus dem Höschen. Recht so! Selbstlose Beweihräucherung kann hin und wieder nur gut sein. Die Verpflegung sollte dabei konsequent und wahrhaftig sein. Kein Lamento zwischen Spitzbergen und Salerno. Kein Selbstzweifel soll Ihr Glück trüben. Bei entsprechender Ausdauer wird auch bald Ihre Umgebung eine Veränderung feststellen und sich nach und nach zurückziehen. Dann haben Sie einen schönen Erfolg vorzuweisen. Die Einsamkeit, die notwendig ist, um klar zu sehen. Und was sehen wir? Einen verliebten Spiegel. Nun könnte der erfahrene Zen-Schüler fragen: Aber wenn das nun alle tun?

Dann wird der Meister antworten: »Gut so! Die meisten wissen nicht, was in ihnen steckt oder verstecken sich. Nur wer regelmäßig Austern ißt, hat die Chance, eine Perle zu finden. Nur wer regelmäßig über seine Verhältnisse lebt, lebt hin und wieder.«

ZENario:
Ein bißchen Selbstüberschätzung tut jedem gut (gepaart mit ein klein wenig ironischer Distanz). Schreiben Sie eine Liste mit Ihren positiven Eigenschaften, Ihren Erfolgen der letzten Jahre, selbst wenn Sie noch so gering sind. Tragen Sie diese Liste immer bei sich. In Situationen, in denen Sie ein Schulterklopfen gebrauchen könnten, nehmen Sie dann dieses Aufbaumittel zu sich.

KOMPLIMENTE SIND DIE EINZIGEN ERFREULICHEN AUSGABEN. ES SIND DIE EINZIGEN AUSGABEN, DIE WIR UNS LEISTEN KÖNNEN. *Oscar Wilde*

Wenn sich Ihr Gegenüber lasziv mit der Zunge über die Lippen fährt, könnte es sein, daß das ein verstecktes Kompliment ist. Ist der Mund dabei weit geöffnet und die Zunge herausgestreckt, ist es definitiv kein Kompliment, sondern der Beweis für höchste Intelligenz (wie das berühmte Bild von Albert Einstein beweist). Komplimente rechnen sich immer. Zart schmiegt sich das Gefühl der Begehrlichkeit um einen und verklebt die Sicht auf Wahrheit. Nun wissen wir ja alle, daß der Eitelkeit die Lüge wichtiger als die Wahrheit ist, und so kommt das dicke Ende unweigerlich. Komplimente sind die berechnende menschliche Regung überhaupt – also unmenschlich, bis zum Grund der Gefühle. Komplimente sollten abgeschafft werden.

Genau, sagt der Meister. Wer die Wahrheit sagt, braucht nicht zu lügen. Und wer lügt, sagt wahrheitsgemäß nichts Wahres.

ZENario:
Jeder bessere Spion hat eine sogenannte Legende. Eine Lügengeschichte, die es ihm ermöglicht, leicht und beschwingt seine Sache zu tun. Tun Sie das gleiche, und erzählen Sie in einer Situation unter neuen Bekannten, Tresenbekanntschaften oder einem Fahrgast in der Straßenbahn Ihre »Geschichte«. Das kann zu überraschenden Ereignissen führen.

August

»KANN MAN DENN NICHT AUCH
LACHEND SEHR ERNSTHAFT SEIN?«

G. E. Lessing, Minna v. Barnhelm

DIE MENSCHEN HABEN EINE VORLIEBE FÜR STAUB, SONST WÜRDE ES NICHT SO VIELE TRADITIONEN GEBEN.

Simone de Beauvoir

Achten Sie doch einmal auf die zahlreichen Abbildungen feiner und feinster Uhren in Zeitungsbeilagen und Katalogen. Seit Erfindung der Anzeige tickt das Gesicht der Uhr im immergleichen Ausdruck. Hand auf die Swatch! Ist Ihnen noch nie aufgefallen, daß fast alle abgebildeten Uhren die immer gleiche Zeit zeigen: acht nach zehn. Wie gesagt, nicht erst seit gestern und nur von wenigen Ausnahmen abgesehen, die sich bei sieben vor zwei einpendeln – aber mit dem gleichen Effekt. Wie sagte schon eine kluge Frau: Alles ändert sich – außer die Avantgarde. Und die Abbildung von Uhren, sei hinzugefügt. Das Antlitz einer Uhr mit den Mundwinkeln nach oben ist eben eine psychologische Verkaufshilfe, die nicht zu unterschätzen ist. Eine Uhr zu kaufen, die uns schon im Katalog mit einem mißmutigen zwanzig nach Sieben entgegenschielt, ist einfach unvorstellbar.

Dennoch, sagt der Meister, die Zeit läuft. Und wenn wir nicht aufpassen, brauchen unsere Uhren rechtzeitig einen Psychologen!

ZENario:

Gehen Sie zu einer Kosmetikerin, und lassen Sie sich richtig verwöhnen. Mit duftenden Salben und Wässerchen, mit sanften Massagen und ätherischen Ölen. Entspannen Sie sich!

DIE GELEGENHEIT, DEN MUND ZU HALTEN, SOLLTE MAN NIE VORÜBERGEHEN LASSEN.

Curt Goetz

Eine der schwersten Übungen. Denn diese Gelegenheiten ziehen meist unbemerkt vorüber. Ist alles vorbei, schlagen wir uns mit der flachen Hand vor die Stirn und fallen so klatschend aus allen Wolken. Oder wir drehen uns im Spiegelkabinett unserer Sehnsüchte, die nichts als verpaßte Gelegenheiten sind. Menschliche Unfähigkeit, verbunden mit einem Strudel von Ausreden und untergegangenen Befindlichkeiten.

Zu diesem Thema schweigt der Meister. Weil er weiß: Nur den Mund halten – und es wird vorüberziehen. Das Schweigen ist eine Siegesfanfare, und nicht die schlechteste.

ZENario:
Hören Sie heute zu. Ganz bewußt im Café und im Büro. Mit Elefantenohren versuchen Sie, Sätze und Stimmungen aufzuschnappen, um gleichzeitig damit das Brötchen der Neugierde zu bestreichen. Es wird Ihren Hunger stillen.

DUMMKÖPFE ZU ERTRAGEN, IST SICHERLICH DER GIPFEL DER TOLERANZ.

Voltaire

Sobald die Fotoindustrie jährlich vor der Urlaubszeit die Farbsättigung erhöht, fällt das Niveau im Land. Die Infotainment-Elite geht ihren steilen Weg, ohne auf den Hinweis ›Sackgasse‹ zu achten. Schleicht sich durch Irrungen und Wirrungen und blickt zum Gipfel der Toleranz wie auf den Fudschijama (heißt der Film eigentlich nach dem Berg oder der Berg nach dem Film?). Wie auch immer, an seinem Fuß beginnt der Aufstieg zur Toleranz. Bedauerlicherweise haben aber die Dummköpfe mit einem Helikopter bereits den Gipfel erreicht, die Aussicht auf Wetterbesserung ist also getrübt.

Oder wie der Meister sagt: Zu schlau ist dumm!

ZENario:
Planen Sie den nächsten Urlaub. Nehmen Sie einen Atlas und lassen Sie den Zufallsgenerator arbeiten. Würfeln Sie fünf Zahlen. Bilden Sie davon die Quersumme und halbieren diese. Jetzt haben Sie die Seitenzahl für den Diercke-Weltatlas oder einen Auto-Atlas. Überraschung! Sie dürfen nach Bremen. Wenn Sie in Bayern wohnen, ist das ein echter Kontrast. Wenn Sie in Bremerhaven leben, würfeln Sie noch mal und gehen noch nicht über Los!

MANCHMAL LEUCHTET EIN HORIZONT, AN DEM MAN BLITZE NICHT ERWARTET HÄTTE.

René Cantnis

Überraschungen sind wie Schmiermittel für Gefühle. So wie die Stapelware moderner Buchverlage in Fußgängerzonen das Futter für Liegestühle, Ohrensessel und Schrankwände stellt. Und ganz überraschend entdeckt man dann im hintersten Regal ein kleines, unscheinbares, unaufdringlich schwarz eingebundenes Buch. Man greift danach und hält die heilige Schrift in Händen. Darin sollte man hin und wieder blättern. Der heilige Blitzkrieg wird immer einen Gewinner haben. Entweder den Glauben, den man neu entdeckt, oder das Mißtrauen, das man nicht ablegen kann.

ZENario:
Lernen Sie einen Kartentrick. Es gibt in jeder Bücherei oder Buchhandlung kleine Anleitungen dafür zu kaufen. Lernen Sie einen Trick, und wenn Sie ihn beherrschen, führen Sie ihn bei nächster Gelegenheit vor. Lernen Sie mehr Tricks. . .

IN JEDEM MANNE STECKT EIN KIND UND DAS WILL SPIELEN.

Friedrich Nietzsche

Wenn Männer mit Eisenbahnen spielen, finden es die einen abgefahren und die anderen kindisch. Wenn Frauen Puppen sammeln, schwanken einige zwischen einem abwertenden »niedlich« und einem »Ich habe früher auch viel mit Barbies gespielt«. Ein ehrliches »Das macht sicher Spaß« traut sich ein Erwachsener kaum noch zu sagen. Das Kind im Manne und der Frau hat seit vielen Jahren Hausarrest und darf sich nur in unbeobachteten Momenten zeigen. Kein Wunder, daß dieser Teil von uns blaß herumläuft und krank darniederliegt. Es ist aber unser Lieblingskind, das wir so sträflich vernachlässigen. Ohne Kinder hätten unsere Träume keine Zukunft.

Statt mit einer Weisheit reagiert der Meister bei diesem Thema mit Schweigen. Dazu lutscht er lustvoll am Daumen.

ZENario:
Betrachten Sie alte Kinderphotos von sich, Ihren Geschwistern, von Ihren Eltern oder Patenkindern. Achten Sie auf den Ausdruck der Augen. Versuchen Sie sich zu erinnern, was Sie als Kind liebend gern gespielt haben. Gehen Sie in ein Spielwarengeschäft, auf eine Auktion oder einen Flohmarkt und versuchen Sie, Spiele, Figuren o.ä. zu finden, die Ihnen aus Ihrer Kindheit bekannt sind. Dinge, die Sie als Kind in Händen gehalten haben.

PHILOSOPHIE VERHÄLT SICH ZUR REALEN WELT WIE DIE MASTURBATION ZUM GESCHLECHTSVERKEHR.

Karl Marx

Er war ein real existierender Mann mit allen Fähigkeiten und Unfähigkeiten – wie die Geschichte gezeigt hat. Aber was ist Meditation anderes als Philosophie? Auch beim Meditieren ist heutzutage ein geistiges Kondom unentbehrlich. Der Schutz vor Störungen und äußeren Einflüssen das wichtigste. Schützen Sie Ihre Anlagen. Dazu gehört die Fähigkeit, sich zurückzuziehen. Sich auf sich selbst zu besinnen. Und sich selbst so zu lieben, daß kein anderer gefährdet oder verletzt wird.

Und nicht der Meister, sondern Woody Allen ruft uns zu: »Masturbation ist die Liebe an und für sich!« Sehr lieb gesagt – oder?

ZENario:
Wann haben Sie das letzte Mal nur an sich gedacht? Wenn Sie wissen, was ich meine . . .

Die Welt des Werdens ist keiner wirklichen Gewissheit fähig.

Aristoteles

Wird schon, Herr Aristoteles. Wird schon werden, das mit der Welt. Immerhin ist der Weltschmerz für jeden hörbar – wenn auch noch nicht spürbar. Das Grollen der Götter (Michael Jackson, Catherine Deneuve, Bruce Willis, John Grisham, Greenpeace) findet weitgehend virtuell oder im Saale statt, und der Zeremonienmeister hat sich irgendwie aus dem Staub gemacht. Wir haben allerdings die Gewißheit, daß das Werden auch ein Müssen voraussetzt und dem zwangsläufig ein Vergehen folgt. Es wird also alles so werden wie immer schon, da können wir ganz sicher sein.

Es kommt nur darauf an, sagt der Meister, was wir aus den Pfandflaschen-Ideen machen. Da bin ich sicher, daß die alle wiederverwendet werden können. Bis dahin Leben light, dann nimmt man alles nicht so schwer.

ZENario:

Haben Sie einen Globus? Dann nehmen Sie die Welt in die Arme. Wir haben nur die eine. Drehen Sie sich mit der Erde und denken Sie an den kleinen Diktator (Charlie Chaplin). Selbst die grausamsten Ideen haben ein Lachen verdient. Vielleicht auch nur, um zu entdecken, daß es zu viele gab und gibt, die nie lachen durften.

ENTSPANNEN SOLLTE MAN SICH IMMER DANN, WENN MAN KEINE ZEIT DAZU HAT.

Simon Victor

Es macht sich bezahlt, wenn man schon als jüngerer Mensch sparsam mit seinen Wünschen umgeht. Müssen wir jedem Trend folgen? Stellen wir uns vor, wir würden Nacktschnecken züchten. Wäre das nicht ein schönes Hobby? Das Schweigen und Schleimen der Schnecken hat etwas Philosophisches. Und die Ruhe kriecht langsam auf uns über. Was sind dagegen schon Kurse für Autogenes Training der örtlichen Volkshochschulen? Das Individuum braucht Futter – nicht die Masse Mensch. So kommt Entspannung in unsere Gesichter. Die Wangen röten sich, und ein erstes Lächeln wird die Aura für heute. Wir haben uns dafür etwas Zeit genommen. Nehmen wir uns für den Rest des Tages nicht so ernst, und alles wird gut.

Der Meister weiß, Gegensätze ziehen sich an. Und Entspannung ist schließlich das Gegenteil von Spannung.

ZENario:
Lassen Sie die Gedanken in die Ferne schweifen. Vielleicht hilft Ihnen ein Besuch auf dem Flughafen etwas auf die Sprünge. Fliegen Sie aber nicht gleich auf jeden, der Ihnen entfernt bekannt vorkommt. Aus der Ferne täuscht man sich. Erst bei näherer Betrachtung kommt die Wahrheit ans Licht. Das trifft übrigens auch auf unbekannte Urlaubsziele zu.

KEIN MENSCH IST SO WICHTIG, WIE ER SICH NIMMT.

Immanuel Kant

An sich selbst glauben hilft. Es hilft aber nicht weiter, wenn man seine Grenzen nicht kennt. Und die sind schnell erreicht. Die Wichtigkeit des Einzelnen ist wie wildwucherndes Steppengras. Zuviel Sonne dörrt aus. Hungrige Tiere erledigen dann den Rest. Unsere Selbsteinschätzung ist eine holographische Illusion, virtuelle Realität, gepaart mit dem Modewörtchen »geil«. Der sprachliche Geschmacksverstärker für jene, die wichtig nehmen, was sie nicht wahrnehmen.

Etwas nachdenklich sagt der Meister: »Es sterben täglich Menschen, die Medien zeigen und zeigen es, bis wir blind sind. Ich sehe nur Teilnahmslosigkeit. Anteil nimmt der Mensch nur an sich, weil er nur sich wichtig nimmt.«

ZENario:
Kaufen Sie Raumduft mit Waldaroma. Sprühen Sie ihn in einen dunklen Raum, und hören Sie die Nadeln rieseln, spüren Sie den sauren Regen auf Ihrer Haut. Nehmen Sie einen Bindfaden oder ein Klebeband und die Raumduftpackung, und suchen Sie sich einen Baum im Wald. Befestigen Sie den künstlichen Waldduft in einer Astgabel, und machen Sie ein Foto davon. Behalten Sie den Baum in guter Erinnerung, damit Sie nach einiger Zeit die Packung auch entsorgen können. Was das soll? Das ist Simulation in Echtzeit. Original und Fälschung. Ihre Eintrittskarte in die Welt der Falsifikate.

ZUM LUSTVOLLEN LEBEN GEHÖRT DAS BADEN IN DEN EIGENEN WIDERSPRÜCHEN.

Günther Nenning

Was schert mich mein Geschwätz von gestern, soll Konrad Adenauer gern gesagt haben. Eine lustvolle Ausrede für die eigenen Widersprüche, die man ständig produziert. Wer mit Erfolg provozieren will, muß Widersprüche produzieren. So bleibt man im Gespräch und streckt seine Brust nicht unbemerkt in die Welt.

Der Meister hält das für absolut notwendig, um lebendig zu bleiben. »Widersprüche sind notwendiges Schmirgelpapier für die Gedanken.«

ZENario:

Nehmen Sie Töpfe und Pfannen, zwei Kochlöffel und, wenn Sie Mieter sind, möglichst nicht die Nachtstunden. Hauen Sie auf den Putz. Trommeln Sie sich den Frust von der Seele und geben Sie Ihrem Leben einen neuen Rhythmus. Nur wer trommelt, hat noch Töne.

NUR IM SCHEITERN LIEGT UNSERE CHANCE.

Anonym

Und dazu spielen wir auf dem Scheiterhaufen der Geschichte mit den Knochen von James Dean und Rita Hayworth. Das Scheitern ist nun bestens vorbereitet. Geichzeitig glauben wir an das schöne Bild vom Phönix aus der Asche. Wohlwissend, daß es sich dabei um eine Schimäre handeln muß. Das Scheitern allerdings kann sehr konkret beschrieben werden. In vielerlei Beispielen, die zu Tränen rühren oder den jeweiligen Sieger zum Lachen bringen.

Ja, auch Scheitern will gelernt sein. Man wird dadurch sicher nicht klüger, aber gescheiter, sagt der Meister.

ZENario:

Machen Sie heute eine Siesta. Eine kleine Pause in der Mittagszeit. Auch der klassische Jesuitenschlaf ist erlaubt. Dafür halten Sie den Schlüsselbund in der geöffneten Handfläche. Sie legen sich auf eine harte Bank, die Hand mit dem Schlüsselbund lassen Sie leicht herabhängen. Wenn Sie nach 5 Minuten einschlafen, fällt der Schlüssel auf den Boden (Teppich vermeiden) und weckt Sie. Weitersagen!

WENN DU DIE GELEGENHEIT HAST ZU REDEN – MISSBRAUCHE SIE.

Kurt Tucholsky

Man muß den Schwerpunkt aber richtig setzen. Bei den meisten Rednern liegt dieser über 100 kg. Das zeugt vom Mißbrauch der vollfetten Art. Nicht nur beim Reden, sondern vor allem beim Essen. Nur keine Streitgespräche (das erfordert ja Kultur). Statement, Antworten und lange Sätze. Nikita Chruschtschow hat wenigstens noch seinen Schuh ausgezogen, um seine Worte am Rednerpult der UNO zu unterstreichen. Bevorzugt wird heute die dummdreiste Art, Gelegenheiten zu nutzen und Aufmerksamkeit (eine sehr begrenzte Ressource heutzutage) zu mißbrauchen. Was aufs Reden zutrifft, läßt sich auch vorzüglich auf andere moderne Ausdrucksformen übertragen. Nehmen wir diese kleinen dunklen Kästen, in denen die Oscars niedergeweint werden dürfen.

Als der Meister das Kino verlassen hatte, räusperte er sich und verlangte eine zweite Eintrittskarte mit den Worten: Soviele künstliche Tränen kann einer allein nicht vergießen. Eine Entdeckung, die ich mißbrauchen möchte.

ZENario:
Schreiben Sie eine Rede. Auch wenn Sie noch nie vor einer größeren Gruppe gesprochen haben. Spätestens zu Ihrer Hochzeit oder Ihrem 50. Geburtstag müssen Sie ein paar Worte sagen. Bereiten Sie sich darauf vor. Ein weißes Blatt, ein Bleistift und Sie können die Erwartungen aus den Angeln heben.

DER HIMMEL GEHÖRT ALLEN, DIE ERDE WENIGEN.

Klaus Staeck

Dinge, von denen man nicht alles weiß oder teilweise nicht versteht, gibt man der Öffentlichkeit preis. Beispiel: Das Pissoir am Heinrich-Platz, das Museum für Avantgarde-Kunst und eben auch den Himmel. Da gehört er nun allen, und keiner weiß etwas damit anzufangen. So warten alle darauf, hineinzukommen, und jeder scheut die Nachfrage, wann es denn nun endlich soweit ist. So lange bleibt man dort, wo alle sind, mit beiden Beinen auf der Erde. Bevor wir nun schlaflos in Wanne-Eickel oder Hildesheim zwischen Erde und Himmel hängen, vertrauen wir den Ratschlägen des Meisters, dem es ein himmlisches Vergnügen bereitet, uns in tiefe Verwirrung zu stürzen. Denn Verwirrung ist der erste Schritt zu Erleuchtung.

Aber Himmel und Erde? Ist das nicht ein Stück aus dem lustigen Rheinland? Blutwurst, gedünstete Äpfel und Kartoffelpüree, wenn ich mich recht entsinne?

ZENario:

Kommen Sie Ihrem Lieblingsmusiker oder Komponisten näher. Hören Sie mit Kopfhörer. Tun Sie nichts anderes. Hören Sie nur Musik für ein, zwei Stunden. Hören Sie nicht auf die Stimmen, die Instrumente, die Klänge, sondern auf das, was dahinter klingt. Schalten Sie ein, um abzuschalten.

ZEIGE MIR EINEN GESUNDEN MANN UND ICH WERDE IHN HEILEN.

C.G. Jung

Oder wie der englische Autor Ranke-Graves nicht ganz ohne Hintersinn fragte: »Ist einer, der eine Verrückte liebt, selbst verrückt – oder macht ihn die Liebe erst dazu?« Und – kleine Zusatzfrage – wie sind die Heilungschancen? Trifft dies auch auf Frauen und die Verrückheiten der Männer zu? »Zeige mir einen gesunden Mann«, damit beginnt das Problem. Alle haben irgendwelche Lädierungen, Geisteskrankheiten und Ausfallerscheinungen.

Der Meister hat da wenig Respekt vor C.G. Jung. Für ihn ist eines klar: »Wer sich heutzutage für gesund erklärt, muß ja wohl krank sein, wenn nicht sogar verrückt!«

ZENario:
Denken Sie heute einige Minuten über Ihre Gesundheit nach. Rauchen Sie immer noch? Treiben Sie wenigstens ein bißchen Sport? Schlafen Sie ausreichend? Machen Sie sich zumindest ein paar gesunde Gedanken.

Es ist überhaupt nicht lustig, für einen Komiker gehalten zu werden.

unbekannter Humorist

Gerade traurige Menschen geben anderen oft Grund zu lachen. Die Damen und Herren der Betroffenheitsfraktion finden sich deshalb auch weit häufiger in zeitkritischen Kolumnen als Bruder und Schwester Lustig. Die sind eher in den Klatschspalten vertreten. Applaus ist nun mal das einzige, das außer Zitronensaft die Mundwinkel nach oben zieht. Dabei ist es überhaupt nicht lustig, immer lustig zu sein. Allerdings wirken manche Verhaltensweisen unbeabsichtigt komisch, was in einigen Situationen nun wahrlich nicht lustig ist. Der Song »he is a jolly good fellow« auf der Hammond-Orgel beim Trauergottesdienst für einen Transvestiten gespielt, überfordert garantiert die Geschmacksnerven. Doch wahre Komiker brauchen keine Scherze. Nur einen Bart, eine schwarze Brille, eine Zigarre im rechten Mundwinkel und zwei buschige Augenbrauen.

Was sagt der Meister als Komiker seines Faches: Diesen ›Marxismus‹ lasse ich mir jederzeit gefallen.

ZENario:
Die folgende Aufgabe ist all jenen respektlos gewidmet, die schon beim Knacken eines Schokokekses Zahnschmerzen bekommen. Machen Sie heute einen Termin beim Zahnarzt Ihres Vertrauens. Lassen Sie sich mal auf die Zähne fühlen. Kleine Mutprobe, aber sinnvoller als Bungee-Springen.

IN VÖLLIGER ABWESENHEIT BEFINDE ICH MICH IMMER IN GUTER GESELLSCHAFT.

Yoshi

Geistig weggetreten sind einige. Aber völlige Abwesenheit erfordert mehr. Höchste Konzentration und ein Hineinwachsen und Hineinsterben in Vollendung. Da die Vollendung aber die Erleuchtung ist, ist die völlige Abwesenheit nicht sofort, nicht mit viel Übung und auch nicht für jeden zu erreichen.

Der Meister weiß, wenn man seinen Bus oder Zug erreicht, hat man schon viel erreicht. Viel mehr, als man noch vor dem Aufstehen erwarten durfte. Auf jeden Fall aber sollte man erster Klasse fahren. Dann ist man vielleicht auch in guter Gesellschaft.

ZENario:

Auf in den Milchsommernachtstraum. Nicht Weißbier, nicht Shakespeare, nein! Milch. Milchmixgetränke, wie aus der Milchbar der 50er Jahre. Vielleicht noch mit der passenden Musik dazu. Laden Sie sich Freunde ein, die sich nicht unbedingt nur die Milch der frommen Denkungsart eingießen lassen.

WENN ICH NICHT FÜR MICH EINSTEHE, WER DANN?

Erich Fromm

Daran erkennt man die wahre Kunst des Liebens. In einen Spiegel schauen und ungeschminkt den Tag anhimmeln. Erkennen Sie in sich die Kreuzung aus Fred Astaire, Frank Sinatra und Campino von den Toten Hosen oder aus Rotkäppchen, Michele Pfeiffer und Simone de Beauvoir. Sollte irgend jemand zwischen Ihrem linken und rechten Ohr daran etwas in Zweifel ziehen, lassen Sie sich nicht beirren. Bleiben Sie bei Ihrer Meinung – eine gesunde Schizophrenie ist das schlimmste nicht. Sonntags dürfen Sie auch unter Aufsicht nach Hause. Hauptsache, Sie müssen sich keine Vorwürfe machen. Wenn Sie schon nicht an sich glauben, wer dann?

ZENario:
Töten Sie ab heute kein Tier mehr. Auch nicht die Fliege an der Wand. Nicht die Spinne, die Sie erschreckt und Alpträume auslöst. Nicht die Mücke, die Sie nachts nicht schlafen läßt (lassen Sie die Fenster geschlossen, dann kommen auch keine Mücken rein!) Töten Sie nie mehr ein Lebewesen. Töten Sie den Killer in sich.

WER GLAUBT, ETWAS ZU SEIN, HAT AUFGEHÖRT, ETWAS ZU WERDEN.

Philip Rosenthal

»Das ist der Kain in dir, der den Abel ermordet«, sagt der Meister kurz und schmerzlos. Oder der Kampf der Geschlechter. Das Treffen von Landesvater und Landesmutter. Die Wahl zwischen flüssigen und überflüssigen Dingen: Cherry-Kaugummi oder Erdbeerbier aus Belgien. Das große Nachdenken jener, die seit Jahrzehnten schon über Zwanzig sind und bleiben. Das Lebendige und Dynamische in der Vergangenheit und der Gegenwart, im Sein und im Werden. Ob wir sprechen oder schweigen – ist gleich. Werden wir irgendwann etwas sein oder immer nur etwas werden?

Der Meister sagte nichts, aber er wischte sich den Schweiß von der Stirn.

ZENario:
Achten Sie heute besonders auf das Wetter. Beobachten Sie die Wolken, den Wind, die Temperatur am Morgen, Mittag und Abend. Blicken Sie zum Mond und zu den Sternen. Sollte es bewölkt sein, beobachten Sie die Veränderungen des Lichts zu den jeweiligen Tageszeiten.

DER MANN MACHTE SEHR VIEL WIND – O NEIN! WENN ES NOCH WIND GEWESEN WÄRE, ES WAR MEHR EIN WEHENDES VAKUUM.

G. C. Lichtenberg

Es ist das ewige Lied vom Rauschen und Parlieren. Oder was das schöne deutsche Volkslied »Ein Bett im Korn« schon so treffend thematisiert: Ein Sommerabend... dann wenn Fenster und Türen offenstehen, die Seifenopern blubbern und Männerstimmen in sonorer Weißbierlaune grölen. Während Frauen mit fruchtig-luftigem Singsang den letzten Knoblauchduft aus der Küche wehen. Dann ist es soweit und eigentlich zum Heulen. Der Wind der Gewöhnlichkeit zieht durch die Straßen. Man könnte sich richtig anbrüllen, das wäre noch was. Aber nein, es geht viel gewöhnlicher zu.

»Wenn die Sonne untergeht, erwachen die Gewohnheiten!« Der Meister weiß, wovon er spricht. Die Böen gemeiner Schimpfworte treiben das Thermometer auf die Spitze. Der Geist wird zur Vakuumpumpe. Alle rudern mit den Armen, und es bleibt ein Vakuum, das der Meister ganz einfach Liebe nennt.

ZENario:
Gehen Sie heute abend erst zu Bett, nachdem Sie sich über Ihren Tag Rechenschaft abgelegt haben. Das heißt, lassen Sie den Tag noch einmal Revue passieren. So exakt wie möglich. Eine Übung, die man gelegentlich wiederholen sollte. So lernen Sie, Dinge bewußter zu tun.

DAS FERNSEHEN IST EIN MEDIUM FÜR BLINDE. DIE WAND BEIM MEDITIEREN DIE MATTSCHEIBE FÜR SEHENDE.

Emile Varell

Wer nun letztendlich den Durchblick hat, wissen wir nicht. Rein statistisch gesehen sinkt die Zuschauerquote. Die Zahl der Meditierenden ist jedoch gleichbleibend unbekannt. Also immer hinein ins volle Seelenleben. Hat der Fernseher nun mehr Karma als die seidenmatt gestrichene Rauhfaser? Trance-Arbeit hier und da. Neurosen und Komplexe in der Software Mensch. Heiler und Kurpfuscher gibt es auf allen Kanälen. Wie sagte schon John Lennon: Don't trust in Jesus, don't trust in Beatles, don't trust in me. »Der Kontinent Seele bleibt nach wie vor unerforscht.«

Der Meister lächelt: Deshalb wäre auch der sechste der olympischen Ringe ein Rettungsring.

ZENario:
Stellen Sie Fragen wie ein Kind. Wie funktioniert eine Digital-Uhr? Wie ein Laser? Suchen Sie nach Antworten. In Büchern, bei Freunden. Telefonieren Sie mit Menschen, die vielleicht mit der jeweiligen Materie besser vertraut sind als Sie.

GEWOHNHEITEN MACHEN ALT.

Attila Hörbiger

Ein molliger Dienstagmorgen im Fitneß-Center oder auf der Sonnenbank ist für den Betrachter auch eine Art Frühstücksfernsehen. Wenn die Erdnußbutter abschmiert und die Eiswürfel im Kühlschrank scheppern, stellen sich alte Gewohnheiten ein. Wenn man sich näher kommt, redet man über Liebe und Tod. Übrigens eine sehr schlechte Angewohnheit. Genauso wie die lappigen Brötchen, wenn sie später im Büro zusammen mit dem Laptop aus der Tasche gezogen werden. Ist Ihnen denn noch nie ein normales Sandwich zwischen den Schoßhund-Computer geraten? Unglaublich! Da tankt die Festplatte Tomatensaft und Bavaria blue. Der junge Mensch neigt zu solchem Käse – also auch Gewohnheiten.

Es ist noch kein Meister vom Himmel gefallen, geschweige denn von Gewohnheiten erschlagen worden. Die eine oder andere Gewohnheit läßt uns bloß alt aussehen.

ZENario:

Tragen Sie heute mal ein sogenanntes Bandana. Ein indianisches Stirnband. Das liegt in jedem Haushalt irgendwo herum – ganz sicher. So ein Stirnband hält die Gedanken zusammen, sagt der Meister.

MAN MUSS DAS, WAS MAN IM SINN HAT, SEHEN UND FÜHLEN.

Serge Eisenstein

Sie erinnern sich: ». . .und zwei im Sinn«. So war es damals. Heute macht alles keinen Sinn mehr, nur noch Cash. Cash ist aber weder zu sehen noch zu fühlen. Und Cash-flow ist demnach Überfluß. Sinnbilder sind, so der Meister, oft nur Namen. Zum Beispiel ein Name wie: Eisenstein.

Die Quelle der Weisheit, die zeitlose Essenz, der natürliche und ursprüngliche Zustand liegt in Worten, die nicht ausgesprochen werden. Wir müssen nicht den Mund öffnen, sondern Augen und Hände, um zu empfangen. Aber warum spricht der Meister diese Erkenntnis aus, ist das nicht widersinnig?

Nein, betont er, Zen steht jenseits aller Widersprüche!

ZENario:
Gehen Sie in die Sauna oder nehmen Sie ein Entspannungsbad. Das reinigt die Poren und löst Verkrampfungen. Alles fällt von Ihnen ab. Und daß es auch noch so gut riecht, mag man dann kaum glauben.

DIE BIOGRAPHIE VERLEIHT DEM TOD EINEN NEUEN SCHRECKEN.

Oscar Wilde

Solche Sätze lösen starke Reaktionen aus, Liebe oder Schüttelfrost. Die Wirkung kommt aber immer sogleich – ohne Verzögerung. Da spürt man den Weltschmerz pur. Ein Strauß Lilien in Worte gebunden. Das Grab ist der eigene Kopf. Brauchbar und unbrauchbar zugleich für die gesamte Breite der Gefühlsskala. Was nur in Ironie gipfeln kann.

Der Meister blickt auf den Namen des Zitierten und sagt: »Take a walk on the Wilde side!«

ZENario:
Besuchen Sie eine Kirche oder Kathedrale in Ihrer Nähe. Setzen Sie sich außerhalb der Messezeiten in eine Bank und lassen Sie die Atmosphäre auf sich wirken. Atmen Sie Ruhe und Harmonie. Beachten Sie, daß alte Kirchen immer an magischen Plätzen errichtet wurden. Das sind Voraussetzungen, die Wirkung zeigen.

DIE UMSCHLAGSEITEN DIESES BUCHES
LIEGEN ZU WEIT AUSEINANDER.

P. M.-S.

Yoshi runzelte die Stirn, als er diese Worte hörte. Sollte alles umsonst gewesen sein? Oder hatte sich die Dame nur versprochen? Meinte Sie, die Ohren liegen zu weit auseinander?

Der Meister mischte sich ein und frohlockte: »Zählt Yoshi jetzt zu den Dickmachern, oder versteckt er sich hinter Seiten und einem Namen, um sich dünne zu machen? Ein Jahr ist ein Jahr. Da hilft nix. Da müssen wir durch – ich und Yoshi und Palma M. . . .

Was soll das dem Leser sagen, heute am 24. August?

Mach es besser! Mach es besser, sagt der Meister und reißt eine Seite nach der anderen aus dem Buch.

ZENario:
Kaufen Sie sich ein Ringbuch. Legen Sie 365 weiße Seiten ein. Kleben Sie ab heute jeden Tag ein kleines Fundstück auf die Mitte der Seite. Vermerken Sie rechts unten oder oben das Datum. Sammeln Sie überraschende Zeichen Ihres Alltags. Freilaufende Gummibärchen, eine Überschrift aus der Tageszeitung, ein Kompliment, das Sie bekommen haben. Ein Polaroid vom ersten Fallschirmabsprung oder Fallobst im Herbst. Jeden Tag ein Stück Leben kleben. Damit etwas kleben bleibt von Ihrem Leben.

JEDER HAT SEINE WETTERSEITE – AUCH IN DER MORAL.

Eberhard Schneider

Da haben Sie nun 100 Millionen Neuronen im Kopf, aber keine moralische Instanz – ausgenommen Ihre Bausparkasse und das Bild des Landebahnküssers aus Rom. Und wenn nach Jahren des Dahinscheidens die flotte Biene und Ex-Verlobte ausgesummt hat – mal so als Beispiel –, während Sie sich eine kleine Lendenwirbelmasseuse nebenbei zugelegt haben – was dann? Die Frau Gemahlin könnte ja mal über ihren Schatten springen und . . . alles klar? Die Wetterseite ist nicht imprägniert. Irgendwann schlägt die alte Moral durch und schon hagelt es mehr als Proteste. Wir sind nun mal nicht bei den Eskimos und spielen Nase-Nase. Hier herrscht Zucht und Unordnung.

Die Scheidungsraten sprechen für sich, sagt der Meister. Bei der Trauerarbeit hilft auch nicht der plakative Hinweis bei McDonalds: Wir trennen – mach mit. Wer sich traut, den hat heutzutage der Mut verlassen.

ZENario:
Küssen Sie heute auf die Wange, oder herzlich auf den Mund oder erotisch mit allem, was bei Ihnen dazugehört. Küssen schützt vor zuviel Nähe. Man entfernt sich danach zwangsläufig wieder, um Atem zu holen. Und Atmen ist nun mal das Gesündeste.

OHNE LANGSAMKEIT KANN MAN NICHTS MACHEN,
NICHT MAL REVOLUTION.

Stan Nadolny

Selbst ein Fahrrad ist noch zu schnell, wenn man die Langsamkeit entdecken will. Der Daumen eines Michael Schumachers für Dekra in die Nase gesteckt, ist nur der müde Versuch, die Geschwindigkeit herunterzuschalten, oder die Beschleunigung aufzuheben, mit einem Blick oder einer Geste.

Nur wer so langsam werden kann wie der Meister, erreicht Schrittempo. Die Gehmeditation im Zen (Khinin). In einen Raum, der sich beschleunigt und zum inneren Stillstand führt. Und das ist dann wahrlich eine kleine spürbare Revolution.

ZENario:
Wenn Sie einen Anrufbeantworter besitzen, ändern Sie die Ansage. Von einer Ansage, die eher zum Aufhängen animiert, zu einer, die alles sagt: ein zensationelles OM.

SETZE NICHTS IN BEWEGUNG, WAS DU NICHT AUCH ZUM STILLSTAND BRINGEN KANNST.

Peter Sloterdijk

Ganz gleich, ob Sie eine Achterbahn oder Ihre Video-Kamera betätigen. Es läuft, und Sie müssen den Knopf kennen, der Ihnen eine Haftpflichtversicherung erspart. Und dann? Dann ist alles nur noch wie eine Autofahrt durch die Wüste. Wie eine Tüte bester Fruchtgummis, die in der brütenden Sonne dahinschmelzen, wie die sehnsüchtigen Blicke eines pickelnarbigen Privatdetektivs am Strand von Malibu.

Solche Geschichten erzählt der Meister gern. Er will damit nichts in Bewegung bringen, sondern vielmehr zum Stillstand.

ZENario:

Laden Sie sich jemanden zum Spielen ein. Entweder Sie haben selbst ein Spiel im Haus oder Sie leihen sich ein interessantes Spiel von Freunden oder Bekannten aus. Spielen Sie einen Abend lang, und Sie werden spielend alles vergessen, was Sie morgen wieder beschäftigen sollte.

NICHT ALLE FACHLEUTE SIND IDIOTEN, DOCH IDIOTEN SIND IMMER FACHLEUTE.

Rolf Hochhuth

Ein Gedanke aus der Knautschlackzone. Aber auch eine Überlegung mit Hintergrund. Denn ohne Hintergrund kein Vordergrund, und ohne Nonsens kein Konsens.

Auch der Meister hält den Irrsinn für eine legitime Form des Ausdrucks. Aber wo beginnt der Schwachsinn? Wo endet der Wahnsinn? Und was macht wirklich Sinn?

Der Zen-Schüler besuchte einen Vortrag über das Christentum und die Frage: Kommen wir in den Himmel? Anderentags fragte er den Meister, was er wohl meine, wie man als Christ in den Himmel kommt. Die Antwort des Meisters: »Üben, viel üben!«

ZENario:

Suchen Sie sich einen geschichtlichen Zeitraum der letzten 200 Jahre, über den Sie nicht viel oder nur ganz wenig wissen. Besorgen Sie sich Informationen aus Büchern oder aus dem Internet (wenn Sie lieber mit Ihrem Computer lernen), und tauchen Sie in die Vergangenheit.

NACH EINEM DREISSIGJÄHRIGEN KRIEG MIT SICH SELBST, KAM ES ENDLICH ZU EINEM VERGLEICH, ABER DIE ZEIT WAR VERLOREN.

G. C. Lichtenberg

Das Zaudern und Hadern ist der Sand in Sanduhren. Er rieselt so durch – und mit einem Dreh wird es nicht besser. Dem Krieg folgt kein Frieden. Viele vergessen die Zeit darüber. Und plötzlich wollen wir eine Standortbestimmung. Peng! Da kommen die Gefühle ins tränen. Alter ist, wenn man trotzdem staunt. Was für Gedanken, was für Nichtigkeiten gegen die Zeit, die wir verloren haben.

Der Meister nickt und sagt nur: »Vor uns liegt vergleichsweise immer weniger. . .!«

ZENario:

Heute gibt es nichts, rein gar nichts. Keine Aufgabe, kein schlechtes Gewissen. Heute gibt es Zen!

30. August

Woher habe ich eigentlich die Zeit, so viele Dinge nicht zu tun?

frei nach Karl Kraus

Dieser Schwäche folgt die Schande. Und auch der Aufenthalt in Eckkneipen wird deshalb nicht zur runden Sache, wenn man es recht bedenkt. Wie habe ich mir die Zeit gestohlen? Unter dem Licht einer Stehlampe sich dies fragend, muß man dann erkennen, daß es keine erhellende Antwort gibt. Selbst Kant hilft da nicht weiter, der ja bekanntlich vor allem an das Ding an sich gedacht haben soll. Wo hat der Mann die Zeit dazu hergenommen? Alles was gedacht, aber nicht getan wurde, wird auch keinen Schaden anrichten, könnte man meinen. Ist es also nützlich, nichts zu tun?

Da bleiben zwei Möglichkeiten, sagt der Meister: Kampf oder Flucht. Oder nichts tun, das ist dann die drittbeste Möglichkeit.

ZENario:
Stellen Sie einen Buddha auf. Oder suchen Sie sich ein Objekt, das für Sie die gleiche Funktion erfüllt. Innerer Stillstand für einige Sekunden oder Minuten. Immer dann, wenn Ihr Blick auf Buddha oder das Objekt fällt.

EINE GEWISSE ORDNUNG IST NOTWENDIG. ABER MAN SOLLTE VERMEIDEN, DASS DINGE ZU SEHR IN ORDNUNG SIND.

Robert Bresson

Das schönste Chaos herrscht im Geist. Die Verwirrung ist das erste Ordnungsprinzip auf dem Weg aus dem Chaos. Während an einem Ort Ordnung entsteht, gerät eine andere Ordnung aus den Fugen. Das ist Gesetz. Eine Erkenntnis, die durch nichts zu belegen ist, als durch Chaos. Und schon haben wir ein mentales Perpetuum mobile. Eine immerwährende Bewegung, die uns nicht ruhen läßt.

Und auch der Satz des Meisters: Finde heraus, wo es fehlt, dann kommt es in Ordnung, ist nur ein Satz ohne Anspruch auf Ordnung. Er ist der Anfang eines noch größeren Chaos. Aber der Anfang der Erkenntnis. Um es mit einem Satz zu vereinfachen: Du hast alles in der Hand. Chaos und Ordnung. So weht er, der goldene Wind, der alles ordnet.

ZENario:
Lernen Sie folgendes auswendig und wiederholen Sie es heute und in den nächsten Tagen: Die Dinge sind so, wie sie sind. Ich bin so, wie ich bin. Alles ist, wie es ist. Ja, so ist das im Krabbelalter der Erkenntnis, lächelt der Meister. Schreib es dir auf!

September

»LACHEN, DAS IST DER GEIST, DER NIEST.«

Lewis

ES WIRD IN DEUTSCHLAND MIT NICHTS SOVIEL ZEIT VERTAN WIE MIT BIERTRINKEN.

Bismarck vor dem Reichstag

Der Blick ins Glas hat die Funktion einer Vergrößerung. Man kommt zu Erkenntnissen, wie Picasso in seiner blauen Periode. In Deutschland hängt die Bereitschaft, sich auf diesen ober- oder untergärigen Weg der Weisheit zu begeben, stark von der Stimmung ab. Den Grad der Selbstreflexion zeigt das dumpfe vor sich Hinsinnieren an Holztischen an. Noch südlicher gibt sich der Wissende rechtzeitig die Mozartkugel und verschließt alles in einen süßen Wahn zwischen Sissi und Süßspeisen. Und dann gibt es natürlich noch jene, die sich ihre Aura wegtherapieren lassen.

Der Meister hört dies mit Freud im Hinterkopf und wünscht sich mehr Leidensdruck am Morgen danach. Denn nicht nur in Deutschland wird viel Zeit mit s.o. . .

Glas für Glas wie Akupunkturnadeln, die auch betäuben.

ZENario:
Heute bekommen Sie den richtigen Durchblick. Putzen Sie mal wieder Fenster.

HEUTZUTAGE KENNEN DIE LEUTE VON ALLEM DEN PREIS UND VON NICHTS DEN WERT.

Oscar Wilde

Das sind Angebots-Sätze im Angsthaushalt moderner Singles. Das Wohl- und Normalbefinden entscheidet sich an den Ladentheken kurz vor 18.30 Uhr, auf dem letzten Drücker in einem kleinen Feinkotzgeschäft im Viertel. Es darf aber nur ein Achtel sein, sonst leidet die Figur. So zeigt sich der Wert überteuerter Läden kurz vor Feierabend. Der wahre Wert aber zeigt sich dann bei der beiläufigen Nahrungsaufnahme und -abgabe. Meist mit einer Hochglanz-Zeitgeistgazette neben Tisch und Stuhl.

Der Meister runzelt die Stirn und erinnert an Zeiten, als allem noch mehr Wert beigemessen wurde. Inzwischen geht es fast nur noch um Mehrwert. Mehr haben. Mehr wollen. Mehr können. Mehr sein!

ZENario:
Erheben Sie den wertlosesten Gegenstand Ihrer Wohnung zu einem Kleinod. Stellen Sie ihn an einen Platz, der ihn in den Mittelpunkt rückt. Welchen Gegenstand Sie dafür auswählen, bleibt Ihnen überlassen. Es kann ein pinkfarbener Massagestab sein oder die Duftpyramide, die Ihrem Schlafzimmer den Charme einer Lufthansa-Toilette verleiht.

VORTEILE, FREUNDE, SIND DIE KÖNIGE DES VULGÄREN.

Voltaire

So vorteilhaft wie ein Sommerloch. Was ab 21. September dann Winterschlaf heißt und ab 21. Februar wieder Frühjahrsmüdigkeit ist. Aber so sind wir immer gut erholt und ausgeschlafen. Auch um unsere Ohren weit genug aufzuspannen, wenn die Intrigen sich spinnen und die Türen knallen. Da kommt Freude auf. Wenn Nachbarn ordinär und gewöhnlich das Leben meistern oder zum Scheitern bringen. Der Vorteil, Sie wissen es zuerst, wann das Haus zum Verkauf steht, die Nachbarin für Zuneigung offen und der attraktive Strohwitwer für einen kleinen Umtrunk zu haben ist. Vulgäre Neugierde ist also von Vorteil!

Da ist Strom in der Hütte. Mit Watt, Volt und Voltaire. Und das Zitat? Bedenkenswert, aber von Nachteil, wenn man sich ausschließlich davon leiten läßt, sagt der Meister.

ZENario:
Legen Sie Gemüse ein. In eine schöne Vinaigrette. So kann Genuß lange überdauern. Einschlägige Rezepte finden sich in entsprechenden Kochbüchern.

ES LÄUFT KEIN FLUSS DEN BERG HINAUF.

Volksmund

Außer in den Bildern von M.C. Escher, und auch da nur, weil unsere Wahrnehmung verrückt spielt. Flüsse, die bergauf fließen, haben etwas von perfektem Witz und von befreiendem Gelächter. Rutscht jemand aus und fällt, kann er selbst kaum darüber lachen. Die Ursache aber, eine Bananenschale zum Beispiel, bekommt Blähungen vor Vergnügen. Das herbeigezogene Schicksal ist der Fluß und der das Schicksal herbeizieht der Berg. So kommt alles zusammen, auch was nicht zusammengehört und überhaupt nicht in der Lage ist, Dinge zu tun, die physikalisch nicht machbar sind. Aber das ist ja das Schöne an Widersprüchen. Das Wesentliche dieser Aussage ist eigentlich nur das Wasser. Denn das nützt allen Dingen und stellt sich niemandem entgegen. Es erreicht jeden Ort. Wenn es sein muß, sehr langsam und tröpfchenweise, aber äußerst wirkungsvoll, sagt der Meister.

ZENario:
Bauen oder kaufen Sie sich ein kleines Gefäß mit fließendem Wasser, hübsch angelegt wie ein Teich, als Bodenanlage, oder noch kleiner für die Fensterbank oder den Tisch. Eine Minipumpe hält das Wasser in Bewegung und das Geräusch des Wassers hält wiederum Sie in Bewegung. Alles fließt!

DAS WORT IST NUR EIN ZEICHEN FÜR DEN GEDANKEN.

Friedrich Nietzsche

Nun machen sich aber einige keinerlei Gedanken und setzen dennoch Zeichen. Ist das verboten, absurd oder die notwendige Spreu vom Weizen? Oder ist es der lebensgefährliche Versuch, dem Gegenüber auf den Zahn zu fühlen, ob er überhaupt zuhört? Worte sind nur die letzte Ruhestätte der Gedanken. Ganz gleich, ob man sich welche gemacht hat oder nicht. Denken Sie doch ein wenig darüber nach.

ZENario:

Tun Sie heute alles in Ruhe. Bedenken Sie jede Aufgabe. Verbieten Sie sich Spontaneität, arbeiten Sie konzentriert und langsamer, als es sonst Ihre Gewohnheit ist. Atmen Sie dabei betont ruhig und hörbar aus.

WER SICH AUF DEN LORBEEREN AUSRUHT, TRÄGT SIE AN DER FALSCHEN STELLE.

Mao Tse-Tung

Warum haben gerade die Lorbeeren solche Bedeutung? Auszeichnungen im allgemeinen sind meist doch Kränze, die vor dem Tod übergeben werden. So wie brutusartige Lippenstiftspuren auf Hemdenkragen, die – entdeckt – schon zu Morden führten. Die angenehmen Dinge im Leben sitzen immer an der falschen Stelle und erzeugen bloß Neid und Mißgunst. Etwas zur Schau stellen, ist immer wie lautstark ins Ohr brüllen, aber es hat auch was von Größe und Ehrlichkeit. Bernd Morsbach sagt dazu: Was man nicht verbergen kann, soll man betonen. Vom Brandfleck auf dem Ledersofa bis zum Leberfleck im Ausschnitt.

ZENario:
Üben Sie sich ein paar Tage in demonstrativer Bescheidenheit. Tragen Sie beispielsweise keinen Schmuck, keine betont modischen Kleider, nichts was irgendwie auffällt. Es könnte sein, daß Sie nun wirklich auffallen – und nicht einmal unangenehm.

NICHT DIE ZEIT IST ES, DIE UNS FERTIG MACHT, SONDERN DAS TEMPO.

Steven Watch

Immer mehr wissen zu müssen hat eine beschleunigende Wirkung. Langsam können nur noch Kinder entdecken. Wer zu schnell lebt, kann nicht klar erkennen, verpaßt Wichtiges und lacht nur da, wo andere auch lachen. Das wahre Lachen aber kommt von innen. Und die Zeit läuft . . . Tempi passati . . .!

Der Meister denkt dabei an dieses seltsame Bild vom Bildungshunger. Er meint, die Menschen sollten flüssige Nahrung bevorzugen! Das reinigt die Nieren und wird schneller ausgeschieden.

ZENario:
Suchen Sie sich ein weites Feld. Tauchen Sie ein in die Farben der Ähren, der Halme oder in das satte Gelb der Flachsfelder. Nehmen Sie Blüten, Blätter und Gräser, und begreifen Sie im wahrsten Sinne des Wortes die Natur.

SO WAR'S NICHT GEMEINT.

Schiller, Piccolomini

Entschuldigungen sind wie ein altes Sandwich. Eine Art Kiefergymnastik, wie das ebensogern geübte Kopfschütteln. Sichtbar, aber wirkungslos. Wer Verletzungen verursacht, muß sich nicht wundern, wenn der andere seine Wunden leckt. Dabei zeugen auch kleinere Blessuren oft von mehr Wirkung als die große verletzende Geste. Im Zen spricht man davon, daß alles Leiden ist. Und die Wahrheit über die Leidensentstehung ist die Geschichte vom Durst nach Reichtum, Anerkennung, Vergnügen und Lust. Meister Yunmen (ein Zen-Gigant im alten China 864–949) sagt es deutlich in einer seiner zahlreichen Parabeln: Auf die Frage eines Mönches: Was ist das Problem?, antwortete er: Daß du den Gestank deiner eigenen Scheiße nicht bemerkst!

Ja, ja, ergänzt der Meister. Man sollte Worten einen Geruch geben. Wozu auch Herr Schiller noch mal zitiert werden kann. Sehr erhellend die Worte aus Wallenstein: »Spät kommt ihr, doch ihr kommt. Der lange Weg entschuldigt euer Säumen.«

ZENario:

Nehmen Sie diesen Tag als Gelegenheit, sich zu entschuldigen. Nicht mehr und nicht weniger. Beenden Sie einfach eine alte Geschichte. Das ist auch eine Art Reinkarnation.

ES GEHT NICHT DARUM, ZU VERSTEHEN, ES GEHT DARUM, ZU EMPFINDEN.

Robert Bresson

Eine Befindlichkeit, die bei vielen Menschen schwer gestört ist. Begreiflich also, wenn zwischen vielen mehr Unverständnis herrscht als Empfinden. Nicht zuletzt ist das auch Ausdruck unserer Heringsstip-Visiten-Kultur. Das gängige »Man sieht sich. . .« (und dann doch nicht) oder das mediterran hingehauchte Ciao beim Wirt um die Ecke, der vor Herzlichkeit fast in den Ausschnitt der Damen fällt und das leere Glas des Herrn dabei großzügig übersieht. Ciao – ihr Störungsausläufer. Ciao – ihr »alles Liebe«-Grüßer. Der Meister hat sich zurückgezogen aus dieser Scheinwelt der Scheinwerfer und Champagnertulpen. »Finden Sie das nicht ein bißchen übertrieben?« wurde er gefragt.

Nein, war seine Antwort. Nein, wer über das Ziel hinausschießt, kommt schneller ans Ziel – rückblickend, versteht sich!

ZENario:
Setzen Sie die Verhältnismäßigkeit der Mittel außer Kraft. Seien Sie für einen Tag maßlos. So maßlos, wie Sie es sich immer untersagt haben. Schlafen Sie bis in den Nachmittag, essen Sie Eis bis zum Umfallen. Sehen Sie fern bis in die Puppen. Seien Sie maßlos, dann ist morgen vielleicht alles wieder im Lot.

DAS DREHBUCH DES LEBENS IST WIE EIN KOFFER. MAN BEMÜHT SICH, SORGFÄLTIG ZU PACKEN. DIE NOTWENDIGEN DINGE NICHT ZU VERGESSEN. ABER DER KOFFER IST NICHT DIE REISE.

Sam Sonite

Reisevorbereitungen sind eine Sache für sich. Schließlich weiß niemand so genau, wie man Sehnsüchten nachgeht. Es ist wie bei einem Musikstück. Der Komponist John Cage nannte eines seiner Stücke Nah & Fern. Eine Reise zur Entdeckung ungeahnter Zusammenhänge. Wer sich konzentriert, also richtig zuhört, entdeckt, daß es etwas ganz Einfaches ist. Der Klang, das Mitklingen und das Erkennen. Ebenso verhält es sich mit dem Reisen. Wer glaubt, an alles gedacht zu haben, hat das Wichtigste vergessen. Und das Wichtigste ist zugleich auch immer das Unwichtigste, wenn man es wichtig genug nimmt.

Verwirrend? fragt der Meister. Gut so! Dann hat man beim sorgfältigen Packen schon ein gutes Stück des Weges zurückgelegt. Ist dem Ziel näher, und das Ziel steht auf der letzten Seite des Drehbuchs: Lehre die Kuh das Steptanzen.

ZENario:

Machen Sie eine innere Reise. Nehmen Sie sich ausreichend Zeit, um in der Sonne oder ganz bequem im Zimmer sitzend zu verreisen. Eine Kreuzfahrt entlang der Synapsen – einer unüberschaubaren Inselkette, geradezu eine Galaxie unendlicher Sternstunden. Reisen Sie!

WAS EINSAMKEIT IST, VERÄNDERT SICH MIT DER ZEIT.

Melina Mercouri

Im fortgeschrittenen Alter ist es die Einsamkeit an der Konzernspitze oder in den Armen der 28jährigen Chefsekretärin. Oder wenn ein Birdie vertan ist und das Putten nicht gelingt. Das ist die Einsamkeit, die einige mehr und andere weniger kennen. Und wie steht es mit der unbekannten Einsamkeit des Gorgonzola im Kühlschrank? Der Einsamkeit des letzten Pinot Grigio im Weinregal? Das sind auch Einzelschicksale, an denen wir nicht vorübergehen sollten. Also nehmen wir Gorgonzola, das letzte Stück Weißbrot und das kühle Fläschchen und ertränken in guter Gesellschaft die Einsamkeit. Zu vorgerückter Stunde stehen wir dann in Gedanken und in weißer Hose im Hafen von Piräus und bekämpfen mit einer Nana Muskatnuß erneut das aufkommende Gefühl der Einsamkeit.

Der Meister steht am Ende der Mole und bewundert unsere Fähigkeiten. Die Einsamkeit reicht bis zum Horizont. Aber dahinter, dahinter beginnt die wahre Einsamkeit.

ZENario:
Besuchen Sie einen Ort, an dem Sie gern in Ihrer Kindheit waren. Versuchen Sie sich an Begebenheiten von damals zu erinnern. Sind es noch die gleichen Ecken? Gibt es noch immer dieselben Läden? Schmecken die Süßigkeiten noch so wie damals? Springen die Steine so weit, wie einst über den Fluß?

WOZU DIE VIELEN SCHLAFZIMMER? IHR KÖNNT JA DOCH NUR IN EINEM SCHLAFEN.

Seneca

Das sind Überreste aus jener Zeit, in der man nicht genug haben konnte. Als Väter und Übermütter den Grauschleier, der auf dem Land lag, weggewaschen haben. Also damals – wer erinnert sich noch? – als das Land in Trümmern lag und beim Zupacken und Aufbauen sofort alle menschlichen Regungen mit weggeschafft wurden. Sohnemann kniff der Anzug im Schritt. Papas Sakko spannte, der Hemdkragen scheuerte. Kurzum, das ganze Wirtschaftswunder saß nicht: Das merkte aber keiner. Im Gegenteil. Jubel, Trubel, Heiterkeit durch alle Schlafzimmer. Gefühle furniert, holzvertäfelt und trittfest. Willkommen im Überfluß! Von allem noch mehr! Und bald ist wieder Weihnachten.

Der Meister hält sich den Kopf: Mir ist ganz schwindlig. Damals wie heute herrscht ein Schwitzen und Schwafeln, daß es eine Lust ist, nicht hinzusehen. Weiter so Deutschland! Wenn ich mich recht entsinne, hat das alles Programm. Für mich allerdings ist das nur eine Bettlektüre.

ZENario:
Denken Sie heute mal darüber nach, ob Sie so weitermachen wollen wie bisher. Und überlegen Sie auch, wohin die Fahrt gehen soll. Fragen Sie sich, wie viele Schlafzimmer Sie brauchen und wozu.

ICH VERSTEHE NICHTS VON MUSIK. IN MEINEM FACH IST DAS NICHT NÖTIG.

Elvis Presley

Legen Sie sich einen Hügel an und spielen Sie Wagner. Auf erregtes Kopfwackeln Ihrer Angehörigen hin schmettern Sie die Ouvertüre aus dem Rheingold in die Küche zu Isolde. Tristan hingegen bedient sich des berühmten Es-Dur-Vorspiels – mit Erfolg. Isolde zeigt Gefühl. Schmerzhaft lauscht sie dem Timbre der Liebe. Eine göttliche Szene für jede Mittelgewichtsehe. Und ein besonderer Genuß aufgrund des Werkstatt-Charakters. Das Schlafzimmer ist nun mal die Oper des kleinen Mannes.

Im Augenblick fällt sogar dem Meister nicht ein, wo er das gehört hat. Aber dieses Potenzgerangel zwischen dem Schöngeist in uns und dem Mirabellengeist nach der Meditationsstunde hat ihn schon immer fasziniert. In uns klingt es: »In the ghetto. . .«

ZENario:
Singen Sie laut Ihr Lieblingslied mit. So lange, bis es klingelt. Vielleicht können Sie heute abend noch einen Chor zusammenstellen. Nachbarschaft verbindet!

Hören Sie auf mich ...

unbekannter Politiker

Mit dem Zuhören ist es wie mit einem guten Anrufbeantwortertext. Entertainment löst die Zunge. Beispiel: »Jeder versteht Mickymaus. Einige verstehen Kant. Kaum einer versteht die Welt. Aber mich verstehen alle, weil es bei mir piept!« Dann allerdings ist mit Hören Schluß und ebenso mit lustig. Es gibt Menschen, die rufen den Himmel an, aber auch bei einem Anruf nach den technischen Bedingungen der Telekom kommt sehr deutlich heraus, wer und was hineinspricht. Beim Abhören ist dann wieder Zuhören gefragt. Also Hören ist die Grundvoraussetzung, um im Gespräch zu bleiben.

Meisterlich beherrscht das der Meister, wenn er auf Anrufbeantworter trifft: Früher reichte uns noch ein Ohrenklingeln. Heute höre ich deine Stimme klingen. Und morgen schon kann es das Messingglöckchen sein. Aber jedem Ruf werden wir folgen.

ZENario:
Suchen Sie heute das persönliche Gespräch. Stehen Sie nicht, wie die meisten von uns, wortlos zwischen allen Sitzgelegenheiten. Setzen Sie auf ein persönliches Gespräch. Üben Sie, anzusprechen und per Blickkontakt ansprechbar zu sein. Wer Ihnen nicht entgegenkommt, den lassen Sie hinter sich!

DER GLAUBE BEFINDET SICH UNTER DER RECHTEN BRUSTWARZE.

Martin Luther

Da scheint der Herr dem Volk aber nicht nur aufs Maul geschaut zu haben. Tiefergehende Erklärungen (wie allseits bekannte Luther-Zitate) ersparen wir uns. Der Glaube, der sich hier in scheinbar gutem Zustand befindet, liegt bekanntermaßen in einer tiefen Krise. Unter der rechten Brustwarze sitzt gewöhnlich ein Teil der Lunge. Ein typisches Filterorgan, das, wird es strahlenmäßig erleuchtet, Fürchterliches offenbart. Eine schwarze Seele, neben der kleine Werbedamen Flaggen mit bunten Aufdrucken wie Reval, Marlboro usw. schwenken.

Der Meister liebt solche Geschichten. Sie erhalten ihm den Glauben daran, daß jedes Räucherstäbchen etwas hinterläßt. Auf den ersten Blick scheint es nur Asche zu sein.

ZENario:
Gehen Sie in ein kleines Restaurant. Zu Ihrem Lieblings-Italiener, an das Stehtischchen vorm Döner-Stand oder worauf Sie Appetit haben. Ersetzen Sie die kleine weiße Kerze auf dem Tisch durch ein mitgebrachtes Räucherstäbchen. Nun warten Sie mal ab, was passiert. Es könnte sein, daß Sie viele nette Leute kennenlernen. Es gibt mehr Menschen als man glaubt, die eine feine Nase für ungewöhnliche Dinge entwickeln.

ALLES HAT MAN HERAUSGEFUNDEN, NUR NICHT, WIE MAN LEBT.

Jean-Paul Sartre

Und trotzdem geht das Leben weiter – weiter als man denkt! Oft sogar so weit, daß man in den Himmel steigt, um sich möglichst weit zu entfernen. Urlaub ist inzwischen eine Lebensform, die eine Menge Zeit kostet. Zeit, die wir uns aufsparen, wenn es weiter weggeht. Man meint, herausgefunden zu haben, daß es sich dabei um die Lebensform handelt, die als ideal zu bezeichnen ist. Das also ist für viele Leben. Und was ist mit dem Rest? Urlaub – um mal auf den Ursprung zu verweisen – stammt aus dem Mittelhochdeutschen und kommt von erlauben, der Zustimmung einer höherstehenden Dame oder eines Ritters, sich zu entfernen. Logischerweise sind demnach entfernte Verwandte Urlauber! Jetzt haben Sie etwas herausgefunden, das sich noch vorteilhaft für Sie auswirken kann.

Dazu der Meister: Reisen Sie häufiger in die Tiefen des Lebens, um richtig Urlaub zu machen. Landkarte, Tickets und Zeit ohne Grenzen hat jeder. Man muß nur eine Startbahn finden, die nicht im Nebel endet.

ZENario:
Blättern Sie in Ihrem Fotoalbum – nein, nicht das aus dem Regal neben dem Fernseher. Wir meinen das Fotoalbum zwischen Ihren Nasenflügeln.

SPASS OHNE SPASS MACHT KEINEN SPASS.

Commedia dell'arte

Was ist das Wesentliche beim Kohlrouladenwickeln in einer modernen Küche? Das Kohlblatt, die Füllung (je nach Region), die endgültige Form? Oder der Spaß beim Kochen und Probieren?

Der Meister ist seit Jahren passionierter Koch. Wenn man ihn zu Kohl befragt, so antwortet er verschmitzt und doppeldeutig: Das ist ein weites Feld. Aber beim Kohl kommt es wie im Leben darauf an, daß man nicht den Faden verliert. Der wahre Spaß beginnt erst im tiefsten Nirvana.

ZENario:
Kaufen Sie sich ein Buch eines Komikers. Ich empfehle Rüdiger Hoffmann oder Hans-Dieter Hüsch. Und lachen Sie Tränen. Einmal im Jahr ist das erlaubt, ohne daß der Meister neidisch blickt.

EINFACH IST AM SCHWERSTEN.

Anonym

Wenn man keinen Spaß an einer Arbeit hat, so ist das schade. Wenn man nur die Anstrengung spürt, so ist das fürchterlich. Um es auf den Punkt zu bringen: Wenn es keinen Spaß macht, macht es keinen Spaß. Und das ist die Hölle. Die ist wiederum für jene reserviert, die an sie glauben. Immerhin kommt so frischer Nachschub an die Naschwerktheke des Leibhaftigen. Und der will auch leben und keine Höllenqualen leiden. Das ist nicht einfach und bleibt deshalb schwer. Womit sich der Kreis des absurden Worttheaters schließt.

Was bleibt, fragt der Meister, und nimmt die Antwort vorweg: Ist einfach schwer.

ZENario:

Legen Sie heute einen Fastentag ein. Verzichten Sie auf alles, außer Mineralwasser. Ersäufen Sie jeden Wunsch, bevor Sie ihm nachgeben. Geben Sie dem Tag Gewicht. Sie werden verlieren und gewinnen.

ES GIBT DREI REGELN FÜR EIN GLÜCKLICHES LEBEN, UNGLÜCKLICHERWEISE WEISS NIEMAND, WIE SIE LAUTEN.

Hans im Glück

Da hilft auch nicht der sechzigste Ratgeber zu »In drei Wochen ins Top-Management« oder »Schön sein – schön bleiben – schön doof«. Es gibt nur drei Regeln, die ein glückliches Leben garantieren. Drei Antworten, die in jeder Situation hilfreich und klug eingesetzt werden können. Drei maßgebliche Lebenserfahrungen, die jeden glücklich machen, als Ausdruck von Stärke und Verzweiflung. Drei klare Sätze: »Ich weiß nicht! Ich weiß nicht! Ich weiß nicht!«

ZENario:

Apropos Regeln! Wann haben Sie Ihren Führerschein gemacht? Kennen Sie wirklich alle Verkehrsschilder und deren Bedeutung? Nehmen Sie ein Lexikon oder einen Autoatlas zur Hand. Überprüfen Sie dabei zugleich Ihre Kenntnisse der Autokennzeichen. Wissen Sie, woher der gutaussehende Fahrer mit dem Kennzeichen SLS oder die Blondine mit dem Kürzel MH angefahren kommen? Es gibt immer eine Menge zu lernen.

Es kommt darauf an, das Hoffen zu lernen.

Ernst Bloch

Es ist ohnehin alles hoffnungslos. Diese Erkenntnis setzt allerdings nicht Hoffen, sondern Wissen voraus. Sehr schön – und auch nicht. Denn schließlich kann man nicht alles wissen und hofft darauf, daß es dann andere wissen. Wir müssen uns aber nun mal entscheiden. Wissen oder Hoffnungslosigkeit. Entscheiden wir uns für das Wissen, wissen wir vieles genau und einiges ungefähr, dürfen aber auf nichts mehr hoffen.

Ich, sagt der Meister, finde solch ein Leben hoffnungslos. Das ist wie mit der Idee zu den weltweit erfolgreichen Swatch-Uhren. Alle fragten immer nur nach der Zeit. Jetzt achtet niemand mehr auf die Zeit. Es interessiert bloß das Aussehen. Und jeder hofft, daß man auch bei der nächsten Kollektion auf der einen oder anderen Uhr noch die wahre Zeit erkennt. Ich wünsche mir eine Uhr ohne Zeiger, nur mit der Aufschrift Zeit. Und mit jeder Sekunde wird der Schriftzug ein wenig undeutlicher.

ZENario:
Es ist mal wieder Zeit, ein Gefühl für die Zeit zu entwickeln. Legen Sie eine Stoppuhr neben sich. Starten Sie die Uhr und schauen Sie erst nach 10, 20, 30 und 60 Sekunden wieder auf das Zifferblatt. Wie ist Ihr Zeitgefühl? Ungefähr genau?

Das Wahre ist eine Fackel.

Johann Wolfgang von Goethe

Was läßt sich dem noch hinzufügen? Wenn überhaupt, dann nur etwas aus dem Zusammenhang Gerissenes. Von Ernst dem Jandl in »idyllen« von leichter Hand: »die zeile will die zeile sein / hier muß nicht erst noch sinn hinein«. Allerdings stelle ich anheim, ersatzweise Georg Christoph Lichtenberg zu berücksichtigen, der ähnliches gedacht und gesagt hat: »Wer die Fackel der Wahrheit durch eine Menge trägt, muß aufpassen, daß er sich nicht den Bart versengt!« Ob der Meister da nicht auch noch ein Wörtchen mitreden will?

Highnoon? fragt er nachdenklich versunken. Showdown? Ich weiß nicht, Logenplätze sind immer so stickig! Ich fackel da nicht lange. Ich gehe voran.

ZENario:
Planen Sie einen Theaterabend. Der Meister würde eine Komödie bevorzugen. Das sind die wahren Dramen, wenn sich Ehepaare auf der Bühne massakrieren, und das Publikum dem eigenen Tod lachend ins Auge schaut. Gehen Sie ins Theater. Das Theater des Lebens beginnt an der Wohnungstür nebenan.

BILDER SIND OFT WAHRER ALS DIE WIRKLICHKEIT.

Oskar Kokoschka

Hyperrealismus wäre dann die Überwirklichkeit. Und die Wirklichkeit? Ist reine Fiktion, existiert nur in unseren Köpfen. Ein egozentrisches Denksystem auf dem Niveau von Tick, Trick und Track. Ein Leipziger Allerlei, die Welt schwerverdaulich abgemalt auf unserer Netzhaut. Das Sammeln von Erinnerungen, die mit Abstand wahrer sind als die Wirklichkeit. Sich zu einem Ganzen zusammenfügen, wie ein Starschnitt aus der Bravo – damals. Vorgestern hat man das mit dem Sammeln auch schon erfolgreich im Griff gehabt. Mit Reliquien der Kirche, mit Schrumpfköpfen bei den Eingeborenen auf Sumatra. Heute hat das Sammeln einen Höhepunkt erreicht. Mit dem einzigen Ziel, eine magische Kraft zu erwerben. Wie die Bilder aus der Wirklichkeit, die erst dann wirklich zu Bildern werden, wenn wir uns von ihnen entfernen, uns von ihnen lösen, und sie zu den wahren Bildern in unseren Köpfen werden.

Unser Kopf ist die schönste Sammeltasse, scheppert die Stimme des Meisters hinterdrein.

ZENario:

Sammeln Sie sich. Zu einigen Minuten des Nachdenkens über die Welt, über sich und über Möglichkeiten, das Sammeln auf einen festen Platz zu verlegen. Wie wäre es vor dem Fernseher? Jeden Abend 10 Minuten vor der Tagesschau. Ohne Bild. Ohne Ton. Aber mit Ihnen.

EIN SCHIFF MUSS MINDESTENS EINMAL GESUNKEN SEIN, SONST IST ES LANGWEILIG.

H. Frinke auf der Queen Mary

Wer hätte das gedacht? Aber so kommen und gehen die Bedeutungen, wie das Titanic erprobten Seefahrern bekannte Mayday, das angeblich eine Verballhornung des frz. (veuillez) m'aider, helft mir!, sein soll. Auf jeden Fall ein Beispiel dafür ist, daß man den Dingen auf den Grund gehen soll – wobei nicht zwingend ein Eisberg der Anstoß sein muß. Im Falle aber, daß es sich um ein Narrenschiff handelt und der Capitano mit Bart und (groucho)marxistischen Reden den Kahn vorm Schlingern bewahrt, kann man ruhig bleiben und schmunzelnd den Anweisungen lauschen, später dann das Captains Dinner mit Wunderkerzen in König Arthurs Tafelrunde genießen. Absurdes Theater am Äquator.

Das ist die rechte Art, die auch dem Meister gefällt: das Absurde ist möglich. Mit den Marx Brothers auf hoher See und tief im Scherzbergwerk beim Kalauerschürfen. Mayday, Mayday! Es darf gelacht werden...

ZENario:
Nehmen Sie sich ein weißes Blatt Papier, und gehen Sie auf Seereise. Entdecken Sie Ihr zeichnerisches Talent. Strich für Strich entsteht Ihre Kreuzfahrt. Dieses Blatt lassen Sie unauffällig in der Küche oder auf dem Tisch vor dem Fernseher liegen. Beobachten Sie ganz genau die Reaktionen Ihrer Familie, die Kommentare von Besuchern. Wie mutig sind Sie? Wie schnell lassen Sie sich versenken?

WER LEBT, SOLL NICHT MIT DEN TOTEN STREITEN.

Torquato Tasso

Zählen Sie doch mal, wieviele der im Buch genannten Personen noch unter den Lebenden weilen. Dazu braucht man mehr als Zeit, macht sich der Meister bemerkbar. Ein Menschenleben reicht da oft nicht aus. Deshalb glauben gerade jene, die am wenigsten daran glauben, an die Wiedergeburt. Das hilft Fragenden als Erklärung. Als Antwort taugt es nicht die Druckerschwärze. Es sind nur verschiedene Wege, die zusammentreffen. So wie Teflonpfanne und Raumschiff beim Eintauchen in die jeweilige Hemisphäre. Da sind dann beide so beschäftigt, daß ein Streit mit Toten völlig außerhalb jeder Diskussion steht. Allerdings wäre es interessant zu erfahren, ob Rühreier mit dem Zusatz von Mineralwasser oder Milch lockerer werden. Fragen, die, wie man so sagt, Tote zum Leben erwecken können.

ZENario:
Wenn Ringo Starr seine dritten Zähne in die Menge schleudert und Trockeneisfontänen erglühen, was passiert dann mit Ihnen? Tränen steigen in Ihre Augen. Nicht vor Mitleid, nein, vor Neid. Versuchen Sie das Gleiche doch mal mit Ihrer alten Lederjacke. Kein Schwein wird von Ihnen Notiz nehmen, kein Trockeneis über die Szene wabern. Nein, Sie sind stinknormal. Ein Mensch ohne besondere Vorkommnisse. Aber: Sie haben noch Ihre eigenen Zähne. Ist doch schön – oder?

DIE FRAGEN SIND ES, AUS DENEN DAS,
WAS BLEIBT, ENTSTEHT.

Erich Kästner

Die Welt braucht weniger Ausrufezeichen. Das ist fraglos so, denn die Antworten sind ohnehin schon alle gegeben. Todesfälle beispielsweise hinterlassen oft genug Fragen. Und wenn der Tod eine Antwort sein soll, dann ist die Antwort des Betreibers eines Krematoriums in einem schwedischen Ort von besonderer Wärme. Die Hitze der Verbrennungsöfen liefert dort zukünftig die wohlige Wärme für den Kirchenraum. Pietätlos? Nein! Praktisch denken – Wärme schenken! Der Tod kann uns allen also auch etwas geben. So entsteht ein dynamisches System aus ewigem Geben und Nehmen. Ein Seelen-Recycling mit Brennwert. Ein heißes Thema, das keine weiteren Fragen aufwirft.

Nicht ganz – sagt der Meister und hebt den Kopf: Fragen und Antworten sind die Energie, die uns am Leben hält.

ZENario:
Suchen Sie sich ein schönes Plätzchen. Irgendwo draußen in der Natur oder in einem Park. Schließen Sie die Augen und nehmen Sie nur die Geräusche wahr. Hören Sie auf Beat und Groove in den Baumwipfeln, die Rhythmen, die der Boden überträgt. Summen Sie leise mit. Und lachen Sie nicht, hier geht es um den Ernst des Lebens.

Das gute an Sackgassen ist, dass man gezwungen wird, umzukehren.

Indische Weisheit

Dazu sollte man sich allerdings auch umdrehen. Wer sich rückwärts durch Einbahnstraßen bewegt, könnte einiges übersehen. Und Profil sollten Sie ebenfalls zeigen. Mindestens zwei Millimeter. Sonst haftet nichts mehr. Auch nicht das Gefühl, als Auto mobil zu bleiben. Ein bißchen schizophren klingt das schon alles, richtig. Aber ein bißchen verrückt ist doch besser, als völlig eingesperrt. So können wir in sonnigen Augenblicken mit dem Stockschirm auf ein vorbeifahrendes Taxi schlagen, weil es unser sehnsüchtiges Winken als anerkennenden Gruß mißdeutet.

Und wie verhält sich das im Alter, fragt der Meister schmunzelnd? Können wir dann auch in jeder Situation umkehren? Dazu werden dann Lachshäppchen gereicht, die uns das Warten auf den letzten Metern schmackhaft machen sollen. Und wir bemerken vor lauter Hunger gar nicht, daß die Einbahnstraße inzwischen in beiden Fahrtrichtungen freigegeben wurde.

ZENario:
Begehen Sie heute mal eine ausgemachte Dummheit. Lassen Sie sich was einfallen. Eine Dummheit muß ja nicht unbedingt sündhaft oder teuer sein. Aber eine Dummheit sollte es sein.

WER SICH VOR WÖLFEN FÜRCHTET, DARF NICHT IN DEN WALD GEHEN.

Russisches Sprichwort

Erstens: wo gibt es noch Wölfe? Zweitens: wo gibt es noch einen Wald, der nicht stirbt. Warum also vor Angst sterben? Legen Sie die Angst ab wie einen Übergangsmantel. Fühlen Sie sich jederzeit wie neugeboren. Weil auch die Geburt ein dauernder Vorgang ist. Ein Leben lang. Das Ziel ist, jede Minute geboren zu werden. Deshalb jede Minute so leben, als ob nur sie zählt. Indem man so lebt, lebt das Glück, und die Angst verschwindet. Und wer dieses Sprichwort richtig deutet, weiß nun auch: Wer Mercedes fahren will, muß nur ein Taxi rufen.

ZENario:
Wenn du nichts tun kannst, was kannst du tun? (Zen-Koan) Darüber sollten Sie heute nachdenken. Nicht mal eben, nicht nebenbei. Sondern, wenn das Gefühl aufkommt: Wenn du nichts tun kannst, was kannst du tun?

AUCH AUS EINEM BESCHEIDENEN WINKEL KANN MAN IN DEN HIMMEL SPRINGEN.

Seneca

Verbinden Sie das Unangenehme mit dem Nutzlosen. Üben Sie sich in Bescheidenheit und machen Sie zugleich große Sprünge. Nur wer im Widerspruch zu Hause ist, erfährt auch keine Zustimmung. Paradoxe Doppelrollen waren aber immer schon erfolgreich. Siehe Jack Lemmon in »Manche mögen's heiß«. Wenn hier jedoch der aus bayerischen Bauernhöfen bekannte Herrgottswinkel gemeint ist, wird der Sprung in die Wolken allerdings schnell und unsanft von einer Holzdecke gebremst. Wenn es dann dunkel wird, halten das viele für Erleuchtung. Man sollte aber wissen, daß der Winkel ganz entscheidend ist, aus dem man gegen die Decke stößt. Ein rechter Winkel ist dabei wohlgetan und dem Menschen ein Wohlgefallen.

Um Himmels willen, der Meister lacht laut, damit erreicht man nicht die Fähigkeit des Fliegens, höchstens die des Flügelschlagens.

ZENario:
Erklären Sie guten Freunden am Telefon, daß der Autobahnabschnitt (in Ihrer Nähe) auf der (z.B.) A 47 zur Durststrecke erklärt wurde. Grund ist ein liegengebliebener Weintransporter. Heute abend ist damit eine gemeinsame Verkostung frischer Landweine gegeben. Machen Sie sich einen schönen Abend und verabschieden Sie Ihre Gäste mit ein paar Aspirin.

DIE SICHERSTE TÜR IST DIE, DIE MAN OFFEN LASSEN KANN.

Chinesisches Sprichwort

Wir reden gern von den sprichwörtlichen Hintertüren, die uns Möglichkeiten eröffnen sollen. Man sollte diesen Gedanken mit einer Champagnerflasche verbannen. Hintertüren sind das Unsicherste überhaupt, wie wir aus alten Kriminalfilmen wissen. Jetzt können wir nachdenken oder unseren Kopf lüften. Offen gesagt, die Chinesen haben bis heute Toiletten, auf denen man zu mehreren nebeneinander sitzt – ganz ohne Türen. Das ist dann allerdings das Sicherste, um alles mitzubekommen. Glück und Unglück – also das Schicksal. Und das stinkt meist und kommt immer wie gerufen. Wie der Schatten dem Körper folgt, verfolgt es uns – ganz ohne Hintertüren.

Der Meister steckt einen Schlüssel in seine Tasche, blickt sich um und sagt: Offene Türen sind wie der Blick nach hinten, ohne sich umzudrehen.

ZENario:

Nehmen Sie alte Fotoalben zur Hand. Versenken Sie sich in Situationen, die weit zurückliegen. Ihr erster Schultag, Ihr erster Freund, Ihre erste Freundin, Ihre erste Wohnung. Drehen Sie diesen Film in beliebiger Länge. Blicken Sie zurück, damit der Blick nach vorn wieder klar wird.

DAS ÜBERFLÜSSIGE IST EINE HÖCHST NOTWENDIGE SACHE.

Voltaire

Hier sollten wir keine sensationellen Erkenntnisse erwarten, sondern mit einer kleinen Zen-Aufgabe der Aussage auf den Grund gehen. Die Aufgabe lautet: In diesem Salz haben sich zwei Fehler eingeschlichen. Das wäre leicht zu lösen. Aber richtig lautet die Aufgabe natürlich: In diesen Satz haben sich zwei Fehler eingeschlichen. Wenn Ihnen dies intellektuell nicht genügt, dann ergänzen Sie die fehlenden Buchstaben im folgenden Satz: ohne Fl. . . kein Prei. . Und jetzt denken Sie darüber mal nach. Erkenntnisse werden nicht nach der Zahl der vorangegangenen Fehler und Ergänzungen gemessen, sondern nach der Zeit, die wir uns nehmen.

Der Meister schaltet sich ein: Aber nicht vergessen, die größte Erkenntnis ist das Überflüssigste überhaupt und doch eine sehr notwendige Sache.

ZENario:
Bald kommt die dunkle Jahreszeit, und Beleuchtung ist so wichtig wie Erleuchtung. Suchen Sie sich eine Decken- oder Wandlampe in Ihrer Wohnung oder Ihrem Haus, die Sie ersetzen möchten. Suchen Sie nach einem Beleuchtungskörper, der alles in ein helleres oder gemütlicheres Licht setzt.

Oktober

»LACHT KAPUTT, WAS EUCH KAPUTTMACHT.«

Volksmund

Die Meuterei auf dem Kokosriegel.

Eine süße Anmerkung

Was ist Zen nun eigentlich? Kurz gesagt: Achte auf das (Verfalls-?) Datum und du wirst mehr darüber erfahren. Lächle dem Kalender zu und reiße mit der rechten Hand das Kalenderblatt und mit der linken das Toilettenpapier ab. Doppelte Freude – doppelte Erkenntnis. So sind Sie wieder mal dem nur scheinbar sinnlosen Tun und der Ernsthaftigkeit zumindest für ein paar Sekunden entkommen. Eine innere Meuterei und die Aufforderung zum Ankreuzen von Lottozahlen und einem ehrlichen »Sie können mich mal kreuzweise!«.

Der Meister sinniert über die Bedeutung des Witzes im europäischen Sprachraum. Am Ende folgt sein Hinweis: Ihr könnt mich dazu alles fragen. Meine Antwort wird ein ganz entschiedenes Vielleicht sein.

ZENario:
Machen Sie sich einen süßen Abend. Kaufen Sie alles ein, was Ihnen schmeckt, was dick macht und Sie eigentlich ständig in Hülle und Fülle verputzen möchten. Lassen Sie sich gnadenlos in den Genuß von Schokoladen, Riegeln und Tüten fallen. So ist Ihnen der Appetit noch nie vergangen. Am nächsten Morgen lesen Sie – wenn der Brechreiz nachgelassen hat – alle Angaben über Inhaltsstoffe, E-Nummern und sonstige Zutaten.

WERDE WIE DIE WINDFAHNEN, DIE ERST DANN FESTE STEHEN, WENN SIE VERROSTET SIND.

nach Voltaire

Wie nun vom Rost zur Ewigkeit? Es bietet sich die Industrie des Ablebens an. Dieser letzte Konsum-Lichtspalt zwischen den Welten. Die deutsche Sargindustrie liefert zu horrenden Preisen unser letztes Gehäuse. Nicht nur an die Biegung des Flusses, sondern als zusätzliche Erkenntnis, daß Friedhofsgebühren etwas ganz Irdisches sind und einem das letzte Hemd ausziehen. Wie schön wäre es da doch, wenn wir wie rostige Fahnen ein Entsorgungsproblem weniger wären. Hoch über den Dächern, wie ehemals die Fernsehantennen, könnten wir uns im Wind drehen und auf die Welt gucken und spucken.

Nur eins steht dann auf jeden Fall fest – bis in alle Ewigkeit: auf den Rost warten ist dasselbe wie auf den Tod warten. Aber an der frischen Luft war schon immer gesünder.

Der Meister weiß, wir sind nur Wetterfahnen. Gefühlswimpel, die launig den Witterungsströmungen folgen.

ZENario:
Machen Sie eine Liste aller Autos, die Sie schon gefahren sind. Fahren Sie in die Vergangenheit. Erinnern Sie sich an die Farben und Formen, Namen und Nummern (im doppelten Sinn), die Sie mit Autos verbinden. Wenn Sie zu den umweltbesessenen Autogegnern gehören, erinnern Sie sich an alle Demos, die Sie mitgemacht haben.

NUR DER MITTELMÄSSIGE IST STÄNDIG IN BESTFORM.

Oscar Wilde

In der Bouillon d'amour gibt es immer wieder schöne Gelegenheiten, in Bestform mit Dummheit zu glänzen. Geselligkeit als Ernstfall auf dem Woodstock der Peinlichkeiten. Wenn Skat- und Kegelclubs in Hotelanlagen einfallen und das Kampftrinken und Schwadronieren unter dem Anstandsäquator in Bestform vorführen.

Nüchtern betrachtet (was in diesem Zusammenhang kaum möglich scheint) hat das alles den Charme eines weichgeklopften Filetsteaks mit garantiertem Rinderwahnsinn. Der deutsche Freizeitpark in weißen Herrensocken und fallschirmseidenen Jogging-Anzügen. Die schönste Verbindung von Mensch und WC-Ente, wenn dieses schöne Leben sich vor der Kloschüssel neigt. Eine traurige Geschichte – oder auch nicht. Denn selbst das Kotzen zeigt sich hier in Bestform.

Dem Meister brummt bei diesen Worten der Schädel. Aber trotzdem sagt er, Dummheit entspannt. Oder auch zu schlau ist dumm . . .

ZENario:
Schmetterball statt Butterfly! Welchen Sport üben Sie nicht aus? Suchen Sie sich eine Schwimm- oder Ballsportart. Allein (Gedankendribbeln) oder zu zweit (Tennis) oder in der Gruppe (Sitz-Fußball in der Koronargruppe). Scherz beiseite und mit dem nächsten Opernball anfangen. Irgendeine Ballsportart wird Ihnen doch zusagen, oder?

ALLES WAR ZU SEHEN IM SCHEIN DES WERFERLICHTS.

Heinz Erhardt

Denken Sie sich die Alpen weg, und Sie werden sehen, welch traurigen Anblick die Ebene bietet. Um alles zu sehen, darf man nicht nur die Ebene betrachten. Es kommt auch nicht darauf an, die Höhen zu besteigen. Es ist viel wichtiger festzustellen, wo man gerade ist. Noch besser, jederzeit zu wissen, wo man hin will. Dabei ist nicht das Licht der Weg, sondern das Dunkel. Und die vorherrschende Meinung, daß man in der Dunkelheit nichts sieht, ist falsch.

Der Meister lacht lange: Ja, ja, das ist wie beim Schwarzbrennen. Auch dabei entstehen klare Schnäpse!

ZENario:
Stellen Sie eine Taschenlampe oder eine Tischlampe so auf, daß Sie mit Ihren Händen oder mit Gegenständen Schattenspiele machen können. Das ist keine Schwarz-Weiß-Malerei, sondern kontrastreiche Ideen werden in den Raum gestellt.

ICH ZWEIFLE, ALSO DENKE ICH.

Descartes II.

Eine zweifelhafte Nachdenklichkeit, die auch den Talkshow-Pfarrer Jürgen Fliege zu einem seiner schöneren Sätze ermuntert hat: »Passen Sie gut auf sich auf!« Das ist schön, das hilft nicht weiter und ist doch tägliche Realität. Das läßt gottesfürchtig die Herausforderung annehmen und ertragen. Und derer gibt es von Ilona Christen über Meiser bis zu Bio und Harald Schmidt reichlich.

Denkwürdig ist für den Suchenden, so sagt der Meister, nicht die Verzweiflung der Themen, sondern das Zappen – pardon Tappen – im Dunkeln der Erkenntnisse. Eine Stunde der Besinnung vor einem dunklen Bildschirm kann alle Talkshows ersetzen.

ZENario:

Tragen Sie ab heute Ihre Uhr am rechten Handgelenk. Das Zeiteisen, das Ihnen täglich Fesseln anlegt, wird Ihnen in ganz ungewohnter Form zeigen, was das Stündlein geschlagen hat.

WIR MÜSSEN UNS ERINNERN, SONST WIRD SICH ALLES WIEDERHOLEN.

Marguerite Duras

Mit dem Eintritt in das Klettverschluß-Zeitalter haben wir verlernt, Knoten zu binden. Irgendwann wird es keine Gelegenheiten mehr geben, Knoten zu üben. Eben dann, wenn uns das alle möglichen Verschlußarten ersetzt haben. Wenn sich niemand mehr daran erinnert, wie man früher noch Knoten gebunden hat, wird es so sein wie bei den Krawatten, die zunehmend mit einem fertigen Knoten und einem Gummizug auf Parties herumstehen. Je älter wir werden, um so dramatischer wird für uns, daß wir uns erinnern wollen, aber es nicht können. Dann hilft uns auch kein Klettverschluß mehr weiter. Dann ist es diese ... diese ... na, gleich komme ich drauf – diese ... seltsame Krankheit. Erinnerungslücken sind allerdings wie Häuserlücken nach dem Krieg. Sie erinnern uns ...

Wenn du nichts mehr tun kannst, fragt der Meister, was kannst du dann noch tun? Ein Standardsatz, den er gern wiederholt, damit wir uns erinnern.

ZENario:
Hören Sie heute Ihren momentanen Lieblingstitel aus der klassischen oder aus der Pop-Hitparade. Laut und leise, und so oft, bis es für Sie nicht mehr erträglich ist. Versuchen Sie dann, das gesamte Stück nachzupfeifen.

MACHEN SIE SICH ERST EINMAL UNBELIEBT, DANN WERDEN SIE AUCH ERNST GENOMMEN.

Konrad Adenauer

Die dosierte Nutzung von Unbeliebheit ist eine wirksame Waffe gegen das gesellschaftliche Einschläfern. Leben Sie provokant statt krokant! Erzählen sie bei unpassender Gelegenheit doch lautstark folgenden aparten Witz: Treffen sich ein weißer und ein schwarzer Mann. Der weiße Mann blickt sein Gegenüber an und sagt: »Du schwarz!« Sagt der Schwarze: »Ich weiß!« – So überraschend können Wendungen sein und Erwartungen ins Leere laufen.

So ist das, sagt der Meister. Ob man das Leben lachend oder weinend, beliebt oder unbeliebt verbringt, es ist die gleiche Spanne. Und wer alles ernst nimmt, wird nicht unbedingt auch ernst genommen.

ZENario:
Legen Sie sich ein kleines Buch an, in das Sie jene Gedanken notieren, die Ihnen wichtig erscheinen, die Sie verwirklichen wollen, Reisen, die Sie gern machen möchten, Besuche, die Sie nicht vergessen wollen. So wird es Ihr kleines Buch des Unvergeßlichen.

MANCHE MEINEN, WENN SIE EIN ECHO HÖREN, DER TON STAMME VON IHNEN.

Ernest Hemingway

Wir wollen lieber nicht die Frage aufwerfen, ob wir diese tiefgreifende Erkenntnis nun direkt oder ebenfalls nur als Echo wahrnehmen. Genießen wir statt dessen den sogenannten O(riginal)-Ton des hemmungslosen Hemingway. Da ist zum einen die lapidare Wucht und zum anderen die philosophische Leichtigkeit der Erkenntnis. Nun war Ernest nicht mehr im Brabbel-Alter, als er sich zu diesem Satz verstieg. Nein, der alte Mann wollte Meer. Und da liegt das Echo im argen. Keine Berge, nur Wellentäler. Und damit ganz sicher auch kein Echo. Nur der reine Klang der Lachmöwen und dümpelnde Worte über eine Reling in die Karibik gekotzt.

Das ist halt so, wenn man vom Klang der eigenen Trommel gefesselt ist und nicht andere spielen lassen kann. Ich rede auch lieber, sagt der Meister, und hoffe auf ein Echo. Meist jedoch schweigt ihr.

ZENario:
Jedes dieser ZENarien ist einer von vielen Wegen. Aber alle diese kleinen Schritte ergeben den breiten Weg zum gleichen Berggipfel. Je nachdem, wer den Berg betrachtet, erkennt er vielleicht nur einen Hügel. Aber ein erhebendes Gefühl ist es allemal, einen Weg gefunden zu haben, um sich zu lösen. Geben Sie die Lizenz zum Lamentieren doch einfach zurück.

DER EINZIGE, DER EINEN OZELOTPELZ WIRKLICH BRAUCHT, IST DER OZELOT.

Bernhard Grzimek

Es geht also hier um Katzen- und Hundefreunde, die statt eines fremden Pelzes lieber ihre Haustiere schultern oder auf Händen tragen. Das sind Schicksale! Nehmen wir nur den Lebensabschnittspartner Hund. Kultivierte Vierbeiner scheißen sich so nachhaltig ins Gedächtnis ihrer Besitzer, daß diese immer wieder bissig und knochenhart ihre Lieblinge verteidigen. Damit eine Unart verteidigen, die bei Kleinkindern international als tadeliges Verhalten gilt und nicht unerheblich geahndet wird. Soweit der Bericht vom Ende der Hundeleine. Was um alles in der Welt sucht nun der Ozelot in der wunderbaren Welt gutdressierter Zweibeiner?

Der Meister liebt Tiere über alles. Vor allem im Streichelzoo der Eitelkeiten. Und so sinniert er ganz nebenbei mit dem von ihm geliebten Franz Kafka: »Wen kann man sonst anrufen, in der weiten leeren Welt?«

ZENario:
Zelebrieren Sie einen Haustiertag. Für die eigene kleine Tierwelt oder die Hunde und Katzen aus der Nachbarschaft. Als Kleintierfreund mit allem, was von Züchtern empfohlen wird. Als Feind dieser bissigen Tierchen mit einem Anruf beim Hundefänger, wenn sich alle vor Ihrem Fenster versammelt haben und den Mond ankläffen und -miauen.

AUCH DER GEIST KANN EINE EROGENE ZONE SEIN.

Raquel Welch

Das Lustempfinden beim Denken ist allerdings nicht allzu stark ausgeprägt. Besonders die Erfahrungen mit geistigen Orgasmen sind noch sehr beschränkt bzw. haben in der wissenschaftlichen Literatur bisher kaum Erwähnung gefunden. Der Grund dafür ist sicher, daß kühles Denken dem schweißtreibenden Vorhaben, dem Orgasmus, nicht dienlich ist. Ein genereller Vorgang also, der im Schatten der Zwischenmenschlichkeit geblieben ist und auf Entdeckung wartet. So wie einst Amerika. Alle wußten, daß es da etwas geben soll, aber keiner hatte es je gesehen. Fassen wir uns an die Nase und versuchen wir, durch mentale Masturbation den Dingen auf den Grund zu gehen.

Was sagt der Meister dazu? Hinaus aus Anonymität und Frustration. Hinein ins Vergnügen – wenn Sie wissen, was ich meine. Arbeit ist im Sinne des ZEN nichts anderes als sichtbare Liebe. Und wenn es nicht mit Liebe geschieht, sollte man es besser lassen. Oder viel Geld damit verdienen . . .

ZENario:
Informieren Sie sich in einschlägigen Geschäften und Büchern über die sexuellen Möglichkeiten, die es heutzutage gibt, die Lust zu steigern. Das Leben läßt sich immer irgendwie steigern. Oder fälle Holz, trage Wasser (ZEN-Sprichwort).

VERWEILE NICHT – GEH WEITER.

Stephan Eicher

Das ist der Weg, der aus der Wut führt. Tun Sie sich selbst einen Gefallen, wenn Sie auf jemanden sauer sind, und verzeihen Sie – gnadenlos! Wenn man es recht bedenkt, richten sich Wut und Haß nur gegen Sie selbst. Versöhnung, Frieden, Herzlichkeit und Wärme sind positive Gefühle. Haß, Wut und Enttäuschung erzeugen das Gegenteil. Das ist nun mal ungesund bis in die Zehenspitzen. Verzeihung ist Seelen-Hygiene und nicht nur Kosmetik. So schaffen wir es immer wieder, bei jedem Psycho-Wetter, Kraft freizusetzen.

Der Meister fügt ein Beispiel hinzu: Es ist, als wenn ein Stein ins Wasser fällt und keine Wellen schlägt. Wenn der Stein auf dem Grund angekommen ist, liegt er ruhig und beginnt, unentdeckt sich zu orientieren und in der Strömung seinen Weg zu suchen.

ZENario:
Fassen Sie Mut für eine Aufgabe, die auch Schmerz bereiten kann. Schreiben Sie eine Liste Ihrer Freunde und dann eine Ihrer Feinde. Die Länge der Listen sollten Sie bedenken. Beide Listen sagen eine Menge über Sie aus. Beide Gruppen können gefährlich werden für die Welt Ihrer Gefühle.

DAS BESTE ORALE VERHÜTUNGSMITTEL IST EIN KLARES NEIN.

Kuni L.

Und das sollte man wie Sophia Loren in mindestens zehn Sprachen beherrschen. Ebenso wie die Fähigkeit, in einer reifen, einfühlsamen und geschmackvollen Lolly-Mentalität über dieses Thema nicht einfach hinwegzugehen. Je tiefer wir uns in unser Alter verstricken, um so wichtiger wird das Wissen um bestimmte Regionen dieser Welt, und wie wir sie im Griff behalten. Um nicht mit einem unüberlegten Ja eine Welt – meist die männlichste aller – zusammenbrechen zu lassen. Sex ist ein heikles Thema. Und es gibt kein Verhütungsmittel – außer einer ordentlichen, aber weitgehend unwirksamen Enzyklika. Es ist wie bei einer rote Ampel: man möchte weiterfahren, aber irgend etwas hält davon ab. Das ist keine Altersfrage, sondern eine Frage des Alters.

Genau, schmunzelt der Meister: Ich habe mit 20 nicht häufiger daran gedacht als heute. Aber ich denke mit 50 oder 60 beim Anblick einer Zwanzigjährigen eben mehr daran.

ZENario:
Na also, es geht doch! Weiter so! Das ist wie beim Pawlowschen Hund. Lernen ist der erste Schritt zum Vergnügen. Wenn es klingelt, weiß man, was kommt. Trotzdem sollte man durch den Türspion schauen, um vorher zu wissen, wann man besser nein sagt.

ICH MÖCHTE NICHT UNSTERBLICH WERDEN, VIEL LIEBER MÖCHTE ICH GAR NICHT ERST STERBEN.

W. A.

Neben der Orangenhaut gibt es Problemzonen, die so von Pietät und Anstand umgeben sind, daß es fast unmöglich ist, entzerrt darüber zu sprechen. Tabuthema No. 1 ist der Tod. Dabei sollten wir alle regelmäßig auf einem Friedhof spazierengehen. Die Ruhe ist angenehm und kann auch etwas von der Angst nehmen, die wir mit dem Tod verbinden.

Der Tod, sagt der Meister, ist gar nicht so schlimm. Aber was wir daraus machen, ist schlimm. Die Sehnsucht nach Unsterblichkeit ist unreflektiert und blöde. Wir sterben täglich ein Stück und es stört uns nicht. Und wenn es dann zum großen Finale kommt, gefällt uns die Treppe nicht und die Beleuchtung. Oder stört uns nur, daß niemand klatscht?

ZENario:
Was soll auf Ihrem Grabstein stehen? Marlene Dietrich ließ sich folgende Bemerkung einmeißeln: »Hier stehe ich an den Marken meines Lebens«. Berühmte letzte Worte gibt es viele. Aber die meisten halten ihren Namen auf dem Grabstein für das Wichtigste. Dabei ist er das Unbedeutendste.

ES IST NICHT, WIE DU ES MACHST, SONDERN WIE DU ES TUST.

Japanisches Sprichwort

Das Zelebrieren ist gemeint, die Kunst der Aufführung. Mit kleinen, aber nicht unwesentlichen Ereignissen vom Eigentlichen ablenken, um zum Wesentlichen zurückzukommen. Beispielsweise mit langen Reden bei Empfängen die Spannung erst auf den Höhepunkt bringen und sie dann in die Knie zwingen. Das eigene Standvermögen zum Maßstab aller zu machen. Oder wie Fritz (der Alte) mit Windhunden in Erinnerung bleiben – um auch der historischen Dimension einmal Genüge zu tun. Uns bleibt aber auch immer die Möglichkeit, nicht nur mit Gläsern anzustoßen, sondern überhaupt. Mit Erfolg freundlich, bescheiden und gütig zu bleiben. Ohne Haß und Neid zu provozieren, unauffällig eine Idee darzustellen. Etwas zeigen, mit dem es sich bis ans Ende aller Tage aushalten läßt.

Mach es nicht, sagt der Meister, tu es! Tu es!

ZENario:
Eine Riesenwelle ist im Ozean auch nur eine kleine Bewegung. Darüber können wir nachdenken oder weiter wie bisher Wellen schlagen.

GIBT MAN DIR LINIERTES PAPIER, SCHREIBE QUER DARÜBER.

Francis Picabia

Könnten Sie mit einem Cocktailglas bewaffnet sich an eine Blondine heranmachen? Sind Sie der Typ, der sich einem häßlichen Mann erotisch nähert? Das kann man üben. Spielen Sie für zwei, drei Stunden Hollywood. Erfahren Sie mehr über Ihr zweites Ich. Statt Vollkornbrot mit Rührei legen Sie Wert auf Champagner und Sorbets. Statt als Schlaftablette kommen Sie heute als Aufputschmittel. Statt Freunde machen Sie sich Feinde. Mit Risiken und Nebenwirkungen muß gerechnet werden.

Gut so, sonst wären wir alle nicht das Papier wert, auf dem wir stehen, sagt der Meister.

ZENario:
Kaufen Sie sich Schnürsenkel in Ihrer Lieblingsfarbe (nicht schwarz!). Tauschen Sie den rechten Schnürsenkel Ihrer Lieblingsschuhe aus. Tragen Sie jetzt selbstbewußt zwei verschiedenfarbige Schnürsenkel zu allen Gelegenheiten. Beachten Sie die Kommentare, und merken Sie sich die Zeiten, bis es dem einen oder der anderen auffällt.

JEDER BEKOMMT DIE VORSTELLUNG, DIE ER VERDIENT.

Anonym

Und einige verdienen damit viel Geld. Wir stehen also bei einem Stück auf der Bühne, in dem die Regie ständig die Spielhandlung ändert. Der Regisseur ist nicht anwesend und das macht es so schwierig. In den Reihen vor der Bühne sitzen Unterhaltungshysteriker, die immer mehr Entertainment fordern. Der Unterhaltungs-Infarkt hängt im Raum und die Erkenntnisse sind ins Klappgestühl gerutscht. Wir taumeln durch künstliche Nebelschwaden und versuchen, Klorollen als die längste Serviette der Welt zu akzeptieren. Wir spielen mit, ohne Rücksicht auf eigene Verluste. Hat irgend jemand noch eine konkrete Vorstellung, wann es Zeit ist, von der Bühne abzutreten und mit Verdienst zu gehen? Aber so ist das Leben. Entweder spielen alle mit und das teilweise falsch, oder sie schlagen sich darum, in der ersten Reihe zu sitzen.

Die Wahrheit gibt es nur in unserer Vorstellung! So die Anmerkung des Meisters, der sich auf den Bühnen dieser Welt auskennt.

ZENario:

Ausruhen! Einfach einen Tag lang ausruhen. Oder für einen Tag am nächsten Wochenende nichts planen – außer ausruhen! Einfach ausruhen!

NO ZONE IS LIKE THE O-ZONE.

Alf

Da wird die Soja-Puffer-Fraktion der Hanf- und Greenpeace-Generation verzweifelt die Stirn kräuseln. Fernseheintopf vermatscht mit dem dringenden Anliegen, die Ozonwerte zu senken? Das kann man nur mit Sonnenstich glauben, oder? Falsch gedacht! Erst der leichte Umgang mit schweren Themen bringt den nötigen Spaß, um es irgendwann auch ernst zu betreiben.

Der Meister sagt, daß man einigen Problemen am ehesten beikommt, indem man ihnen aus dem Weg geht (der Sonne z.B.). Das sonnige Gemüt des Meisters reicht allen, all denen, die in seinem Schatten stehen.

ZENario:
Atmen Sie heute immer mal wieder ganz bewußt. Am besten, Sie stellen sich einen Wecker oder eine Zeitschaltuhr stündlich als Erinnerung. Atmen Sie dann zehnmal tief und ruhig ein und aus. Versuchen Sie diese Übung regelmäßig. Denn merke: every zone needs the ozone.

ALLE MENSCHEN HABEN DAS RICHTIGE GEWICHT, NUR SIND VIELE DAFÜR ZU KLEIN.

Georg Thomalla

Einige Menschen gehen sogar soweit, die Krümel aus den Polsterritzen ihrer Autositze zu saugen. So schlecht geht es uns doch nun wirklich nicht. Aber da wachsen manche über sich selbst hinaus. Zeigen Größe in Kleinigkeiten. Geben Dingen Gewicht, die leichterdings zu vernachlässigen wären. Und jeder Versuch, es anders zu machen, scheitert kläglich, wie die bekannte Kaffeetafel, die beim falschen Produkt die Nase rümpft – aber mit Sahne.

Diäten und Übergewicht, sagt der Meister, sind, um es wieder einmal mit Franz Kafka zu sagen, ein Vorgang wie: »Ein Käfig ging einen Vogel suchen!«

ZENario:
Zufriedenheit soll Ihr Abendessen sein. Hoffnung gibt es dann wieder zum Frühstück.

WENN ICH MEIN LEBEN NOCH EINMAL LEBEN KÖNNTE, WÜRDE ICH DIE GLEICHEN FEHLER MACHEN. ABER EIN BISSCHEN FRÜHER, DAMIT ICH MEHR DAVON HABE.

Marlene Dietrich

Das fänden wir doch alle höchst köstlich und erlebenswert. Das wäre fein, wenn wir die Schokoflocken in unserem Leben noch mal schmecken könnten. Bei allem Wohlwollen, Frau Dietrich, das kann doch nicht Ihr Ernst sein. Sie haben zweifellos jede erhellende Aussage in den letzten Dekaden Ihres Lebens verhindert. Und jetzt machen Sie uns mit solch einem Tütensuppensatz den Mund wässrig? Der Nachsatz allerdings hat Gewicht. Ein bißchen früher kann nur gut sein.

Und der Meister ergänzt schmunzelnd: Die Spätfolgen verteilen sich dann auf einen längeren Zeitraum und werden somit erträglicher.

ZENario:
Kaufen Sie sich ein Puzzle mit mehr als 500 Teilen. Setzen Sie das Bild so schnell wie möglich zusammen. Lassen Sie das unfertige Puzzle auf dem Tisch liegen, solange, bis Sie es ganz geschafft haben. Geben Sie nicht auf!

ERFAHRUNG HEISST GAR NICHTS. MAN KANN EINE SACHE AUCH 35 JAHRE SCHLECHT MACHEN.

Kurt Tucholsky

Die Vereinigung küchen- und reisetauglicher Tauchsieder begrüßte den Experten Hans Hass in ihrer Mitte. Als Referent eine fatale Fehlentscheidung. Mit Verbrennungen höchsten Grades entkam der Prominente trotz jahrelanger Taucherfahrung der Veranstaltung. Niemand lachte, aber die Verantwortlichen denken darüber nach, was man besser machen könnte.

Die Geschichte ist zwar völlig unromantisch, und dennoch nicht einfach so vom Kaffeetisch zu wischen, sagt der Meister. Die Mysterien moderner Mümmelkaffeerunden sind gar seltsam, aber nicht unverständlich. Erfahrung ist doch nur der Name, mit dem jedermann Dummheiten bezeichnet. Oder um noch einmal Kafka zu zitieren: »Du bist die Aufgabe.«

ZENario:
Versuchen Sie sich heute mal am Einfachsten. Versuchen Sie, sich selbst nicht im Weg zu stehen.

UM TADELLOSES MITGLIED EINER SCHAFHERDE SEIN ZU KÖNNEN, MUSS MAN VOR ALLEM EIN SCHAF SEIN.

Albert Einstein

Entfernen Sie sich von der Herde. Achten Sie darauf, daß Ihnen nervöse Störungen (wie Chef, Ehemann oder Schwiegermutter) nicht zu nahe kommen. Oder medizinisch ausgedrückt, vermeiden Sie die Produktion von Neurotransmittern. Die entstehen immer dann, wenn die beiden Nervenstränge Vagus und Sympathikus, die Gehirn und Eingeweide verbinden, die innere Anspannung nicht mehr verarbeiten können und eben Neurotransmitter und Hormone im Überfluß produzieren. Das Ergebnis ist Streß. Höchste Zeit, Gelassenheit in das Hara (die Weltmitte des Menschen) zu bringen. Letztendlich aber ist das alles relativ normal. Aber was ist schon normal, außerhalb der Schafherde?

ZENario:
Ganz einfach! Gehen Sie zum Frisör, und gönnen Sie sich eine neue Frisur, einen neuen Haarschnitt. Die einfachsten Übungen sind immer die schwersten. Man trennt sich so ungern von liebgewonnenen Ansichten.

DIE ERINNERUNG IST DER INNERSTE ORT.

Li Yang

Die Erinnerung ist jedermanns ganz privates Fotoalbum mit Bildern von öden Tanztees, unerlaubter Entfernung von der Familie, Esoterik-Wochenenden mit tausend Histörchen in schwarz-weiß und Farbe. Leider ist die Technik noch nicht soweit, daß die Erinnerungen nicht auch verblassen. Erinnern Sie sich noch an den ersten Kuß? Das erste Mal, die erste Banane oder den ersten Bohnenkaffee nach dem Krieg (bei älteren Lesern)? Das sind Erinnerungen, die für Sie entscheidend, aber unwesentlich zur Weltgeschichte beigetragen haben. Hier wie bei anderen Dingen gibt es jedoch Anfänger und Fortgeschrittene. Die Entdeckung der Schwerkraft kommt vor der Seichtigkeit des Scheins und das Weinen vor dem Lachen, wenn Sie sich mal ganz weit zurückerinnern. Jetzt sind Sie bald dort, wo man hin und wieder ankommen sollte. Ganz am Anfang. Dort, wo nichts war und alles begann.

ZENario:

Das sogenannte stille Örtchen heißt nicht umsonst so. Man kann es auch zweckentfremden – in aller Ruhe.

MIT 45 MUSS MAN MAL VOM KARUSSELL SPRINGEN, AN DEN BLUMEN SCHNUPPERN UND ÜBER DIE ZUKUNFT NACHDENKEN.

Neil Diamond

Geistreichen Frauen und charmanten Herren fliegen die Jahre gleichsam davon. Sonderbotschafter des Ungewissen nähern sich von Jahr zu Jahr in stattlicher Anzahl. Was bleibt den Damen und Herren, während sich das Karussell weiterdreht? Mit einem Forever-young-Gesicht rein in die Vermutungen? Dazu spielt leise eine Hammondorgel »Tulpen aus Amsterdam«, und gleichzeitig wird bei den Fahrgästen kräftig abkassiert. Wieviele Runden noch?

Der Meister sitzt auf einem Holzpferd und beobachtet stillvergnügt das Treiben auf dem Glücksrad. »Wenn nichts passiert«, sagt er, »dann passiert auch nichts. Alles dreht sich weiter. Der Finger im heißen Wasser zuckt. Die Hand im langsam erwärmten Wasser reagiert – wenn überhaupt – zu spät und träge.«

ZENario:
Gehen Sie in eine Mensa oder auf den Campus einer Universität Ihrer Nähe. Beobachten Sie die »Jugend« oder Ihre Altersgenossen. Suchen Sie das Gespräch. Gehen Sie – wenn möglich – in eine Vorlesung und lernen Sie, zuzuhören und neues Wissen einzuordnen. Fühlen Sie sich dazugehörig durch Zuhören.

WER SEINEN HORIZONT ERWEITERT,
VERKLEINERT DEN HIMMEL.

Klaus Kinski

Da höre ich aber den Zorn Gottes durch den Regenwald dröhnen. Eine gesunde Selbstüberschätzung scheint es nicht zu geben. Oder war Klaus bei diesem Gedanken wieder mal nur zu wild nach einem Erdbeermund? Es zog ihn stets zum Horizont und dabei trampelte er alles nieder, was sich ihm in der Öffentlichkeit entgegenstellte. Was hat er damit erreicht? Einen Platz im Himmel allemal. Aber ob er den jetzt schon wollte, ist zu bezweifeln.

Bei der Suche nach den richtigen Pfaden zum Horizont sollten wir auch auf die Himmelsrichtung achten. Der innere Kompaß dreht sonst durch, warnt der Meister.

ZENario:
Haben Sie sich dieses Jahr schon mal durchchecken lassen? Blutbild, Blutdruck usw.? Machen Sie gleich morgen einen Termin. Selbst wenn Sie sich pudelwohl fühlen. Ärzte müssen auch leben.

DUMMHEIT GEHÖRT ZUR FREIEN ENTFALTUNG DER PERSÖNLICHKEIT. UND DIE IST DURCH DIE PERSÖNLICHE VERFASSUNG GESCHÜTZT.

Sarah C.

Dummheit ist die schönste Krise des Individualismus. Das geistige Fiasko kennt keine Standesunterschiede. Es trifft den Müllmann ebenso wie den Manager. Der Unterschied besteht lediglich in der Fähigkeit, es zu verschleiern. Die getarnte Dummheit ist das sichtbarste Zeichen von Macht. Eine Abart der Menschlichkeit. Denn so oder so leidet immer jemand unter menschlicher Dummheit.

Das klügste ist, sagt der Meister, wenn wir derartiges entdecken, zu lächeln. Lachen reinigt die Seele.

ZENario:
Stellen Sie sich heute mal ganz dumm. Und das ernsthaft. Beantworten Sie Fragen mit Ausflüchten wie: Weiß ich nicht, kann ich nicht, usw. Viele Fragen werden sich selbst beantworten, weil es keine Fragen, sondern nur Zeichen einer Bequemlichkeit des Fragenden sind.

GLÜCKLICH SIND NUR DIE MENSCHEN, DIE NICHT WISSEN, DASS SIE ES SIND.

Lil Dagover

Nehmen wir Menschen, die Haarteile ihr eigen nennen dürfen. Glücklich sind diese Perückenköpfe. Glücklich, nicht zum Gespött zu werden, nur weil sie mit dünnen Haaren oder gar einer Glatze das Leben meistern müssen. Was lernen wir daraus? Das Glück ist also meistens etwas Künstliches! Wie die glücklichen Kühe, die in lila Papier eingehüllt auf der Knabberriegel-Weide stehen und Biß um Biß die Menschen glücklich machen, die gar nicht wissen, daß sie es sind.

Das Glück, weiß der Meister zu berichten, ist ohnehin nur ein Ruderboot, das ins weite Meer getrieben wird. Aber wer weiß das schon, wenn er dort treibt?

ZENario:
Suchen Sie sich einen Glücksbringer (jetzt finden sich gut Kastanien). Versehen Sie die Oberfläche mit einem Symbol, das Sie als Glückszeichen empfinden. Tragen Sie den Gegenstand ständig mit sich. Dann hat das Glück auch etwas Praktisches.

ICH DENKE SOWIESO MIT DEM KNIE.

Joseph Beuys

Vernünftig, denn Denken braucht immer eine Knie – pardon – Zielscheibe. Wie eine Harpune lenkt sich der Gedanke auf das Objekt und versinkt dann im Meer der Belanglosigkeit. Es ist also nicht egal, womit man denkt. Aber dieses Outing über die Formen des Denkens endet heutzutage ja auch schon bei den Glühbirnen der Bonsai-Intellektuellen. Das Denken und das Denken mit dem Knie sind ein Thema für sich. Wobei das Nachdenken noch gar nicht erwähnt wurde. Liegt es am Platzmangel? Es fehlen Plätze zum Denken, und es fehlt Raum, um die Gedanken abzulegen. Denken in Gesellschaft hat keinen Raum – nur Sphäre – ist also mehr oder weniger Luft. Der Meister schmunzelt. Raum zum Ablegen? Doch, doch! Ich schlage vor, vom OM zum ROM-Zeitalter.

ZENario:

Gehen Sie mal ein Risiko ein. Mit einem Lottoschein oder einem Besuch im Spielcasino. Sprechen Sie einen Mann oder eine Frau an. Essen Sie den Käse, auch wenn das Verfallsdatum überschritten ist. Leben Sie ein bißchen Risiko!

ERKTION UND INTERPUNKTION SIND REINE PRIVATSACHE.

W. S. M.

Machen wir also einen Punkt und sprechen offen über menschliche Sexualität und Leidenschaft. Interessanterweise haben die meisten Tiere Paarungszeiten. Ausgenommen Delphine und Menschen. Ständig geil ist also eine ungewöhnliche Eigenschaft, die wohl ein entsprechendes Stammhirnvolumen voraussetzt (eben wie bei Menschen und Delphinen). Das müßte gleichzeitig erlauben, auch intelligent damit umzugehen. Aber die allgemeine Lebenserfahrung und die nicht unrichtige Feststellung »dumm und blond bumst gut« (es gibt auch blonde Männer!!!) stehen im Gegensatz zu dem, was man erwarten sollte. Der sinnvolle und genießerische Umgang mit dieser Eigenschaft zählt noch zu den Ausnahmen.

Ja, ja sagt der Meister. Es ist nicht leicht, Zeichen zu setzen. Und geistige Erektionen sind für viele nur Schweinkram.

ZENario:

Die wichtigsten Dinge geschehen eigentlich, wenn nichts geschieht. Mit diesem Bewußtsein verlassen wir das allgemeine Geschehen, ziehen uns zurück und beschenken uns mit Ereignissen, die nicht zu kontrollieren sind. Mit Tagträumen, die uns viel darüber verraten, was demnächst geschehen kann.

ES GENÜGT NICHT, KEINE GEDANKEN ZU HABEN, MAN MUSS AUCH UNFÄHIG SEIN, SIE AUSZUDRÜCKEN.

Karl Kraus

Menschen mit dieser Fähigkeit sind vom Glück geradezu bevorzugt. Oder wie der Kabarettist Hans-Dieter Hüsch den klassischen Niederrheiner beschreibt: »Hat von nichts 'ne Ahnung, kann alles erklären und redet überall mit.« Dabei redet sich der eine oder die andere gern um Kopf und Kragen, faßt den Gedanken und kommt prompt ins Stolpern. Aufgefangen wird dann das weitere Gespräch von der allgemeinen Sprachlosigkeit. Situationen, die wir alle kennen und hassen. Aber es sei uns versichert, es gibt bei solchen Gelegenheiten immer einen, der unfähig genug ist, keine Gedanken zu haben, und das auch allgemeinverständlich zum Ausdruck bringt. Über Gedanken läßt sich ja so trefflich streiten.

Dazu noch ein Gedanke des Meisters: Gedanken sind eine wertvolle Handelsware. Allerdings vom Umtausch ausgeschlossen.

ZENario:
Spielen Sie heute ein Instrument, welches auch immer. Jeder hat ein Instrument im Haus. Von Kochtöpfen bis zum Kamm. Spielen Sie Ihre Lieblingsmelodie. Wenn Sie zu den eher schüchternen Menschen gehören, darf es auch unter Ausschluß der Öffentlichkeit im wohlig warmen Wannenbad sein. Geben Sie einfach mal wieder den Takt an.

DIE PHÖNIZIER HABEN DAS GELD ERFUNDEN. ABER WARUM SO WENIG?

Johann Nestroy

Damit am Monatsende nicht so viel übrigbleibt, sagt der Volksmund, der ja bekanntlich nach dem Geld redet. Geld, das ihm übrigens gar nicht gehört, weil ja auch der Volksmund niemandem gehört. Und so geht es vielen von uns mit dem Geld, wenn wir der Kreditwirtschaft glauben wollen. Die einen haben das Geld erfunden und die anderen das Pulver. Aber das Volk hat immer dafür sorgen müssen, daß die anderen es verpulvern konnten. Es gibt weiterhin Geld. Immer noch nicht genug, und wir sind inzwischen reicher, zumindest an Erfahrungen.

Geld, weiß der Meister, ist nichts anderes als Bambussamen, der lautlos zu Boden fällt und neuen Bambus wachsen läßt. Aber wer interessiert sich schon für Bambussprossen.

ZENario:
Schmerzliche Erfahrungen sind nur dunkle Pinselstriche auf einem großen Bild. Sorgen wir heute für einen frischen Pinsel und helle, freundliche Farben.

WENN EIN SCHWEIZER BANKIER AUS DEM FENSTER SPRINGT, SPRINGEN SIE HINTERHER. ES GIBT BESTIMMT ETWAS ZU VERDIENEN. *Voltaire*

Liebe Neidgenossen! Nehmen wir das schöne Bild »Drei Totenköpfe und ein Orientteppich«. Ein Bild von Cézanne, das dem Betrachter, der noch nicht der emotionalen Vergletscherung anheimgefallen ist, nicht mehr aus dem Kopf geht. Ein Millionenbild, das ein Fenstersturz in Zürich nicht billiger machen wird. Wenn es also Begehrlichkeiten weckt, sollten wir nicht den Totenköpfen zuviel Aufmerksamkeit schenken. Der Orientteppich knüpft mit Millionen Schlingen die Verbindung zu allen, die auf diesen Teppich fliegen. Bevor man also jeder Versuchung nachgibt, sollte man darauf achten, daß ein Teppich ausgerollt ist, der die Sprünge des Lebens auffängt.

ZENario:
Denken wir mal an Walter Scheel, der nicht unberechtigt sagte: »Nichts ist ohne Risiko. Aber ohne Risiko ist alles nichts!« Mit anderen Worten, wenn wir Bundespräsident werden wollen, sollten wir uns über die Risiken bewußt sein. Umzug nach Berlin und ständig Besuch. Reisen in alle Länder, die man schon aus Reiseprospekten kennt. Bleiben wir auf dem Teppich mit unseren Wünschen. Es muß doch nicht immer gleich ein roter sein.

November

»The Queen is not amused.«

Offizielle Verlautbarung

DER VERSUCH, DEN HIMMEL AUF ERDEN ZU VERWIRKLICHEN, PRODUZIERT STETS DIE HÖLLE.

Karl Popper

So wie Ehen, die im Himmel geschlossen und dann zur Hölle auf Erden werden. Nun ja, nichts ist perfekt – außer das Plusquamperfekt. Und als Sie das gelernt haben, liegt soweit zurück, daß Sie sich kaum noch daran erinnern können. Wer Himmel und Hölle in Bewegung setzt, muß sich nicht wundern, wenn er nicht weiß, ob er oben oder dort unten hingehört. Letztendlich ist aber der Himmel auf Erden auch nur Luft für all jene, die mit beiden Beinen auf der Erde stehen. Der Himmel auf Erden, also das Glück an sich, ist keine Massenware, und Einzelanfertigungen haben immer kleine Fehler. Hauptsache, Sie haben ein himmlisches Gefühl und sind höllisch gut drauf – und zwar immer öfter.

Oder wie der Meister gern sagt: Wer weiterkommen will, muß weiterdenken.

ZENario:
Legen Sie sich auf Ihren Balkon, oder setzen Sie sich auf eine Parkbank. Blicken Sie solange in den Himmel, wie Sie können. So haben Sie zumindest für einige Sekunden oder Minuten den Himmel auf Erden – wenn Sie niemand stört.

CHRISTUS IST DIE ANTWORT!
JA, ABER WIE LAUTET DIE FRAGE?

A. T. Heist

Zum Beispiel: Beten Sie? Ein Glaubensbekenntnis, das die Marktforschung unserer Tage besonders interessiert. Das Ergebnis: jeder zweite Deutsche betet. Eine Forsa-Studie zeigte, daß sogar jeder Dritte (32%) täglich betet. Frauen beten besonders häufig (71 %). Viele Nichtbeter gibt es übrigens in Neufünfland. 65% halten in der Nach-Honecker-Ära nichts vom Beten.

Der Meister lauscht gespannt diesen Erkenntnissen und blickt nach oben: Man schreit nicht zum Himmel – so sagt man doch – oder? Den Hinweis eines Zuhörers, daß das Beten ja auch eine stille Handlung sei, kommentiert der Meister folgendermaßen: Aber was heutzutage nicht zu hören ist, bewirkt auch nichts.

ZENario:
Lassen Sie heute von sich hören. Per Brief, Postkarte, Telefon, ganz persönlich und lautstark. Schreien ist zwar kein Argument, aber wenn man schon Argumente hat, kann man Sie auch in voller Lautstärke vertreten. Leise Zweifel sollten allerdings bleiben.

DAS EINZIGE, AUF DAS WIR HOFFEN KÖNNEN, IST EIN BISSCHEN ORDNUNG IN UNS SELBST ZU BRINGEN.

Willem de Kooning

Die Frage, was man denn so beruflich mache, bringt viele in Verlegenheit. Inzwischen habe ich ein bißchen Ordnung in mein Leben gebracht. Meine Antwort lautet nun: Ich bin Gelegenheitsarbeiter. Ich arbeite gelegentlich mit Worten. Oder: Ich lasse keine Gelegenheit aus, um zu arbeiten. Ein alter Mann antwortete darauf kürzlich: Brav, junger Mann. Sehr ordentlich!

Eine andere Möglichkeit hat der Maler Markus Lüpertz für sich gefunden. Er ordnet sein Leben in einem kleinen Buch. Dort vermerkt er die Namen all jener, die ihm irgendwann mal auf die Füße getreten sind. »Einige davon«, so fügt er gern hinzu, »konnte ich schon ordentlich durchstreichen.«

ZENario:
Wo stehen die Pfandflaschen? Alle einsammeln und zurück zum Supermarkt bringen. Lassen Sie sich das Pfand auszahlen, und gehen Sie mit dem Geld zum nächsten Kiosk. Versuchen Sie nun, so viele Teile wie möglich zu kaufen. Von jedem aber nur eins. Beschränken Sie sich dabei auf Ihr Pfand. Was lernen wir daraus? Richtig: Je mehr Flaschen – desto mehr Geld . . .

Gib der Wirklichkeit einen Namen – deinen!

Anonym

Großartiges Scheitern zu jeder Zeit ist schwer im Kommen. So gibt es Menschen, die als Milchtüte durch eine Geistheiler-Show geführt werden oder überhaupt gern nach der Pfeife anderer tanzen. Wenn auch nicht immer gleich in einer Fernsehshow und zum Vergnügen der Zuschauer. Zugegeben, es ist eine schöne Möglichkeit, sich aus der Wirklichkeit zu verabschieden. Es soll sogar Fälle geben, wo Menschen nie wieder in die Realität zurückgekehrt sind und heute noch als geistige Mülltüten für knisternde Spannung im Treppenhaus einer Psychiatrie sorgen. Nun ja, jedem das seine. Wer sich aber wirklich kennenlernen will, sollte seinen Namen deutlich schreiben und klar aussprechen. Das ist Karma. Karma bedeutet, daß wir uns nicht der Bedeutung unseres Handelns entziehen können. Unser eigenes Tun oder Nichttun ist unser Schicksal. Und jedes Schicksal hat einen Namen. Sprechen Sie ihn aus – laut und deutlich.

ZENario:
Lassen Sie ein Bild von sich machen. Eine Fotoserie mit zahlreichen Nahaufnahmen. Entscheiden Sie, welche Aufnahme Sie am vorteilhaftesten wiedergibt. Lassen Sie einen großformatigen Abzug anfertigen, und hängen Sie das Bild in einem passenden Rahmen so auf, daß Sie sich täglich begegnen. Machen Sie sich ein Bild von sich!

IT WAS ONLY IN MY 40'S THAT I STARTED FEELING YOUNG.

Henry Miller

Dahinter steckt das gern zitierte »forever young Syndrom«. Ältere Herren (und Damen) tragen plötzlich Stirnbänder oder neigen zu James-Dean-Attitüden und Lederjacken. Ohne Rücksicht auf das Bild, das sie dabei abgeben. Vielleicht spricht man deshalb auch am Ende dieses Weges vom Jüngsten Gericht? Zur gleichen Zeit beginnt das Nachdenken über so verwirrende Aussagen wie »Es gibt (k)ein Leben nach dem Tod«. So eine Art Hoffnungsschimmer am (so hofft man) noch immer weit entfernten Horizont. Die Vorstellung, irgendwann nicht mehr reden, nicht mehr sehen, nicht mehr riechen oder nicht mehr hören zu können, ist allerdings so ungewöhnlich nicht. Vielen Menschen fehlen diese Fähigkeiten bereits, bevor sie gestorben sind.

ZENario:

Denken Sie einige Minuten mal über diese Weisheit nach: »Today is the first day of the rest of my life«. Sie können auch ausrechnen, wieviele Stunden, Tage oder Sekunden Sie schon auf der Welt sind. Aber Vorsicht, verlieren Sie nicht die Nerven. Verlieren Sie nur einige Gedanken über die Minuten, Stunden und Tage, die Sie nicht gelebt haben.

ES GEHT WEITER – WEITER ALS MAN DENKT!

Ironman

Kein Wunder, denn das Dasein ist wie galoppierende Schwindsucht. Immer schneller wird die Fahrt. Mit jeder Bewegung ändert sich etwas und jeder Augenblick verwandelt sich in einen neuen, und so geht es unaufhaltsam weiter. Das geht Lady Di nicht anders als jenen, die kein blaues Blut haben. Immer wieder stehen wir vor verschlossenen Türen und somit vor der Frage: »Wie geht es weiter? Gibt denn keiner Antwort?« fragte schon Borchert in »Draußen vor der Tür«. In wenigen Tagen, wenn Deutschland wieder von Printen, Tannenbäumen und Rauschebärten besetzt ist, werden wir abermals draußen stehen, Raketen zünden und nicht weiterwissen.

Ah ja! sagt der Meister, da fällt mir Beckett ein, Samuel Beckett: »Ich kann nicht weiter gehen. Du mußt weiter gehen. Ich werde weiter gehen.«

ZENario:
Die Fruchtfliegen über den Pfirsichen und der summende Kleinkrieg im nächtlichen Schlafzimmer gehören ab heute der Vergangenheit an. Suchen Sie nach alternativen Möglichkeiten (Nelken mit Zitrone), um dem Kriegstreiben ein Ende zu setzen. Werden Sie ab heute nicht nur Tierfreund, sondern Pazifist im kleinen.

DIE ERSTEN FÜNFZIG JAHRE SIND TEXT.
DER REST IST KOMMENTAR.

Arthur Schopenhauer

Während wir täglich an unserer Biographie schreiben, verlieren wir Stück für Stück unseren Einsatz. Am Ende wollen wir dennoch als Gewinner dastehen, was unmöglich ist und sich jeder an den Fingern abzählen kann. So schreiten wir weiter in der Hoffnung, nicht den roten Faden zu verlieren. Und das immer nur mit den zwei Möglichkeiten, die es gibt. Nicht zu bekommen, was man sich wünscht, oder das zu bekommen, was man sich nicht wünscht. Und während wir Stunde an Stunde reihen, entstehen Möglichkeiten, Einschnitte und vertane Möglichkeiten. Es ist aber nicht der Text, der bleibt. Was bleibt, sind nur Gedanken, Kommentare und die elektronisch gespeicherten Bedeutungslosigkeiten auf unseren Kontoauszügen.

ZENario:
Schreiben Sie eine Liste der sechs Dinge, an die Sie häufig denken, weil Sie getan werden müßten und doch liegenbleiben. Numerieren Sie die Aufgaben. Nehmen Sie einen Würfel. Die Zahl, die fällt, ist die Aufgabe, die Sie heute noch erledigen werden. Arbeiten Sie so in den nächsten sechs Tagen die Liste ab. Oder nehmen Sie gleich eine kleine Schale und ein Feuerzeug, und verbrennen Sie die Liste. Das wäre der kürzeste Kommentar.

SIE VERDOPPELTEN IHRE ANSTRENGUNGEN, ALS SIE DAS ZIEL AUS DEN AUGEN VERLOREN.

Werner Körner

Doppelgaragen haben ihren ganz eigenen Charme. Betrachten Sie einmal etwas länger diese Bauwerke moderner Zwiespältigkeit. Während Sie davor stehen, öffnet sich fröhlich summend das breite Doppeltor. Sie erkennen spontan den tieferen Sinn solcher Räume. Knäckebrotkrümelnd fährt die Frau Gemahlin aus der Tiefe des Raumes in einem Golf-Cabrio und verschämt knattert das Töchterchen mit der niegelnagelneuen Vespa hinterdrein. Lautlos und magisch schließt sich dann wieder das Rolltor. Nachdenklich betrachtet man Menschen und Szene.

Ein grausames Schicksal hat so ein Rolltor. Ein Leben, das breit angelegt ist, aber nie in die Tiefe gehen wird.

Das hätte ich nicht besser erzählen können, sagt der Meister.

ZENario:
Verzichten Sie heute mal auf Luxus. Nehmen Sie sich (oder leihen Sie es) ein kleines Zelt, eine Tüte mit einigen Lebensmitteln und zelten Sie. Vergessen Sie alle Kulturgüter, die Sie sonst so brauchen. Improvisieren Sie auf einfachstem Niveau. Seien Sie sicher, es geht!

DER ENDZWECK ALLER KÜNSTE IST DAS VERGNÜGEN.

G. E. Lessing

Der empfindlichste Augenblick ist immer der Moment kurz vor Erreichen des Ziels. Konzentrieren Sie sich auf den Abschluß. Das wahre Vergnügen liegt in der Haltung, die Sie zeigen. In Perfektion so zu tun, als hätten Sie nichts erreicht, als läge Ihr Ziel weiterhin vor Ihnen. Strengen Sie sich an. Das ist das wahre Vergnügen. Innerlich zu siegen und äußerlich zu kämpfen. Einen Witz zu erzählen, über den alle lachen. Nur Ihr Gesicht bleibt teilnahmslos. Sie haben den Ernst der Lage erkannt.

Der Meister nennt es den Spiegel-Effekt. Wenn das Vergnügen ins Wasser fällt und keine Wellen schlägt.

ZENario:

Setzen Sie sich in einen völlig dunklen Raum und lassen Sie die Bilder und Töne fließen. Lassen Sie Ihre Seele lachen. Laut und leise.

EGO STATT LEGO.

Graffiti

Die Gegensätzlichkeit von individueller Selbstdarstellung und austauschbarer Baukastenmentalität zeigt sich auch im Gegensatz von Ost und West. Von Europa und Asien. Im Westen heißt es: Der Berg ruft. Das Ergebnis ist, daß nicht alle kommen. Im Osten heißt es: Der Berg lacht. Und was ist das Ergebnis? Auf den ersten Blick ein wesentlicher Unterschied in der Betrachtung. Im Westen will man Berge versetzen. Im Osten versetzt man Berge.

Na schön, sagt der Meister. Aber um den eigentlichen Unterschied zu erkennen, muß man vielleicht erst einmal auf einem dieser Gipfel fliegende Fische fangen.

ZENario:
Nimm dich zurück. Stehe nicht im Vordergrund. Sei der Anführer und das Heer zugleich. Die wahre Kriegslist besteht darin, nicht zu einer List zu greifen. Kaufe ein Kistchen Legosteine und spiele mit deinem Ego.

MICH KANNST DU NICHT STÖREN. ICH HABE IMMER ZEIT. NUR UNBEGABTE MENSCHEN HABEN KEINE ZEIT.

Karl Popper

Da geht sie hin, die Zeit des Lamentierens. Zuhören heißt das Ziel. Und zuhören ist nichts anderes, als sich Zeit zu nehmen. Zeit für Fragen, Zeit für Kinder z.B., die nicht nur Zeit verlangen, sondern auch Respekt. Aufmerksamkeit, die man nicht in Minuten und Stunden messen kann.

Oder sich auch die Zeit nehmen, Dinge vorbeigehen zu lassen. Wenn das Telefon klingelt, nicht eine Störung zu hören, sondern eine Chance darin zu sehen, das Telefon klingeln zu lassen und nicht gleich beim ersten Ton aufzuspringen, im wahrsten Sinne des Wortes also ›abzuheben‹. Eine Störung erledigt sich meist von selbst. Für wichtige Anrufe haben Sie aber nun Zeit gewonnen. Konzentriert können Sie dann dem Finanzamt, Ihrem Bankberater oder anderen unbegabten Menschen, die keine Zeit haben, ein Ohr leihen.

ZENario:
Besorgen Sie sich eine Eieruhr. Nehmen Sie sich täglich zwei Minuten Zeit für persönliche Muße. Lassen Sie die Zeit bewußt verrinnen, um anschließend festzustellen, daß nichts Wesentliches passiert ist.

DIE EINEN HABEN GLÄNZENDE SCHUHE,
DIE ANDEREN GLÄNZENDE IDEEN.

J. v. Soest

Die reißerische Überschrift (hier als Zitat getarnt) sagt auf den ersten Blick wenig und gibt auch bei längerem Nachdenken nicht viel her. Was will uns also diese Zentenz verblaßter Lebensweisheit mit auf den steinigen Weg des Alltags geben? Nicht jeder, der glänzende Schuhe hat, strotzt auch vor Ideen? Oder alle, die glänzende Ideen haben, haben zugleich ungeputzte Schuhe? Oder ist das eine die Ursache und das andere die berühmte Nebenwirkung, zu der man seinen Arzt oder Apotheker befragen soll?

Der Meister blickt auf die Schuhe, bückt sich und lacht, als sich sein Gesicht darin spiegelt: So leicht ist es, seinem Leben Glanzpunkte zu verleihen.

ZENario:
Versuchen Sie heute, einmal herzhaft zu lachen. So eine Art Reinigung der Gefühle herbeizuführen. Lachen Sie auch bei unpassender Gelegenheit und provozieren Sie. Sie werden eine Menge Reaktionen bekommen und viel lachen – garantiert.

DIE BUNTESTEN VÖGEL SINGEN AM SCHLECHTESTEN.

G. C. Lichtenberg

Schwarze Kleidung ist nicht das Erkennungszeichen zu spätgeborener Existentialisten. Dunkel erzwingt Licht. So ist Schwarz auch eine kleidsame Form der Bescheidenheit. Den schwärzesten Tag werden wir allerdings erleben, wenn die Farblosigkeit (nicht mit Schwarz zu verwechseln) zur Mode wird. Während das kleine Karo, dezente Streifen und fliederfarbene Rüschenhemden in der Umkleide deutscher Volksmusikanten bislang nur laute Torheiten bunter Vögel sind.

Und die singen in der Natur bekanntlich am schlechtesten, weiß der Meister zu berichten.

ZENario:

Schlafen Sie diese Nacht in einem anderen Bett, einem anderen Raum, einer anderen Umgebung. Der routinierte Griff zur Fernbedienung oder zur Nachttischlampe entfällt. Damit kommen Sie auf völlig neue Ideen. Beispielsweise vor dem Einschlafen noch etwas fernzusehen. Das Programm heißt Phantasie.

14. November

WISSEN IST MACHT. *(Goethe)*
WER ALLES WEISS, WEISS GAR NICHTS! *(Yoshi)*
MACHT NIX! *(anonym)*

Diese Welt ruht auf drei Fundamenten: auf den Ziffern 0-9, auf den Tonleitern und auf dem Alphabet. In der Freizeit tauschen wir diese grundlegenden Erkenntnisse gegen Golf-, Tennis- und andere -schläger. Gesunde Menschen begeben sich also auf rote Aschenplätze und schlagen sich alles aus dem Kopf, was nichts mit Tennis zu tun hat. Sogar das Finanzamt (wie sich bei der Steueroase Steffi G. gezeigt hat). Hat das nun mit Wissen allein zu tun oder doch mehr mit dem Nicht-wissen-wollen. Dem Vergessen für einige Auf- und Niederschläge des Lebens?

Ich weiß nicht, wirft der Meister ein, was daran verwerflich ist. Das ist wie mit Serve und Return. Oder wie es Ludwig Wittgenstein gesagt hat: Die Lösung des Problems des Lebens merkt man am Verschwinden dieses Problems. Bleibt die Frage, ob der Sinn des Lebens in einem klugen Satz liegt oder im Spiel?

ZENario:
Treiben Sie heute Sport, um ein neues Verhältnis zur Bewegung zu bekommen. Beginnen Sie mit leichter Gymnastik am Morgen. Steigern Sie Ihr Training in den nächsten Wochen mit Walking und Joggen. Tragen Sie für den 15. Dezember eine Frage ein: Was ist aus der regelmäßigen Bewegung geworden?

Meine Lieblingsbeschäftigung: Atmen!

Caspar B.

Wobei wir klären müssen, ob das Ein- oder das Ausatmen gemeint ist. Beides hat Konsequenzen für Lunge, Organismus und unser weiteres Leben. Lachen Sie nicht! Atmen ist das Wichtigste. Nicht als überlebensnotwendige Sauerstoffaufnahme, sondern als automatische und meist unbewußte Handlung. Vieles im Leben würde leichter zu erreichen sein, wenn es ebenso unbemerkt vonstatten ginge. Ohne Anstrengung zum Ziel. Lächelnd atmen. Das Atmen ist die innere Mitte.

Der Meister fragte einen Zen-Jünger nach seiner Lieblingsbeschäftigung. Die Antwort: »Sehen, Meister!« Nach einiger Zeit legt der Meister dem Novizen die Hände auf die Augen und sagt: »Aber vergiß das Atmen nicht!«

ZENario:
Nehmen Sie einen Spiegel und atmen Sie dagegen. Beobachten Sie, wie das beschlagene Glas wieder klar wird. Vieles von dem, was wir täglich tun, nimmt den gleichen Weg. Tun Sie es nicht in Eile und so atemlos.

EIN HOCH AUF DAS GROSSE GENIE, AUF DEN MENSCHEN, DEN WIR ALLE BEWUNDERN: DEN ERFINDER DER PIZZA!

Alf

Wir sind Zeugen eines Phänomens. Der neuzeitlichen Erkenntnis, daß die Welt doch eine Scheibe ist, was durch CD-Rom und andere Flachgeister bestätigt wird. Aber hier geht es um die kulinarische Welt, die ihren Ursprung bekanntermaßen auf einem Campingplatz mit Brennstelle im Neandertal hat. Von dort zogen unsere Wünsche aus in die Welt und kehrten schließlich platt und mit Oregano gewürzt zurück. Da sitzen wir nun zu tausenden vor einem der plattesten Geniestreiche. Aber das eigentlich Interessante daran ist ja nicht die Form, sondern die Komposition der unterschiedlichen Beläge.

Nicht die Tomaten, die Pilze, Spinat oder Schinken sind das Überraschende, sagt der Meister. Es ist vielmehr die Erkenntnis, wie man mit ein bißchen mehr heißer Luft die Welt verändern kann.

ZENario:
Nicht jeder hat das Glück, ein Genie zu sein. Fühlen Sie sich aber zumindest heute so, und genieren Sie sich nicht, es auch zu zeigen. Sprechen Sie über Ihre Erfolge und Ideen. Über Ihr gutes Aussehen usw. Tun Sie das mit Selbstverständlichkeit und üben Sie sich in Selbstüberschätzung. Es wird Ihnen gut tun.

SEI NETT ZU DEN MENSCHEN, DIE AUF DEM WEG NACH OBEN SIND. DENN DU TRIFFST SIE AUF DEM WEG NACH UNTEN WIEDER! *Hans Kippenberger*

Oder meiden Sie generell Fahrstühle? Dann müssen Sie weniger Rücksicht nehmen im ständigen Auf und Ab des Lebens. Erfolg ist wie Fahrstuhlfahren. Die einen steigen ein, die anderen aus. Der Kursverfall der Aktie Mensch hat an Schnelligkeit zugenommen. Ein schönes Beispiel dafür sind die Scheidungsraten. Andere warten erst gar nicht an der Fahrstuhltür. Sie gehen zu Fuß. Dabei erreichen sie oft genauso schnell ihr Ziel. Allerdings soll nicht verheimlicht werden, daß gerade einige von diesen Menschen im Vorbeigehen auf jeder Etage den Knopf des Fahrstuhls drücken. Moderne Computer speichern den Ruf, und so wird die Fahrt von Etage zu Etage verzögert.

Wer seinen Weg macht, hat unter Umständen für die anderen Umleitungen eingebaut, weiß der Meister.

ZENario:
Suchen Sie per Anzeige eine Haushälterin, einen Sekretär oder ähnliches. Nicht, weil Sie jemand Entsprechendes brauchen, sondern um neue Leute kennenzulernen. Verzichten Sie im Anzeigentext nicht auf allzu seriöse Anforderungen. Die Erwartungshaltung sollte dennoch deutlich sein. Beispielsweise: Wer ißt wie ich gern Schnippelbohnen? Als Einstieg sicher brauchbar.

DIE CREME DER GESELLSCHAFT IST MEISTENS FETT.

Jean Cau

Oder ißt sie nur zu fett? Egal, die Creme der Gesellschaft erscheint uns Normalsterblichen unendlich glücklich. Reich an Wissen, reich an Banknoten und reich an Cholesterin sowie an vielen Dingen, die die meisten von uns entbehren. Leisten wir uns dennoch den Verdacht, daß es eine Menge mit Glück zu tun hat. Oder glauben Sie etwa nicht an das Glück? Das ist gut so. Denn wie ließe sich sonst der Erfolg von all den Menschen um uns erklären, die wir nicht leiden mögen.

Der Meister schmunzelt: Was ist oben, was unten? Erkenntnisse führen nicht zu ruhigem Schlaf. Und Nivea ist nicht die Creme, sondern hat nur am Ende ein U verloren.

ZENario:
Schreiben Sie einen Leserbrief. Zu einem Artikel, zu einem Ereignis, zu einem Thema, das Sie berührt. Beziehen Sie Position und konsumieren Sie nicht nur die Meinungen anderer.

DER ERFOLG DES MANNES IST DER HALBE ORGASMUS DER FRAU.

Dr. Bernd K.

Das ist kein frauenfeindliches Zitat. Im Gegenteil! Wie alles hat auch dies zwei Seiten, eine männliche und eine weibliche. Die besten Dinge im Leben können schließlich nicht allein durch Willenskraft umgesetzt werden. Oder eben nur zur Hälfte. Und halbe Sachen sind unbefriedigend wie es beispielsweise die Geschichte des alten Ehepaares zeigt, das sich irgendwann im hohen Alter gestand, daß beim morgendlichen Teilen des Brötchens jeder lieber die andere Hälfte gegessen hätte.

Der Meister reagiert auf diese Geschichte in seiner ihm eigenen Form: Der Erfolg des Mannes erfordert die Abwesenheit des Mannes. Bei wem also erlebt die Frau die andere Hälfte des Orgasmus? Ein Zen-Schüler ruft daraufhin vorlaut: »Welche Hälfte, Meister?«

ZENario:
Entdecken Sie Ihre romantische Seite. Wenn Sie noch nie Tango getanzt haben, versuchen Sie es heute. Wenn Sie noch nie bei Kerzenlicht gebadet haben, tun Sie es heute. Wenn Sie sich wieder mal verlieben wollen, beginnen Sie heute damit. Still und heimlich. Mit Blicken und viel Phantasie.

DAS NÄCHSTE SPIEL IST IMMER DAS SCHWERSTE.

Sepp Herberger

Mit Befremden ist festzustellen, daß diese fußballerische Erkenntnis inzwischen zum Spielball der Beliebigkeiten verkommen ist. Dabei sind es gerade die Ballspielarten, die den Spaß an der Freizeit ausmachen. Zu fortgeschrittener Stunde und in allen menschlichen Regionen. Und auch hierbei gilt, das nächste Spiel ist immer das schwerste. Zugleich ist dabei hin und wieder eine Leichtigkeit spürbar, die man dem einen oder anderen Profi-Spieler im Trainingslager nur wünschen könnte. Das menschlichste Vergnügen kennt keine Elfmeterszenen. Oder auch: »Die Natur ist unser Leben, und wenn wir sie zerstören, zerstören wir uns selbst.« (Franz Beckenbauer)

Eine kurze Anmerkung des Meisters: Wir sollten häufiger über Sex reden, ohne darüber zu reden. Denn das nächste Thema ist immer das schwerste.

ZENario:

Nehmen Sie mit einem Recorder Ihre Stimme auf. Lesen Sie einen Text aus der Zeitung oder erzählen Sie einfach, was Ihnen durch den Kopf geht. Empfinden – ja, empfinden – Sie Ihre Stimme beim Abhören des Bandes. Hören Sie auf Ihre Stimme und auf die Zwischentöne. Vergleichen Sie Ihre Stimme bei erotischen und bei sachlichen Texten. Übrigens: man schläft mit einer Stimme und nicht mit einem Gesicht. Oder wie es Marquis de Sade gesagt hat: Das wichtigste Organ der Wollust ist? Falsch – das Ohr!

WO WAHRHEIT HERRSCHT, DA IST AUCH RUHE ODER ENTSTEHT DOCH NACH UND NACH VON SELBST.

Wilhelm von Humboldt

Die Lokale waren so voll wie die Gäste. Und die Menschen hatten rote Nasen und noch rötere Nacken, Arme und Beine. Es war Hochsommer und der nächste Tag brachte wieder viel Wahrheit an den Strand. Wahrheiten von 40 bis 240 kg. Apfelsinenhaut und Apfelfruchtsaftgetränke aus Kühlboxen. Die Sonne verbannte erbarmungslos jede Art von Verkleidung. Die Wahrheit ließ sich nicht verstecken. Nur Kinderstimmen waren zu hören.

Als der Meister diese Geschichte erzählt, mit für ihn eher untypischen Worten, ziehen sich alle Schüler des Zen-Klosters geräuschvoll aus – gedacht als eine wahrhaftige Geste. Der Meister blickt nach oben, steckt sich demonstrativ die Finger in die Ohren und beginnt ein altes, europäisches Volkslied zu singen: »Guter Mond, du gehst so stille ...«

ZENario:
Wann haben Sie das letzte Mal vor dem Spiegel gestanden? Gestern noch? Wann haben Sie das letzte Mal nackt vor dem Spiegel gestanden? Tatsächlich gestern noch. Wie lange? Und hatten Sie die Augen geöffnet oder nur offen?

DAS LEBEN IST DIE BÜHNE. DU BIST NUR DIE SOUFFLEUSE.

Britta Brodda

Vorsagen gilt nicht. Außer bei der Wettervorhersage. Da darf sich jeder etwas einreden lassen. Der Hals-Nasen-Ohren-Spezialist, wie der wetterfeste Goretex-Gourmet. Das schließlich führt zu einer deutlichen Belebung des Lebens, wie es auch der Schnellzeichner auf der Bühne eines Varietés veranschaulicht, der ganz ohne Souffleuse arbeitet und beweist, daß sich mit dem Strich viel Geld verdienen läßt.

Der Meister erinnert sich währenddessen der weisen Zeilen: Magische Formen und Schriftzeichen generell stehen nicht im Konflikt zur wahren Form. Wenn das ein Strich ist, was ist dann ein Strich?

Dazu müßte man klären, ob auf der Bühne oder im Leben!

ZENario:

Wenn heute die Sonne scheint, beobachten Sie Ihren Schatten. Im Gehen, im Sitzen, wo auch immer. Führen Sie einen inneren Dialog mit Ihrem Schatten. Erkennen Sie, daß Ihr Schatten Eigenschaften hat, die Sie bislang nicht gesehen haben.

Mir sind die liebenswürdigen Fehler angenehmer als die unausstehlichen Tugenden.

Winston Churchill

Das Leben auf hoher See ist sicher nicht jedermanns Fall. Der Zusammenhang zwischen dem Innenohr und dem gebeugten Aufenthalt an der Reeling ist dann offensichtlich. Wobei festzustellen bleibt, daß ältere Herren in blauen Jacken mit Goldknöpfen die Seekrankheit scheinbar nicht erfaßt. Für sie ist es eine Tugend, auf dem Palaverdeck bei Windstärke 8-9 mit einer gewissen Bloody Mary standhaft zu bleiben. Was die Beschreibung dieses Seebildes vermitteln soll?

Der Meister würde antworten: Frische Luft. Das befreit von Fehlern und Tugenden. Mit einem lachenden und einem weinenden Auge kann man auf dem Narrenschiff nicht untergehen.

ZENario:
Spielen Sie eine Szene auf der Titanic nach. Er sitzt im Rettungsboot (empfehlenswert das Sofa), sie auf dem Floß (kleine Perserbrücke). Führen Sie z. B. den folgenden Dialog: »Wie kann ich dich erreichen?« Sie: »??????« und ein verzweifeltes »Ach, Liebster!« Er: »Nun sag schon, bevor wir absaufen«. Sie: »Ich steh' im Telefonbuch!« Legen Sie dazu als Dekoration Eisstücke aus dem Tiefkühlfach aus. Nur keine Panik!

EIN STAR IST EIN MENSCH, DER ANDERE ÜBERRAGT, WEIL DER GESCHICKT GENUG WAR, AUF EINEN STUHL ZU STEIGEN.

Billy Wilder

Eine Fähigkeit, die vergleichbar ist mit der Suche nach dem richtigen Abstand, um den Betrachtungswinkel zu vergrößern. Der Dalai Lama bringt es darauf: »Schließlich sind alle Menschen erst einmal gleich. Sie bestehen aus menschlichem Fleisch, Knochen und Blut«. Wenn sie allerdings im Laufe der Zeit darauf bestehen, etwas Unvergleichbares aus sich geschaffen zu haben, könnten sie Künstler sein. Das ist dann auch die größte Entdeckung aller Zeiten: der Zufall. Dominosteine werden dabei aneinandergelegt, und schon ist man berühmt, arriviert, im Gespräch. Das geht dann einige Jahre so, vielleicht sogar Jahrzehnte. Das Leben dauert aber unendlich länger.

Anmerkung des Meisters: Die eigentliche Kunst besteht dann darin, durchzuhalten. Auch wenn man nicht am Fenster sitzt, muß man sich den Blick offenhalten oder auf einen Stuhl steigen können, ohne daß einem schwindlig wird.

ZENario:
Schaffen Sie sich Hornhaut an, dort wo Sie welche brauchen. Wenn Ihnen Lärm auf die Nerven geht, bilden Sie Hornhaut auf den Ohren. Wenn unerledigte Post zu beantworten ist, schreiben Sie, bis sich Hornhaut an den Fingern bildet. Hornhaut ist etwas Feines. Nur Sie spüren es. Niemand sieht es. Und wenn es auch nichts ändert, so hält es doch manches auf Abstand.

Ich hätte viele Dinge begriffen, hätte man sie mir nur nicht erklärt.

Stanislaw Jerzy Lec

Es gibt Menschen, die sind in der glücklichen Lage, alles erklären zu können. Gnadenlos alle Fragen jeder Materie und jedes Problem. Und das auch eindrucksvoll und überzeugend. Den Unwissenden bleibt nur ein leiser Zweifel an soviel Spezialistenwissen. Irgendwann bestätigt sich dann der Verdacht, daß es dabei gar nicht um Wissen geht. Bis dahin hat man dann aber zweierlei begriffen: Einerseits brauchen wir Erklärungen, andererseits brauchen wir nichts zu erklären. So klärt sich alles. Aufgeklärte Menschen fragen deshalb weniger und antworten nur, wenn sie nicht gefragt sind.

Ja, ja, sagt der Meister: Im Grunde muß man nur begreifen, daß Erklärungen nicht erklären können, was nicht von sich aus klar ist. Klar?

ZENario:
Die beste Rache ist ein gut gelebtes Leben. Wenn Sie sich ab heute daran halten, könnte es gut gehen.

ICH FINDE MÄNNER ZUM TOTLACHEN.

Doris Dörrie

Eine Einstellung, die für eine Frau auch heute noch Konsequenzen haben kann. Da werden Männer zu Erzengeln. Der Mann sucht bekanntermaßen mit geringstem Aufwand den schnellsten Erfolg. Ohne Umwege geht er zur Sache und zur Dame – ohne Sentiment und Skrupel. Halt! Moralisten bitte zurücktreten von der Bettkante. Wilden Phantasien sind da keine Grenzen gesetzt. Denn eigentlich will er auch nur das eine: die unsterbliche Liebe. Aber alles, was er dafür tut, ist zum Totlachen.

Interessant ist, was der Meister als Mann dazu sagt: Machos sind auch Menschen! Und das ist das Wesentliche.

ZENario:

Mann und Frau kennen sich meist nur von Parties und Scheidungsgerichten. In der Zeit dazwischen lernen sie alles über das andere Geschlecht.

Mal ernsthaft, wie gut kennen Sie Ihren Freund oder Ehepartner? Denken Sie einmal über sich und über ihn oder sie nach. Wenn alles nichts hilft, beseitigen Sie jedes nächtliche Argument mit der wirkungsvollsten Waffe, die Mann und Frau kennen: der Liebe. Aber Vorsicht! Einige besitzen noch nicht einmal einen Waffenschein – nur eine Fernbedienung.

ALLES SOLLTE SO EINFACH WIE MÖGLICH GEMACHT WERDEN, ABER NICHT EINFACHER.

Albert Einstein

Ein Hoch auf dieses Genie und den Erfinder des Spiegeleis, – der ja, wie wir wissen –, Columbus hieß. Am Ei des letzteren ist bereits zu erkennen, wie einfach das Leben und wie platt Erkenntnisse sein können. Bevor wir nun die Gedanken einfach schweifen lassen und unberechtigt den einen oder anderen in die Pfanne hauen, wenden wir uns kurz den Chinesen zu. Das erweitert den Horizont ganz ungemein und bringt eine nicht unwesentliche Erkenntnis, die nicht erst Ritter Sport machte. Quadratisch und praktisch ist zwar gut, aber nicht unbedingt richtig. Gut ist das nur für ein beschränkt geometrisches Weltbild. Im traditionellen Denken der Chinesen ist nämlich die Erde ein Quadrat. So einfach kann das sein, wenn man sich von anderen nicht immer gleich eine Scheibe abschneidet und nicht belegten Theorien hinterherläuft.

Richtig, sagt der Meister: einfach ist am schwersten. Was der zitierte Herr Einstein sicher bestätigt hätte, da bin ich mir relativ sicher. Der Einfachheit halber an dieser Stelle nur noch der Hinweis: einfach denken, aber nachdenken.

ZENario:
Der Klappstuhl macht es uns vor. Zu jeder passenden Gelegenheit entfaltet er seine Möglichkeiten. Und bald schon zieht er sich still und genügsam in eine Nische zurück, ohne weiter aufzufallen. Wie, wann und wo entfalten wir unsere Fähigkeiten?

DAS ECHO BEHÄLT IMMER DAS LETZTE WORT.

Zenzi Kastelruth

Die innere Stimme sollten wir allerdings auch dann nicht überhören. Das Entscheidende am letzten Wort ist, wenn man so will, nicht das Echo, sondern die gute Sicht . . .

Ich werde mich hüten, daß letzte Wort zu behalten, murmelt der Meister und verschwindet in einer Nebelwand.

ZENario:
Hören Sie ab heute Radio, Fernsehen und Walkman um die Hälfte leiser. Drehen Sie die Regler zurück. Dinge, die unüberhörbar sind, gehören zur leisen Art.

WER IMMER RECHT HABEN WILL, MUSS OFT SEINE MEINUNG WECHSELN.

Dusan Radović

Recht und Gerechtigkeit sind wie ein glühendes Eisen. Wir schleppen es stets mit uns, meiden aber jede Berührung. Das ist gut so, ansonsten würden wir schreien. Denn es kann nur derjenige das Eisen berühren, der in seinem Leben noch nie gegen Recht und Gerechtigkeit gehandelt hat. Beides, Recht und Gerechtigkeit, sind wie Goethe und Grimms Märchen. Zusammen funktionieren sie nicht. Doch die Welt ist im Märchen wie im Leben oft genug ungerecht, und so bleibt alles beim alten. Denn auch Attribute wie »hat« oder »hat nicht« sind bedeutungslos, sofern man überhaupt eine Meinung hat. Die meisten haben aber noch nicht einmal die, geschweige denn, das Recht auf ihrer Seite.

ZENario:
Planen Sie für den nächsten Monat Ihre Geldausgaben so genau wie möglich. Teilen Sie sich Ihre finanziellen Möglichkeiten ein, und versuchen Sie, sich daran zu halten. Letztendlich wird sich nichts ändern – aber Sie haben es wenigstens versucht.

EGOISMUS IST DIE ZÄRTLICHKEIT DER ELLENBOGEN.

Norman Novemberler

Eine Einsicht, die unter notarieller Aufsicht verlost werden darf. Der Künstler muß Egoist sein, um seine Ideen durchzusetzen. Ob allerdings jeder Egoist auch ein Künstler ist, bleibt zweifelhaft. Und wer da sagt, heute herrsche die Ellenbogengesellschaft, irrt. Das war früher, in den sogenannten besseren Zeiten, weit schlimmer. Damals trug man in den Büros noch Ärmelschoner. Eine armselige Zeit also aus Rücksichtnahme. Und mit der Zärtlichkeit soll es auch nicht so toll gewesen sein. Heute kennen die meisten den kleinen Kunstgriff mit dem Ellenbogen, und ganz zärtlich drücken wir so rechts und links die Menschen zur Seite. Ein Leben in einer solchen Gesellschaft ist die Hölle, sagen viele. Dabei wissen wir gar nicht, ob es eine Hölle gibt. Und wenn es sie gibt, dann für all jene, die auch daran glauben.

Der Meister meint dazu: Daß es den Himmel gibt, sehen wir ja mit einem Blick nach oben. Und Egoismus ist nur die Realität unserer Illusionen.

ZENario:

Seien Sie heute ganz egoistisch. Nehmen Sie sich vor, irgend jemandem zu helfen. So wie wir es mal gelernt haben. Pfadfinder sind Vorreiter – auch auf größeren Wegen.

Dezember

»Um ein böses Gesicht zu machen,
musst du fünfundsechzig Muskeln
anstrengen; um zu lächeln,
brauchst du nur zehn.
Überanstrenge dich nicht!«

Cyril N. Parkinson

HÖFLICHKEIT IST WIE EIN LUFTKISSEN. NICHTS DRIN, ABER ES MILDERT DIE STÖSSE DES LEBENS.

Arthur Schopenhauer

Eine alte Campingweisheit, die aus einer Zeit stammt, als man zwischen Funzellicht und Studentenulk erst ein bis fünf Schoppen zu sich und dann den Schopenhauer in die Hand nahm. Mit überraschenden Ergebnissen. Gläser und Flaschen waren dann schon ohne Inhalt und der anwesende Mensch meist ohne Halt, aber mit dem sanften Aufschlagen auf dem dreigeteilten Luftkissen durchaus zufrieden. Anderntags ein Gebot der Höflichkeit, Luftmatratze und Zelt von den Stößen des Lebens zu reinigen. Erfahrungen, die einem Schrei gleichkommen, während es später gewaltig auf die Nerven geht, wenn Freunde immer wieder die Höflichkeit vermissen lassen, darüber zu schweigen. Das stößt dann doch heftig auf.

ZENario:
Unterbrechungen des Fernsehprogramms nutzen viele, um auf die Toilette zu gehen. Nutzen Sie liebgewonnene Gewohnheiten, um sie für einen Tag mal aufzugeben. Rauchen Sie einen Tag nicht. Essen Sie heute nur Obst statt Süßigkeiten zwischendurch. Trinken Sie Milch statt Rotwein. Wechseln Sie mit Ihrem Lebensabschnittspartner mal die Bettseite. Warum schlafen Sie immer rechts? Warum essen Sie immer Pfirsich-Joghurt?

MÜDIGKEIT ZWISCHEN DEN BEINEN IST WIE EIN HIMBEEREIS VOM ITALIENER UM DIE ECKE.

Baguette-Tüten-Gedicht von A. G. Leitner

Beginnen wir mit dem Vorurteil, Lyrik sei brotlose Kunst. Hier nun eine Kostprobe, daß es auch anders geht. Je kühler die Versprechungen, desto heißer sind die Erwartungen. Da sind wir wie Hunde, streunende Namenlose in den Belanglosigkeiten des Alltags. Ständig auf der Suche nach dem ordinären Geschmack des Lebens, setzen wir unsere Marken und lassen Unbeteiligte schamlos in die Scheiße treten.

Wie meinen? So sind Sie nicht? Das kommt bei Ihnen nicht in die Tüte? Aber eiskalt, sage ich Ihnen. Es muß ja nicht Himbeereis sein. Das falsche Wort zur rechten Zeit kann so klebrig zwischen den Beinen wirken, daß die Geschmacklosigkeit gar keine Rolle mehr spielt. Denken Sie einige Minuten darüber nach – vielleicht bei einem Himbeereis.

ZENario:

Raus ins Gewühl. Bereiten Sie sich auf Weihnachten vor. Mit einer Buchung im nächsten Reisebüro oder dem prüfenden Blick auf Lichterketten, Weihnachtsbaumständer, Lametta und Kugeln. Ergänzungskäufe sind jetzt ratsam. Sado-Masochisten planen bereits ein schönes Gemeinschaftsfest mit Gleichgesinnten beim Weihnachtsbaumschlagen in einer Schonung. Das ist der letzte Schrei dieses Jahr!

DAS GEHIRN IST DAS INSTRUMENT, MIT DEM UNSER GEIST MUSIK MACHT.

Karl Popper

Wer allerdings den Takt vorgibt, entzieht sich genauerer Kenntnis. Gefragt ist dabei auch weniger Kants Kenntnis der rheinischen Vernunft. Zumal er ohnehin nur an das Ding an sich dachte und bekanntermaßen kinderlos blieb. Das Gehirn, selbst wenn es noch so exzellent und virtuos beherrscht wird, erzeugt ja auch nicht nur geistliche Musik. Tonangebend ist immer das Alter. Und nicht jeder Violinschlüssel öffnet die Tür zu Erkenntnissen.

Der Meister schließlich weiß, daß Schlüssel auch hin und wieder verlorengehen.

ZENario:
Bereiten Sie Ihre Wohnung oder Ihr Haus auf den Winter vor. Kaufen Sie Ohrenschützer gegen die zu heiße und laute Musik der Nachbarn oder Kinder. Legen Sie Lichterketten als mahnenden Hinweis auf das nahende Fest. Backen Sie Plätzchen, damit auch der Zahnarzt spätestens nach den Feiertagen sein Geld verdient. Es werde Winter. Es werde Licht!

GAR NICHTS TUN, DAS IST DIE ALLERSCHWIERIGSTE BESCHÄFTIGUNG UND ZUGLEICH DIEJENIGE, DIE AM MEISTEN GEIST VORAUSSETZT. *Oscar Wilde*

Wer vermeintlich vor dem Nichts steht, reagiert meist nicht wie erwartet. So wie der Selbstmörder auf der Brooklyn-Bridge. Der Cop versuchte, überzeugend auf ihn einzureden: »Ich muß Ihnen helfen. Ich bin verpflichtet, Sie zu retten. Ich muß Ihnen hinterherspringen. Dabei habe ich gerade eine Lungenentzündung überstanden. Ihre Rettung wäre mein sicherer Tod. Sie werden mich töten und meine Familie in den Ruin stürzen. Bitte, springen Sie nicht. Tun Sie das mir, meiner Familie und Ihnen nicht an.« Nach einer kleinen Pause: »Gehen Sie lieber nach Hause und hängen Sie sich auf!« Der Mann hätte allerdings auch nichts tun können. Denn nichts ist nicht immer weniger als gar nichts.

Aber gar nichts ist manchmal mehr als nichts, weiß der Meister.

ZENario:
Probleme erfordern Gelegenheitslösungen in Arbeitskleidung. Suchen Sie sich heute zwei Lösungen für Ihr grundlegendes Problem. Sie haben keine Probleme? Dann schaffen Sie sich welche an, bevor Sie unglücklich werden.

VERLIEREN IST WIE GEWINNEN. NUR UMGEKEHRT.

Mark-Kevin Goellner

Ein schlagendes Argument, das die geistige Rückhand vermuten läßt. Generell ist die Umkehrung die schönere Form, alles positiver zu sehen, zu denken und zu leben. Anschaulich bekannt ist das halbvolle bzw. halbleere Glas Wasser. Dieser Gedanke auf deutsche Ehebetten übertragen, läßt Raum für Spekulationen. Oder wie die Amerikaner sagen: bad news are good news. Auf gut deutsch: Es gibt gute und schlechte Nachrichten.

Ich hätte da noch eine gute Nachricht, sagt der Meister. Hört doch einfach nicht auf die schlechten Nachrichten.

ZENario:
Realistisch betrachtet ist das Leben, ganz gleich, wie lange es dauert, kurz wie ein Blitz am Himmel. Und doch ist es im gleichen Augenblick erleuchtete Natur. Haben Sie den Blitz gerade gehört und den Donner gesehen?

DAS WICHTIGSTE ORGAN FÜR DIE WOLLUST IST DAS OHR.

Marquis de Sade

Nicht weil viele Sex meist im Dunkeln haben, sondern weil ein Orgasmus für einen kurzen Moment Erleuchtung bringt. Und Erleuchtung wiederum ist nichts anderes als ein großer Orgasmus. Oder habe ich den Meister falsch verstanden und er meinte, OHRgasmus? Wie auch immer. Sinnlichkeit und Wollust gehen zum einen Ohr hinein und nach einer Achterbahnfahrt auf unseren Nervensträngen kommt das, was davon übrig bleibt, zum anderen Ohr wieder heraus.

Sollten Sie also von jemandem hören, daß ihm der Sex zu den Ohren herauskommt, so ist er der Erleuchtung ein wesentliches Stück näher als die meisten.

ZENario:
Wattestäbchen kaufen und Ohren säubern.

GLÜCK IST DER ZUSTAND, DEN MAN NICHT SPÜRT.

Kurt Tucholsky

Vielleicht ist das der Grund, warum so viele Menschen gefühllos sind. Sie sind zu glücklich und zufrieden. Das Glück scheint abhanden gekommen zu sein, wie es z.B. wöchentlich aufs neue die Mehrzahl der Zahlenlottofreunde erfährt. Nur ein kleiner Kreis auserwählter Zahlen schafft es. Dennoch blicken unzählige Menschen Samstag für Samstag enttäuscht, aber nicht entmutigt in die Röhre. Glück gibt es nicht in preisgünstigen Ausführungen, z.B. in Schaumstoff, als Preßspanplatte oder Eßpapier. Leider auch nicht in Materialien, die die Stöße des Lebens mindern und problemlos, sozusagen auf Zuruf, jederzeit einen Glücksmoment schenken.

Warum aber, so der Meister, sollen wir uns Geschenke machen lassen, wenn wir sie uns spürbar nicht leisten können?

ZENario:
Wechseln Sie den Platz. Ihren Platz beim Frühstück, den Arbeitsplatz, den Platz im Bus und den Platz, den Ihnen der freilaufende Ober neben der Tür zur Toilette angewiesen hat. Wechseln Sie ganz selbstverständlich Ihren Platz. Ordnung muß sein. Aber wer sorgte bisher für Ordnung?

ICH KANN MIR DIE WELT NICHT OHNE MICH VORSTELLEN.

Georgette Dee

Ego macht sich gut auf einem Platz im Expresszug namens Zeitgeist. Aber eines Tages sollte man herausfinden, wohin der Zug für einen selbst fährt. Nach dem »Verschwinden der Kindheit« kommt das Verschwinden des Ego. Und dann kommt das Verschwinden selbst. Das ist wie mit Zahnschmerzen. Sie werden nicht irgendwann geringer, bis der Zahn gezogen ist. Man kann sich allerdings auch mit der inneren Haltung seine äußeren Umstände gestalten. Seine eigene Welt erschaffen, in der man unentbehrlich ist. Eine geradezu meisterliche Vorstellung.

ZENario:
Nehmen Sie sich heute mal nicht so wichtig. Denken Sie z.B. an Paul Lemke. Der Mann hat erreicht, was Millionen Männer kaum zu träumen wagten. Nur eine Stunde, nur einige Minuten im Leben, nur einmal neben Marlene Dietrich sitzen. Paul Lemke darf bis in alle Ewigkeit sogar neben Marlene Dietrich liegen. Auf einem kleinen Friedhof in Berlin.

EINSAMKEIT IST DER WEG, AUF DEM DAS SCHICKSAL DEN MENSCHEN ZU SICH SELBST FÜHREN WILL.

Hermann Hesse

Mundgeruch ist oft genug das Schicksal, das den Weg der Einsamkeit einschlagen läßt. Zwar eine Banalität, aber immer wirkungsvoller Anlaß für bissige Kommentare hinter vorgehaltener Hand. Wir sind die Schöpfer unserer Wirklichkeit. Mit Harzer Roller und Knoblauch, die zu einer Art magischem Pfeil werden, der auf uns zeigt. Kritik wird dann zum Schicksal, das zu Selbstbesinnung und ins Bad führt. An den Altar kultivierter Reinlichkeit, zu Munddusche und Zahnbürste, Zahnseide und frischem Minzgeschmack. So führt auch das Einzelschicksal den Menschen gnadenlos auf den Weg zu sich selbst.

Denn nur die atemlose Wachheit, so der Meister, läßt Schwächen wie Mundgeruch zu. Aber wer besitzt diese Fähigkeit schon?

ZENario:
Einsamkeit kann sehr aufregend sein. Man lernt die Wahrheit kennen.

DIE ZUM LEBEN NOTWENDIGEN DINGE SOLLEN EINFACH, PRAKTISCH UND BILLIG ZU BESCHAFFEN SEIN.

Konfuzius

So einfach ist das – oder auch so beschissen. Nehmen wir ein Beispiel, das wir täglich verwenden: Toilettenpapier. Zugleich werfen wir damit regelmäßig und notgedrungen einen Blick nach hinten. So einfach kann das zum Leben Notwendige sein. Aus Gründen der Sicherheit fallen wir dabei meist dreilagig aus allen Wolken. Mit anderen Worten, wenn Sie schon mitten in der Scheiße sitzen (mit tausend Verpflichtungen, Versicherungen und was Ihnen sonst noch im Leben stinkt), sollten Sie nicht immer wieder versuchen, mit Ritualen schnell alles hinter sich zu bringen. Betrachten Sie neugierig Ihre Spuren. Und wenn es sein muß, auch die unangenehmen. Das ist (s.o.) auf Dauer einfach praktisch und billiger.

ZENario:
Werfen Sie einen Blick zurück. Auf das letzte Jahr (eben nicht erst am 31. Dezember), auf Ihr letztes Jahrzehnt oder auch auf die letzten zwei, drei Stunden.
Auch ein Auto ohne Rückspiegel ist nicht verkehrstüchtig und garantiert häufiger Unfälle.

Die Hoffnung ist ein gutes Frühstück,
aber ein schlechtes Abendessen.

Francis Bacon

Die Hoffnung sollte man aber trotz erhöhtem Cholesterinspiegel nie aufgeben. Auch dann nicht, wenn uns in der Lebensmitte die Erfahrungen gnadenlos überzuckern. So wie die überall feilgebotenen Weihnachtsstollen. Der typische Zeitvertreib mit hoffnungsvollen Blicken auf die Waage und dem weiteren Weg zum Übergewicht. Was bleibt, ist die Hoffnung, vornehm abwartend in der Mitte – wie das Marzipan besserer Stollen. Die Hoffnung soll nicht zu früh aufgegeben werden. Und nicht zu spät zwischen Schwarzbrot und Schinken beim Abendessen.

Die Hoffnung, erklärt der Meister, ist wie Weihnachten. Man weiß, daß es sie gibt. Aber jedesmal ist man unvorbereitet und hoffnungslos überfordert, wenn sie plötzlich im Raum steht. Erkenntnisse, die nicht weiterhelfen, wie wir wissen. Lassen Sie sich also nach diesen Zeilen nicht von übertriebenen Erwartungen leiten. Doch wir geben die Hoffnung nicht auf – nicht so kurz vor dem Ziel.

ZENario:
Was verbindet Beethoven mit Bernstein ? Gar nichts, muß ich Ihnen mitteilen. Rein gar nichts. Denn Beethoven weilte einige Zeit in Bonn und Bernstein Millionen Jahre in der Ostsee. So kommt es, daß schon der reine Klang irreführen kann. Hören Sie nicht nur auf den Klang, hören Sie auf die einzelnen Töne im Leben.

DAS UNBEKANNTESTE LAND LIEGT UNTERM HUT.

George Bernard Shaw

Der berühmteste Hut hieß Joseph, lebte in Düsseldorf, und die meisten schütteln bei seinem Namen den Kopf. Von Angesicht zu Angesicht schüttelten sie ihm allerdings bei offiziellen Anläßen die Hand. Vor seinen Fett- und Filzobjekten schütteln sich wiederum viele aus Ekel und Unverständnis. Das, was da bei Joseph Beuys unter dem Hut lag, war für viele ein unbekanntes Land. So gern die meisten auch in unbekannte Länder reisen, Überraschungen sind nicht erwünscht. Da soll es schon bei Fettaugen in der Hühnersuppe und Filzpantoffeln vor dem Fernseher bleiben.

Ein bißchen Neuland kann uns allen nur gut tun – auch dort, wo viele keinen Hut tragen.

ZENario:
Gehen Sie neue Wege. Fahren Sie heute in ein unbekanntes Land – gleich um die Ecke. Nehmen Sie eine andere Strecke zur Arbeit. Machen Sie einen Abstecher in einen anderen Stadtteil oder eine nahegelegene Stadt. Lassen Sie Ihre Augen und Gedanken wandern. Nehmen Sie neue Bilder auf.

LEBEN IST DAS, WAS WIR DARAUS MACHEN.

Henry Miller

Machen wir also etwas daraus. Eine ungewöhnlich mutige Befreiung könnte das werden. Oder auch ein Possenspiel, vielleicht sogar der reine Horror. Auf jeden Fall aber wird etwas daraus. Nicht Lethargie wird uns töten, sondern unsere eigene Phantasie, die uns überschäumend in den Strudel der Hoffnungen reißt. Erwartungen werden uns die Kehle zuschnüren, bis wir irgendwann erwachen. Nackt und nur das am Leib, was wir aus unserem Leben gemacht haben. Ganz gleich, ob wir uns bislang himmlisch gefühlt oder die Hölle auf Erden erlebt haben. Es ist alles nicht zu uns gekommen. Wir sind immer dahingegangen.

Der Meister vergleicht es mit dem Alphabet. Wir setzen die Worte und Sätze zusammen. Wir bewegen Lippen und Zunge. Es ist von A bis Z unser Leben. Machen wir das Beste daraus.

ZENario:

Heute machen wir uns einfach mal einen schönen Tag. Wie der aussieht, hängt von uns ab. Aber recht schön sollte er werden. Auch bei Regen, Nebel oder Sturm.

NIEMAND AUF DER WELT BEKOMMT SO VIEL DUMMES ZEUG ZU HÖREN WIE DIE BILDER IN EINEM MUSEUM.

Jules de Goncourt

Besuchen Sie hin und wieder den Ort der lauten Farben und leisen Töne? Beim Betrachten der Bilder hören Sie dann deren Stimme. Erst diese Stimmen lassen ein Museum leben. Ganz gleich, ob Sie vor einem alten Meister stehen oder der Avantgarde zugewandt sind. Schließen Sie die Augen, und hören Sie auf das Bild vor Ihnen. Sie werden es nicht für möglich halten, was Sie alles zu hören bekommen. Achten Sie darauf, daß es sich um authentische Aussagen des gewählten Bildes handelt und nicht um Einflüsterungen der Umgebung (Museumsführer, Schulwissen etc.). Jedes Motiv hat Töne, jede Farbe eine Stimme.

Der Meister nickt: Niemand auf der Welt bekommt so viel zu hören wie ein Bild, das wir von uns abgeben . . . Wer das nicht hören kann, muß um so besser sehen. Auch im Museum, das wir Leben nennen.

ZENario:
Stellen Sie zehn Dinge in Ihrer Vorstellung zusammen, die Ihr bisheriges Leben symbolisieren. Vom ersten Spielzeug, an das Sie sich erinnern können, bis zum letzten Aschenbecher, den Sie aus einer Kneipe haben mitgehen lassen. Zehn Dinge, die, wenn Sie berühmt wären, ein Bild von Ihnen zeigten. Fertigen Sie sich kleine Skizzen davon an (auch unperfekt), und verändern Sie in regelmäßigen Abständen Ihr ZENario.

MÄDCHEN SIND IMMER DIE, DIE RÜCKWÄRTS TANZEN.

Bob Hope

Wer im heißen Palm Springs wohnt und täglich über den Frank Sinatra-Drive fährt, scheint in der Welt von heute etwas die Orientierung verloren zu haben. Nomen ist in diesem Fall auch Omen, und so bleibt uns nur, gute Besserung zu wünschen. Ab einem bestimmten Alter blickt man so oft rückwärts, daß man fälschlicherweise annimmt, die anderen hätten ebenfalls den Rückwärtsgang eingelegt. Zu schnelles Vorwärtsschreiten, lieber Bob Hope, führt auch schneller an den Abgrund! Und ausgerechnet dann kommt beim Wiener Walzer eine Drehung – und schon ist es passiert. Man taumelt rückwärts aus allen Wolken, während die Damen – rein statistisch gesehen – noch einige Zeit am Abgrund verharren. So ist das! In Palm Springs und anderswo. Eine gewisse Kurzsichtigkeit kann lebensgefährlich sein.

ZENario:

Besorgen Sie sich einen Tischkalender für das kommende Jahr. Planen Sie nun jeden Tag. Tag für Tag oder Woche für Woche eine Aufforderung, für sich selbst ein Resümee zu ziehen. Aber nicht in epischer Breite, sondern jeweils nur mit einem Wort, das Ihr Gefühl für diesen Tag beschreibt. Beginnen Sie in den nächsten Tagen damit, diese Übung zur Gewohnheit werden zu lassen. Am Ende des nächsten Jahres legen Sie dann jeden Tag auf die Waagschale. Es könnte eine Überraschung werden.

DIE ERFINDUNG DES PROBLEMS IST WICHTIGER ALS DIE ERFINDUNG DER LÖSUNG.

Walther Rathenau

Oder wie gern gekalauert wird: die Lösung des Gummis ist die Gummilösung. Bevor wir uns hier auf unterstem philosophischen Niveau verlieren, lieber ein paar Worte zu solch überflüssigen Erfindungen wie der Windhose für Pudel oder dem Geigerzähler für Orchester. Gleichzeitig sind wir bei den damit verbundenen Problemen. Oder wie der Volksmund gern sagt: Es gibt keine Probleme, es gibt nur Lösungen. Womit die Verwirrung komplett wäre.

Doch wie sagt der Meister: Sowohl Lösung als auch Problem sind von größter Unwichtigkeit. Bedeutung hat nur die Suche!

ZENario:
Machen Sie eine Liste mit fünf Dingen, die Sie schon lange erledigen oder suchen wollten. Zwei davon sollten Sie in den nächsten drei Tagen zum Abschluß bringen. Frei nach Erich Kästner: Es gibt nichts Gutes – es sei denn, man tut es.

MUT IST NUR DIE ANGST, DIE MAN NICHT ZEIGT.

Sergio Leone

So erging es auch dem Zauberer, der seinem Publikum versprach, daß er an diesem Abend dem Hasen das Sprechen beibringen wollte. In der Pause versprach ihm der Besitzer des Varietés, daß er ihn feuern würde, sollte der Zauberer sein Versprechen nicht einlösen. Dessen Frau und Assistentin fragte ihn anschließend ängstlich, wie er das mit dem sprechenden Hasen erreichen wolle? Keine Sorge, antwortete der Zauberer. Im Laufe des Abends kann der Chef oder der Hase sterben – oder er spricht. Wer weiß das schon?

Genau, sagt der Meister, sitz' ganz still und rufe aus der Tiefe deiner Verzweiflung nach einem Hasen oder einer Ente. Wenn ein Angsthase kommen sollte, zeige ihm deinen ganzen Mut.

ZENario:

Wer sich über eine Person oder Sache ärgert, stellt eine intensive Bindung zu ihr her. Es kann nicht bestätigt werden, daß aus dieser Idee das grüne Band der Sympathie entstanden ist. Gehen Sie heute zur Bank und versuchen Sie, Ihren Überziehungskredit zu erhöhen. Gelingt Ihnen das nicht, wissen Sie in jedem Fall, warum nicht.

WAHRHEIT IST SCHLICHT UND GERADE.

Shakespeare, »König Heinrich VIII.«

Was hat sich seit Shakespeares Zeiten geändert? Auf der Bühne des Lebens herrscht weiterhin Mord und Totschlag. Und wer der Wahrheit näherkommen will, muß sich weit entfernen vom Heute. Zuviel lenkt uns ab oder kreist uns ein. Die Noten der Wahrheit sind oft ganz schön schräge Töne.

Wie kann ich die Wahrheit erreichen? fragt der Zen-Jünger. Und der Meister antwortet: Wahrheit läßt sich nicht erreichen, nur durch Sehen, Wahrnehmen. Tu es, um es zu erreichen. Schlicht und gerade.

ZENario:

Schau dir im Spiegel fest in die Augen – minutenlang. Wenn sich dein Gesicht, deine Wahrnehmung verändert, hast du den ersten Schritt getan.

EIN PESSIMIST IST EIN OPTIMIST, DER NACHGEDACHT HAT.

Dan Bennett

Das wollen wir einerseits auch hoffen und andererseits nicht zu pessimistisch sehen. Wer gesündigt hat, sollte schon darüber nachdenken, ob er nun ins Fegefeuer kommt. Aber zu dieser Jahreszeit kann das Heizkosten sparen – und das ist doch was, oder? Das Nachdenken, wenn es beherrscht wird, ist schließlich eine feine Sache. Wie bei allen Künsten gibt es auch hier zwei wesentliche Dinge, die man auseinanderhalten muß: Die Pflicht und die Kür. Mit anderen Worten, der Pessimist neigt zur Pflicht und der Optimist zur Kür.

Der Meister erinnert sich seiner Lehr- und Wanderjahre, seines Weges durch die Weiten und Steppen des Lernens. Und was habe ich dabei gelernt? Nur soviel: Auf dem Globus der Erkenntnis gibt es nicht nur Nord und Süd, nicht nur Optimisten und Pessimisten, es gibt auch das Reich der Mitte.

ZENario:
Setzen Sie sich für einige Minuten ruhig in einen Sessel. Ungestört versuchen Sie mit festem Blick einen Gegenstand zu fixieren. Begrüßen Sie die ganz unterschiedlichen Empfindungen, die Ihre rechte und linke Körperhälfte dabei signalisieren. Trotz der Gegensätze halten Sie es miteinander aus. ZENtrieren Sie Ihre Empfindungen!

JEDE KRISE HAT NICHT NUR IHRE GEFAHREN, SONDERN AUCH IHRE MÖGLICHKEITEN.

Martin Luther King

Deshalb hat auch die Waffenlobby immer größtes Interesse an Krisen. Das birgt neue Möglichkeiten, mit todesmutigen Generälen viel Geld zu verdienen. Der Tod von vielen gibt dem Leben eines Einzelnen besondere Bedeutung. Der Jasminbaum in einem Kloster veranschaulicht das. Seine Blüten von exotischer Farbe sind anziehend schön – auch für den Regenten der Region. Als er, wie häufig, während der Baumblüte zur Besichtigung kommt, hat der Abt des Klosters alle Blüten abgeschnitten bis auf eine. Dem vorwurfsvollen Blick des Besuchers entgegnet er: »Hätte ich alle Blüten gelassen, hättest du nicht eine gesehen.« Der Gouverneur antwortet darauf: »Aber der Schmerz macht mich blind.«

Der Meister nickt an dieser Stelle und meint: Sehr schön! So bekommt man ein Gefühl für das blühende Leben.

ZENario:
Machen Sie sich Gedanken, wie dieses Jahr Ihr Weihnachtsbaum aussehen soll. Sonst sind am Ende wieder alle Bäume gleich.

DER SICHERSTE REICHTUM IST DIE ARMUT AN BEDÜRFNISSEN.

Franz Werfel

Überdauernde Kulturleistungen von den Pyramiden über den Kölner Dom bis zur S-Klasse wurden stets von Armen errichtet. Das war für einige andere der sicherste Reichtum. Und für viele mit Sicherheit den Herren zum Wohlgefallen gleichbedeutend mit Armut und Bedürfnislosigkeit.

Das Kokettieren mit Bedürfnislosigkeit wird bekanntermaßen größer, desto mehr man hat. Wer alles hat, braucht eben nichts mehr. »Was wollen wir mehr? Wir brauchen nichts, wir haben doch alles!« Typisch für ältere Ehepaare an ihre Söhne, Töchter und Enkel gerichtet. »Ihr habt es doch nötiger, gönnt euch doch was.«

Auch der Meister hatte irgendwann den Weg der Bedürfnislosigkeit beschritten. Der Unterschied zwischen seinen Wünschen früher und der Bedürfnislosigkeit heute ist gleich null. Damals wie heute schaut er in seine Geldbörse und erschrickt, wenn er kein Markstück für die Parkuhr hat.

ZENario:

Wenn wir verneinen, daß es ein Leben nach dem Tod gibt, dann ist das letztlich Armut. Armut an Phantasie und Vertrauen. Was aber passiert, wenn es doch weitergeht? Denken Sie mal ganz nüchtern darüber nach. Legen Sie fest, welche Grabbeigaben Sie sich wünschen. Das ist nicht makaber, sondern vorausschauend.

FREUDE UND ANGST SIND WIE VERGRÖSSERUNGSGLÄSER.

Flämisches Sprichwort

Meine Mutter haßte die Küche und das Kochen. Sie machte kilometerlange Umwege, um nicht in den Schlamassel, den man Kochen nennt, zu geraten. Zu guter Letzt bereitete sie dann doch wieder Sauerkraut mit Kasseler zu. Denn wenn unsere Mutter etwas anfing, dann brachte sie es auch zu Ende. So wie sie immer versuchte, Küche und Kochen aus dem Weg zu gehen, um es dann doch zu tun. Ein Gefühl wie ein Jo-Jo – ein Auf und Ab aus Freude und Angst.

Der Meister erklärt: das Reine, das Nichts, also Zen, ist etwas Ähnliches. Eßbar, aber nicht genießbar. Begreifbar, aber nicht haltbar. Spürbar, aber nicht zum Tiefkühlen geeignet. Etwas, das viele gern vermeiden möchten und immer wieder versuchen.

ZENario:
Kochen Sie heute für Freunde, auch wenn Sie es noch nie gemacht haben. Gehen Sie einkaufen, und vergessen Sie dabei nicht, einen guten Wein zu besorgen. Es wird in jedem Fall ein lustiger Abend. Zur Not bei Spiegeleiern mit Bratkartoffeln.

GESCHENKE SIND EIN BRÜCKENSCHLAG ÜBER DEN ABGRUND DER EINSAMKEIT.

Antoine de Saint-Exupéry

Was oft genug als Brückenschlag beginnt, offenbart sich dann als Abgrund menschlicher Schwächen. So ist ein klares Wort zur rechten Zeit zwar eine einsame Entscheidung, aber auch eine Erlösung, eben ein Geschenk des Himmels. Derartige Geschenke sammelte eine Dame mit Vergangenheit. Die aufbewahrten Lebenserfahrungen geben Auskunft über die Länge des Weges bis zum Abgrund. Und irgendein Abgrund tut sich bei jedem Menschen auf. Oder bei Tieren, wie der zugelaufenen Katze, die mit Würmern ins Haus kam, um, irgendwann kuriert und gepflegt, hochnäsig wieder davonzugehen. Tiere wie Menschen sind sich darin gleich. Alle – ohne Unterschied!

Der Meister weiß, die Einsamkeit ist das eigentliche Geschenk. Brückenschlag und Behelfskonstruktion, die uns über das eine oder andere Tal hinweghilft.

ZENario:

Einsamkeit ist auch eine moderne Form der Keuschheit. Der Enthaltsamkeit, von all dem, was uns ablenkt. Genießen Sie heute eine einsame Stunde, und entdecken Sie einen Abgrund, der überwunden werden muß. Wenn Sie es geschafft haben, werden Sie wissen, was ein echtes Geschenk ist.

DAS SCHICKSAL IST NUR DIE ZEIT IN IHRER BESCHLEUNIGTEN FORM.

Jean Giraudoux

Ignorieren wir die allgemein stattfindenden Krippenspiele mit Einwickelpapier, aber ohne Inhalt. Zen ist nichts anderes als die Aufforderung an uns, alles zu verlassen, was Besitz bedeutet, mit nichts außer sich selbst die Heimat zu suchen. Heute ist ein Tag, an dem wir es schaffen könnten, wenn nicht soviele Pakete den Weg verstellen würden. Und wer hat überhaupt das Taxi da draußen bestellt? Kein Schnee, und dennoch zwei Elche und eine Kutsche mit Kufen. Die Beschleunigung war wohl zu schnell. Der Meister hat eine Erklärung: Der Wetterbericht ist nicht nachgekommen.

ZENario:
Wenn schon, denn schon. Also her mit den Geschenken. Aber bitte mit etwas Überlegung. Nehmen Sie sich die Zeit, sich für jedes Geschenk eine kurze Begründung zu überlegen, sinnvolle Wünsche, die das Geschenk begleiten sollen. Sie merken, sinnlose Geschenke bereiten ganz schöne Schwierigkeiten.

SCHNEE IST NUR CHIC VERPACKTES WASSER.

Wolf Rahm

Eine klare Erkenntnis: Überraschend und prickelnd zugleich beim abendlichen Werbeblock zwischen Printen und Sektbereitstellung für den 31. Dezember. Da schallt ein »Ich und mein Magnum« durch die weihnachtliche Stimmung, und sofort regt sich der Killer-Instinkt all jener, die stets auf die Feinheiten achten. Dazu rieselt draußen oder im dekorativen Schüttelglas möglicherweise leise der Schnee. Und Schnee ist tatsächlich nur chic verpacktes Wasser. Wasser auf die Mühlen derjenigen, die schon seit Wochen, in Ermangelung anderer Themen, Schnee für Weihnachten vorausgesagt haben. Gleich bei den ersten Flocken bilden sich Telefonketten.

Da haben wir den Bogen mal wieder weit gespannt. Vom Magnum über die Mafia, das Weihnachtsfest, den Schnee und so fort, merkt der Meister feierlich an. So sind die Menschen in diesen Tagen. Mit allen Wassern gewaschen und immer und überall chic verpackt.

ZENario:
Draußen stehen ein paar Schuhe, die dürfen nicht reinkommen, weil man sich im Verlauf der Tage gegenseitig auf dieselben getreten ist. Oder eine falsche Antwort Fragen erst aufgeworfen hat. Nutzen Sie diese Tage, um offenstehende Fragen zu klären und ebensolche Rechnungen zu begleichen.

ES GIBT KEINE BESTÄTIGUNG VON WAHRHEIT, SONDERN NUR DIE WIDERLEGUNG VON IRRTÜMERN.

Karl Popper

Oder wie es André Heller auch schon formulierte: »Die Lüge ist wahrer als die Wahrheit!« Was ersteres weder bestätigt noch widerlegt. Wenn sich der Pop-Sänger Prince als »Symbol« bezeichnet, dann ist das nicht nur die Änderung einer Buchstabenkombination, sondern die Widerlegung eines Irrtums. Das Ergebnis: sein Marktwert ist um das Doppelte gestiegen. Wie wahr, wie wahr! Kleiner Irrtum am Rande: Wenn Jürgen Marcus das Bett im Kornfeld neu bezieht, hat das nicht den gleichen Effekt. Es bleibt ein Irrtum. Die Wahrheit ist, daß dieser Vorgang unbestätigt bleibt.

ZENario:

Suchen Sie für den schönen deutschen Begriff Kulturbeutel einen neuen Namen und reichen Sie ihn bei der Duden-Redaktion ein. Vielleicht gehen Sie so in die nächste Ausgabe ein.

SCHWEIGEN IST DAS EINZIGE ARGUMENT, DAS SICH NICHT WIDERLEGEN LÄSST.

Christine Brückner

Genau! Deshalb schweigen wir heute und an dieser Stelle.
Denn: Schweigen ist eine gute Antwort. (ZEN-Koan)

ZENario:
Kleine Denksportaufgabe des Meisters: Was ist der Anfang, was das Ende? fragte ein Mensch auf der Suche nach Erleuchtung. Die Antwort lautet: Mutterschoß und Mutter Erde.

28. Dezember

SCHLAFEN IST EINE FORM DER KRITIK.

S. Nova

Als besonders perfide wird das Abtreten für einige Minuten oder Stunden, ohne Rücksicht auf Anwesende empfunden. Müdigkeit ist zwar allgemein anerkannt, das Gähnen als Ausdrucksmittel jedoch nicht gern gesehen. Der Schlaf, insbesondere der des Gerechten, ist noch lange nicht gesellschaftlich sanktioniert. Geschlossene Augen werden entweder als Kritik gedeutet oder als tödliche Folge angesehen.

Völlig unbemerkt ist auch das Jahr entschlafen und wartet auf eine würdige Bestattung in drei Tagen. Mit allem, was dazugehört. Eine Veranstaltung, die viele zum Schießen finden und sich diese himmelschreiende Tätigkeit auch nicht nehmen und vor allem eine Menge kosten lassen. Der Versuch, die Böller durch Brot zu ersetzen, ist allerdings vielerorts gescheitert; wie alle dilettantischen Wiederbelebungsversuche des dahinscheidenden Jahres. Alle, die sich ohnehin gelegentlich die Finger verbrennen, können selbstverständlich wie jedes Jahr zur Feuerbestattung Raketen zünden.

ZENario:
Lassen Sie einiges Revue passieren. Das, was Sie nicht erreicht haben, schreiben Sie links auf ein Blatt; das, was gelungen ist, rechts, und das, was Sie sich vornehmen für das neue Jahr, auf die Rückseite. Das Blatt in einen Umschlag stecken und den gut aufheben. Nächstes Jahr um die gleiche Zeit schauen wir dann wieder auf das Blatt und die Rückseite.

GEBT'S MIR MEI RUAH UND A REVOLUTION.

Karl Kraus

Völlig ungeeignet ist dafür diese typisch westliche Sitzhaltung, der sogenannte Schneidersitz. Im Gegensatz dazu der Lotussitz, der im Yoga und beim Meditieren die richtige Haltung zeigt. Wir haben zwar lange gebraucht, um den aufrechten Gang zu erlernen, aber es bis heute noch nicht geschafft, eine Sitzhaltung einzunehmen, die uns schmerzlos unseren Körper ertragen läßt. Ist Ruhe eingekehrt, bricht eine Revolution in der Wade aus. Es sind die Widerstände, die wir brauchen, um zur Ruhe zu kommen, sagt der Meister und erzählt die Geschichte vom großen Zen-Meister Daito Kakushi. Nahezu ein Leben benötigte dieser, um ein Bein in die korrekte Position zu bringen. »Mein Leben lang habe ich mich dir untergeordnet«, soll er zu seinem Bein gesagt haben. »Jetzt wirst du dich endlich mir unterordnen!« Mit enormem Kraftaufwand brachte er das Bein in die angestrebte Lage. Dabei brach es unüberhörbar und verstarb im gleichen Augenblick.

Ich habe aus dieser Geschichte gelernt, sagt der Meister: Wer sich auf das Sterben vorbereiten will, muß viel Kraft aufbringen, daß er daran nicht zerbricht.

ZENario:

Gedenken Sie heute für einige Augenblicke all der Dinge, die im Verlauf des Jahres gestorben sind. Der Menschen in aller Ernsthaftigkeit, aber auch der Sachen, deren Tod man in aller Fröhlichkeit sich erinnern kann.

DER REST IST SCHWEIGEN.

Hamlet

Schweigen kann die leichteste Veränderung sein. Bewußtes Schweigen führt zu bewußter Veränderung. Ob sich so aber auch Bewußtheit erlangen läßt, ist nicht sicher. Was man zusätzlich tun kann, ist nicht bekannt. Das Lösen aus einer Gewohnheit führt zu einem Stück Bewußtheit. Aber direkt kann man gar nichts tun. Wie beim Aufwachen, wenn man schläft. Das Leben beginnt mit einem Schrei. Es endet mit Schweigen. Was mehr beweist als alles andere.

ZENario:
Stehe früh auf und lausche am geöffneten Fenster den Geräuschen. Achte dabei besonders auf weit entfernte Geräusche. Entdecke die *Ohr*ientierung. Zum Schluß achte bloß noch auf deinen Atem.

LETZTLICH IST ALLES SPASS.

Charlie Chaplin

Soll wirklich schon alles vorbei sein?

Nicht doch, im Kino beginnt auch gleich nach dem Aufräumen die nächste Vorstellung. Und beim Karneval? Nach Aschermittwoch fängt mit Wehklagen des Elferrats, der Vereine und des Gaststättenverbandes die Vorbereitung der nächsten Saison an. So ist das nun mal im Leben und in einem Jahr. Daran klammern wir uns bei Wind und Wetter. Morgen mittag, nach dem Besuch an der Frischlufttankstelle, können wir dann mit Optimismus nach vorne schauen und mit einem Blick zur Seite, einem fröhlichen Seufzer und einem alten Filmtitel feststellen: »Unsere Leichen leben noch.« In diesem Sinne auch im nächsten Jahr: Erfolgreiches Scheitern auf hohem Niveau!

ZENario:

Wünschen Sie jedem, wirklich jedem, den Sie treffen, ein GUTES NEUES JAHR!

AUSATMEN IST WICHTIGER ALS ATMEN.

Es gibt in diesem Buch so viele Gedanken, Ideen, Geschichten und Weisheiten, die ich im Laufe der Zeit gehört, gelesen, notiert und bewahrt habe, daß ich mich unmöglich an alle erinnern kann, die dazu beigetragen haben.

Aber es gibt nichts Schöneres, sagt der Meister, als wenn Gedanken Flügel bekommen. (Armstrong, der erste Mann auf dem Mond, ergänzte diesen Sinnspruch: Doch auch Gedanken brauchen ein Fahrgestell zum Landen.)

Ich bin also nur ein Sammler (oder das Fahrgestell) und lasse mich von den Worten tragen.

Yoshi